TABLE

DES TITRES

de l'Ordonnance du Commerce du
mois de Mars 1673.

NOUVEAU

COMMENTAIRE

SUR L'ORDONNANCE
DU COMMERCE
Du mois de Mars 1673.

TITRE PREMIER.

*Des Apprentifs , Négocians , &
Marchands , tant en gros qu'en
détail.*

ARTICLE I.

ES lieux où il y a Maîtrise de
Marchands (1), les Apprentifs Marchands feront tenus
d'accomplir *le temps prescrit
par les Statuts* (2) : néantmoins les Enfans
de Marchands feront réputez avoir fait
leur apprentiffage , lorfqu'ils auront demeuré actuellement en la maifon de leur
pere ou de leur mere, *faifant profeffion de*

A

la même marchandise (3), *jusques à dix-sept ans accomplis* (4).

1. *Es lieux où il y a maîtrise de Marchands.*]La disposition portée en cet article reçoit une exception à l'égard des personnes nobles, qui veulent faire le Commerce. L'article 5 de l'Edit du mois de Décembre 1701. rendu en faveur du Commerce, veut » que dans » les Villes du Royaume où jusqu'à présent » il n'a pas été permis de négocier & faire » trafic, sans être reçû dans quelque Corps » de Marchands, il soit libre aux nobles de » négocier en gros, sans être obligés de se » faire recevoir dans aucun Corps de Mar- » chands, ni de justifier d'aucun apprentis- » sage.

Pour faire voir que le Commerce en gros est regardé en France comme un état honorable, & donner une idée de l'estime que les Rois ont faite de cette profession, il est à propos de rapporter quelques autres disposi- tions de ce même Edit.

L'article 1. veut » que tous les sujets du » Roi, nobles par extraction, par charges ou » autrement, excepté ceux qui font actuelle- » ment revêtus de charges de Magistratures, » puissent faire librement *toute forte de Com- » merce en gros,* tant au-dedans qu'au dehors » du Royaume, pour leur compte ou par » commissions, sans déroger à la no- » blesse.

Ces mots, *toute forte de Commerce en gros,* s'entendent, tant du Commerce de terre que de mer ; en quoi cet article a étendu la dis- position d'un Edit précédent, du mois d'Août 1669. qui n'avoit accordé ce privifège que pour le Commerce de mer.

Il y a même plufieurs exemples de Négocians & de Fabriquans, qui ont été annoblis par le Roi, entr'autres les fieurs Cadeau, Binet & Zueil en l'année 1646. & le fieur Vanrobais en 1665.

L'article 4. du même Edit de Décembre 1701. répute Marchands & Négocians en gros, « tous ceux qui feront leur Com- » merce en magafin, vendant leurs mar- » chandifes par balles, caiffes, ou pieces » entieres, & qui n'auront point de bouti- » ques ouvertes, ni aucun étalage & en- » feignement à leurs portes & maifons.

» L'article 2. veut » que les Nobles qui » feront le Commerce en gros, continuent » de précéder en toutes les affemblées géné- » rales & particulieres les autres Négocians, » & jouiffent des mêmes exemptions & pri- » viléges dont ils jouiffoient avant de faire » le Commerce.

» L'article 3. » permet à ceux qui font le Commerce en gros feulement, de poffeder » des Charges de Confeillers-Sécretaires » du Roi, Maifon & Couronne de France » & de fes Finances, & de continuer en » même-tems le Commerce en gros, fans » avoir befoin pour cela d'Arrêts, ni de Let- » tres de compatibilité.

La Déclaration du 21 Novembre 1706. ajoutant à cet article veut » que tous les » Marchands & Négocians en gros puif- » fent poffeder des Charges dans les Élec- » tions & Greniers à Sel, & faire en même- » tems par eux ou par perfonnes interpofées » le Commerce en gros pour leur compte » particulier, ou par commiffion, tant pa

» terre que par mer ; le tout fans incompa-
» tib lité, & fans préjudicier à leurs exemp-
» tions & priviléges.

L'article 7 du même Edit de Décembre
1701. veut » que dans les Provinces, Villes
» & lieux où les Avocats, Médecins & au-
» tres principaux Bourgeois font admis aux
» Charges de Maires, Échevins, Capitouls,
» Jurats, & premiers Confuls, ceux des
» Marchands qui feront le Commerce en
» gros, puiffent être élûs concurremment
» aufdites charges, nonobftant tous Statuts,
» Réglemens & ufages contraires, aufquels
» Sa M. a expreffément dérogé & déroge à
» cet effet par ces préfentes.

Et l'article 8. porte » que les Marchands
» en gros pourront être élûs Confuls, Juges,
» Prieurs, & Préfidens de la Jurifdiction
» Conf laire, ainfi que les Marchands reçus
» dans l s Corps & communautés de Mar-
» chands qui fe trouvent établis dans plu-
« fieurs Villes & lieux du Royaume.

Enfin S. M. pour faire fleurir encore da-
vantage le Commerce, a par Arret du Confeil du 29. Juillet 1701. établi un Confeil de
Commerce, compofé de M. le Chancelier,
de p ufi urs Confeillers d'Etat. de quelques
autres Commiffaires, & de douze des principaux Marchands & Négocians députés
de premieres Villes de Commerce du
Royaume, pour difcuter & examiner dans
des Séances tenues à cet effet u e fois chaque femaine, toutes les propofitions & mémoires qui feront envoyes à ce même Confeil, enfemble les affaires & difficultés qui
y furviendront concernant le Commerce,
ant de terre que de mer, au dedans & au de-

hors du Royaume, ainsi que celles concernant les Fabriques & Manufactures, pour sur le rapport qui sera fait à S. M. des délibérations qui auront été prises dans ce Conseil, y être par elle pourvû, ainsi qu'il appartiendra.

Toutes ces dispositions font assez connoître l'estime que les Rois sont du Commerce, & de ceux qui l'exercent, & prouve qu'ils regardent cette partie, comme des plus importantes & des plus utiles à l'Etat.

2. *Le tems prescrit par les Statuts.*] Ce tems est ordinairement de deux ou trois ans, suivant les différens Statuts, & suivant le plus ou le moins de difficulté du commerce qu'on veut entreprendre.

Il n'est pas nécessaire que les Apprentifs accomplissent ce tems sous un même Maître ; souvent ils ne le peuvent, comme il arrive dans le cas où le Maître avec lequel ils ont passé le brevet d'apprentissage, vient à décéder. Quelquefois aussi ils ont des raisons légitimes pour quitter leur Maître, comme s'il vient à les maltraiter ou à leur refuser la nourriture nécessaire, ou enfin à leur donner de mauvais exemples par ses débauches & sa mauvaise conduite. Dans tous ces cas la Justice permet à ces Apprentifs de sortir de chez leur Maître ; & alors ils sont tenus d'achever le tems de leur apprentissage sous un Maître nouveau. C'est la disposition de l'Ordonnance du mois de Décembre 1581, art. 13. (V. la conférence des Ordonnances, tom. 2. liv. 10. tit. 15. § 31. pag. 1130.)

Lorsque le tems de l'apprentissage est fini, les Apprentifs doivent avoir soin de retirer de chez les Maîtres chez qui ils ont demeuré, un Certificat du tems qu'ils ont de-

meuré chez eux, afin de pouvoir être reçûs
dans la maîtrise à laquelle ils afpirent, à
quoi ces maîtres peuvent être contraints.
(V. la même Ordonnance, *ibidem*, art. 13.
& *infrà*, art. 3.)

Il faut auffi obferver, qu'il n'eft pas néceffaire que ce tems d'apprentiffage foit ac-
compli dans la même Ville, ou dans le même
lieu où l'Apprentif veut fe faire recevoir,
à moins que les Statuts de ce lieu ne renferment une difpofition contraire.

3. *Faifant profeffion de la même Marchandife.*]
Ainfi le fils v. g. d'un Epicier qui auroit demeuré dans la maifon de fon pere jufqu'à
dix - fept ans accomplis, & qui voudroit
faire un commerce appartenant à un autre
Corps, comme celui de la Draperie, ne feroit pas réputé avoir fait fon apprentiffage;
il faudroit, fuivant la difpofition de cet article, qu'il allât le faire chez un des Marchands
du Corps dont il voudroit acquérir la maî-
trife, & y accomplir le tems porté par les
Statuts.

4. *Jufqu'à dix-fept ans accomplis.*] Ces termes ne fignifient point, qu'il faut que le fils
de Maître ait demeuré chez fon pere depuis
fa naiffance jufqu'à l'âge de dix-fept ans
accomplis ; mais il fuffit qu'il y ait demeuré
deux ou trois ans, plus ou moins, fuivant
les circonftances, & qu'il y foit demeurant
actuellement jufqu'à dix-fept ans accomplis,
aux termes de l'Ordonnance.

A R T I C L E   I I.

Celui qui aura fait fon apprentiffage,
fera tenu de demeurer *encore autant de*
tems

tems chez son maître (1) , ou un autre
Marchand de pareille profession ; *ce qui
aura lieu pareillement à l'égard des fils de
Maîtres* (2).

1. *Encore autant de tems chez son Maître.*]
Afin que cet Apprentif puisse mieux être
instruit de tout ce qui concerne son état &
sa profession , le tems d'apprentissage n'é-
tant pas censé suffisant pour acquérir cette
connoissance.

2. *Ce qui aura lieu pareillement à l'égard des
fils de Maîtres.*] Ainsi il faudra qu'ils restent
encore trois ans chez leur pere ou mere , ou
du moins qu'ils aillent demeurer pendant ce
tems chez un autre Marchand de la même
profession.

Cet article ne s'observe pas à la rigueur
à l'égard des fils de Maîtres. Comme ils ne
font point d'apprentissage par brevet , &
que ce tems n'est pas fixé par l'Ordonnance ,
ni ordinairement par les Statuts , il suffit
pour pouvoir acquérir la maîtrise , qu'ils
ayent servi leur pere ou leur mere , ou autre
Marchand de la même profession , & qu'il
y ait preuve de ce tems de service par des
Certificats de quelques Marchands de la
même profession.

A R T I C L E   III.

Aucun ne sera reçû Marchand *qu'il n'ait
vingt ans accomplis* (1) , & ne rapporte le
brevet & les certificats d'apprentissage &
du service fait depuis. Et en cas que le

contenu ès certificats ne fuſt véritable, l'Aſpirant ſera décheu de la maiſtriſe ; le Maiſtre d'apprentiſſage qui aura donné ſon certificat , condamné en cinq cens livres d'amende , & les autres Certificateurs chacun en trois cens livres.

1. *Qu'il n'ait vingt ans accomplis.*] Parce qu'ils ſont réputés majeurs à cet âge. (*Infrà,* art. 6. pag. 10.)

A R T I C L E IV.

L'Aſpirant à la Maiſtriſe ſera interrogé ſur les Livres & Regiſtres à partie double & à partie ſimple , ſur les Lettres & Billets de Change, ſur les Régles d'Arithmétique , ſur la partie de l'Aune , ſur la Livre & poids de Marc , *ſur les Meſures & les qualitez de la Marchandiſe* (1), autant qu'il conviendra pour le Commerce dont il entend ſe meſler.

1. *Sur les meſures & les qualités de la Marchandiſe.*] C'eſt à dire , ſur les longueurs & largeurs , ſi ce ſont des Etoffes ; ou ſur les meſures de continence , s'il s'agit d'Eau de Vie, Huile ou autres liquides, &c. & ſur les qualités des unes & des autres.
Ces meſures & qualités ſont fixées par les Réglemens qui concernent les Manufactures. Les principaux de ces Réglemens pour les Manufactures d'Etoffes de Laine, comme Draps, Serges , Camelots , Etamines, Dro-

guets, &c. font le Réglement général du
Confeil du mois d'Août 1669, un Arrêt du
Confeil du 19 Février 1671, & quelques
autres Réglemens particuliers. A l'égard des
teintures de ces mêmes Etoffes, les principaux de ces Réglemens font le Reglement général du Confeil du mois d'Août
1669, & celui du 29 Janvier 1737. On peut
voir tous ces différens Réglemens dans le
Recueil général des Ordonnances & Réglemens rendus touchant les Manufactures du
Royaume, imprimé au Louvre en 1730.
en 4 volumes in-quarto.

ARTICLE V.

Défendons aux particuliers & aux
Communautez de prendre ni recevoir des
Afpirans *aucuns préfens pour leur réception*
(1), ni autres droits que ceux qui font
portez par les Statuts, fous quelque prétexte que ce puiffe eftre, à peine d'amende, qui ne pourra eftre moindre de cent
livres. Défendons auffi à l'Afpirant *de faire
aucun feftin* (2), à peine de nullité de fa
réception.

1. *Aucuns préfens pour leur réception.*] Afin
que les Maîtres & autres prépofés pour la
réception des Afpirans, ne puiffent être
gagnés par ces préfens, & que ces réceptions
fe faffent de bonne foi & fans faveur.

2. *De faire aucun feftin.*] Ceci eft conforme
aux anciennes Ordonnances. (V. l'Ordonn-
nance du mois d'Août 1539, art. 188. & la

conférence des Ordonnances, tom. 2. liv.
10. tit. 15. §. 6. pag. 1118.)

A R T I C L E   VI.

Tous *Négocians & Marchands* (1)
en gros ou en détail (2) ; *comme aussi les
Banquiers* (3) *, seront réputez majeurs* (4)
*pour le fait de leur Commerce & Banque,
sans qu'ils puissent estre restituez, sous prétexte de minorité.*

1. *Et Marchands.*] Sous ce mot de *Marchands* sont aussi compris les ouvriers &
artisans , qui sont pareillement réputés majeurs pour le fait de leur métier , lorsqu'ils
ont l'âge de vingt ans accomplis.
2. *En gros ou en détail.*] V. l'article qui suit
aux notes.
3. *Comme aussi les Banquiers.*] Les Banquiers
sont ceux qui font un commerce par Lettres
de Change , & négociation d'argent de place
en place , pour raison dequoi ils perçoivent
un certain profit. Par exemple, un particulier
qui est à Cadix , veut faire toucher à quelqu'un une somme d'argent à Amsterdam ;
il porte cette somme à un Banquier de Cadix , qui lui donne une Lettre de Change à
recevoir sur un autre Banquier d'Amsterdam son correspondant , moyennant un profit qu'il prend pour la Lettre de Change
ainsi fournie.
On appelle *Change* , le profit qui est ainsi
perçû , & qui n'est autre chose en général ,
que le droit qui se payé à un Banquier , pour
une Lettre de Change qu'il fournit sur un

autre lieu que celui d'où elle est tirée, &
dont il reçoit la valeur d'un autre Banquier,
ou Négociant, ou d'une autre personne,
dans le même lieu que celui où la Lettre est
fournie. Quelquefois c'est le contraire, &
le profit se perçoit par celui qui donne de
l'argent pour une Lettre de Change de pareille somme qui lui est fournie. Ce profit
est plus ou moins fort, suivant la différente
loi des especes, & suivant que l'argent est
plus ou moins rare dans les lieux où sont
tirées les Lettres, par rapport aux différens
endroits où ces Lettres doivent être payées.
Ces sortes de Négociations d'argent & de
Lettres de Change se font le plus souvent par l'entremise des personnes établies
à cet effet, que l'on appelle Agens de change, ou Courtiers. (V. ce qui est dit de ces
personnes, ci-après titre 2. article 1. avec
les notes. pag. 21.)

Les Banquiers sont de diverses sortes.
Quelques-uns font la banque pour leur
compte ; & ce sont ceux-là qu'on appelle
proprement *Banquiers* : d'autres la font pour
le compte d'autrui, moyennant un certain
profit ou une certaine commission, v. g. d'un
demi, d'un tiers ou quart pour cent, plus
ou moins, pour la peine qu'ils ont de faire
accepter les Lettres, d'en procurer le payement à l'échéance, & d'en faire les remises
dans les lieux qui leur sont marqués. Ces
derniers sont appellés *Banquiers Commission-
naires.*

La plûpart des Banquiers sont en même-
tems Banquiers simples, & Banquiers-com-
missionnaires ; & ils font des commissions
les uns pour les autres, pour leurs traites
respectives & pour des remises, chacun

pour leur compte particulier. Les Banquiers même de différens Royaumes ou États négocient entr'eux, & entretiennent des correspondances réciproques. Ainsi un Banquier de Londres qui a des Lettres de change sur Paris, les envoie à son correspondant de Paris, pour les recevoir & en disposer suivant ses ordres ; & celui de Paris peut en user de même à l'égard du Banquier de Londres.

Il n'y a point de maîtrise pour faire la Banque, & pour être reçû Banquier ; mais chacun peut faire ce Commerce. Suivant une ancienne Ordonnance du mois de Septembre 1581. il est défendu de faire aucun trafic de Banque sans permission ; & même suivant l'Ordonnance de Blois, art. 357. il n'est pas permis aux étrangers d'être Banquiers, sans avoir auparavant donné caution valable jusqu'à la somme de quinze mille écus, & cette caution doit être renouvellée tous les trois ans. Mais ces Ordonnances ne sont point exécutées ; aujourd'hui on s'établit Banquier sans permission, & les étrangers habitués en France font la Banque comme les François, sans être tenus de donner caution.

4. *Seront réputés majeurs.*] Sans qu'il soit même nécessaire qu'ils ayent l'âge de vingt ans accomplis, dans les Villes & lieux où il n'y a point de maîtrise, & où l'on peut faire le Négoce sans avoir cet âge ; ensorte que dans ces endroits leur majorité commence dès l'instant qu'ils font le commerce pour leur compte particulier. Ainsi jugé par Arrêt du 2. Juillet 1585. rapporté par Tronçon sur l'article 224. de la Coutume de Paris.

Ainsi aux termes de cet article, tous Négocians & Marchands en gros & en détail, quoique mineurs, comme aussi les Banquiers, peuvent s'obliger valablement sans le consentement de leur pere ou curateur, pour raison de la marchandise & trafic dont ils se mêlent, soit en empruntant, soit en souscrivant des billets, acceptant des Lettres de Change, ou s'engageant de fournir des Marchandises pour un certain prix, ou contractant d'autres engagemens de cette espéce, sans qu'ils puissent se faire restituer contre les obligations & engagemens qu'ils ont subis à cet effet. Ainsi jugé par plusieurs Arrêts, & entr'autres par un du Parlement de Paris, du 21. Octobre 1645. & par un autre du 2. Juillet 1683. Autre Arrêt du Parlement de Toulouse du 29. Juin 1626. rapporté par Cambolas en ses Décisions, livre 5. chap. 16. Autre du 28. Novembre 1601. rapporté par Belordeau, partie 2. livre 2. controverse 274. (V. aussi Brodeau sur Louet, Lettre F. sommaire 11.)

Ces mineurs peuvent par la même raison endosser des Lettres de change, & cautionner d'autres Marchands, pourvû que ce cautionnement soit dépendant de leur commerce. Mais un mineur Marchand ou Banquier qui se feroit rendu caution ou certificateur pour raison d'une dette étrangere à son commerce, pourroit se faire restituer contre un pareil engagement. Ainsi par Arrêt du mois d'Avril 1601. rapporté par M. le Bret, action 31. page 1025. un Marchand qui en minorité s'étoit rendu certificateur de la caution d'un Receveur des Tailles, fut restitué contre son obligation. Bouvot en ses Questions, tome 1. au mot *Fidejusseur*, quest. 3. rapporte aussi un Arrêt du Parle-

ment de Dijon du 23 Juillet 1614. par lequel
un Marchand mineur qui avoit cautionné
un autre Marchand, quoique pour Marchandifes, a été déchargé de fon cautionnement ; parce qu'il ne fuffit pas que le mineur
s'oblige pour marchandifes, quand elles
font pour le compte d'autrui, mais il faut
qu'il s'oblige pour le fait de fon commerce.

Il y a plus de difficulté à fçavoir fi les
Marchands & Banquiers mineurs peuvent
vendre leurs immeubles pour en employer
les deniers au fait de leur commerce ; & de
même s'ils peuvent les hypotéquer, pour
raifon des Obligations qu'ils contractent
pardevant Notaires pour le même fait, fans
qu'ils puiffent fe faire reftituer contre ces
ventes & hypotéques. Voici ce qu'on peut
dire à ce fujet.

10. S'il s'agit de l'aliénation d'un immeuble, il faut diftinguer fi cette aliénation n'a
été faite par ce Mineur que fur la fimple promeffe d'en employer le prix dans fon commerce, ou fi le Mineur a cédé ou aliéné cet
immeuble pour demeurer quitte du prix de
la marchandife dont il fe mêle, qu'il pouvoit devoir à l'acquéreur, ou qui lui feroit
vendue par le même contrat. Dans le premier cas, il paroit que le Mineur pourroit fe
faire reftituer contre cette vente, à moins
que l'acquéreur ne prouvât que ce Mineur
en a employé le prix dans fon commerce,
conformément à fa promeffe ; mais dans le
fecond cas l'aliénation feroit légitime, parce
que le mineur étant réputé majeur pour le
fait de fon Commerce, c'eft une fuite qu'il
puiffe difpofer de fon bien pour fon Négoce.
Il eft cependant encore plus prudent dans ce
cas d'aliénation d'immeubles, de prendre les

précautions dont on use ordinairement avec les Mineurs, en faisant autoriser cette aliénation par le Tuteur, ou dans une assemblée de famille.

2°. A l'égard de l'hipotéque, il est constant que si un mineur Marchand emprunte une somme par obligation passée devant Notaires, le Créancier acquiert une hypotéque sur les biens de ce Mineur, parce que comme un mineur Marchand s'engage sans aucune déclaration d'emploi, par un simple billet valeur reçuë comptant ou en Marchandises, il peut aussi s'engager pardevant Notaires, en déclarant que les deniers qu'il emprunte sont pour être employés dans son commerce.

Les Mineurs étant reputés majeurs pour raison de leur commerce, c'est une suite qu'ils soient sujets comme les autres Marchands à la contrainte par corps dans les cas où elle à lieu. Ainsi jugé par plusieurs Arrêts, & entr'autres par un Arrêt de la Cour du 30 Août 1702. confirmatif de deux Sententes renduës au Consulat de Paris les 9 & 11 Janvier précédent contre un Mineur, pour raison de Lettres de Change par lui signées. (V. les cas où cette contrainte par corps à lieu, *infrà* tit. 7. art. 1 & 2. avec les notes.)

Ce qui est dit ici des mineurs Marchands ou Banquiers, doit aussi avoir lieu à l'égard des filles ou femmes mineures Marchandes publiques. (Ainsi jugé par Arrêt du 5. Décembre 1606. rapporté par Brodeau sur Louet, Lettre F. sommaire 11.)

ARTICLE VII.

Les Marchands en gros (1) & en détail , & les Maçons , Charpentiers (2) , Couvreurs , Serruriers , Vitriers ; Plombiers , Paveurs , & autres de pareille qualité , seront tenus de demander paye- ment dans l'an après la délivance (3).

Cet article est tiré de l'article 126. de la Coûtume de Paris.

1. *Les Marchands en gros.*] V. ci-dessus, art. 1. note 1. pag. 3. ce que c'est que Marchands en gros.

La prescription dont il est parlé en cet article, n'a pas lieu de Marchand à Marchand. Ainsi jugé par Arrêt du Grand-Conseil du 12. Juillet 1672. rapporté au Journal du Palais, tom. 1. p. 258. de l'édition *in-folio.* Telle est aussi la disposition de la coûtume de Troyes article 101. où après une disposition presque semblable à celle de Paris , qui établit la prescription d'un an à l'égard des Drapiers, Merciers & autres Marchands en gros , il est ajoûté ; *sinon que les Marchandises fussent baillées & delivrées par Marchand à Marchand, pour le fait & entretenement de leurs Marchandises.* L'article 148. de la Coûtume de Vitry , & celle de Chaumont en Bassigny , article 120. renferment des dispositions semblables. V. aussi Bouvot, tome 2. au mot *Marchand , Marchandise,* qu. st. on 2.

On observe aussi dans les Consulats, de ne point admettre cette prescription entre Marchands & Artisans ou Ouvriers , pour les affaires qu'ils ont les uns avec les autres concernant leur Commerce. (V. le Traité du Commerce de terre & de mer, tom. 1. pag. 18*3*. de l'Edition de 1710.)

À plus forte raison cette prescription n'at-elle pas lieu à l'égard des gens d'Eglise, Bourgeois, Laboureurs, Vignerons & autres, pour raison des ventes de Bleds, Vins, Bestiaux & autres Denrées procédant de leur crû; ce qui paroît d'ailleurs résulter des termes mêmes de cet article, qui en ne parlant que des Marchands, exclut les autres.

2. *Et en détail, & les Maçons, Charpentiers, &c.*] L'article 2 6 5. de la Coûtume d'Orléans porte en général que « les deniers » ou choses dûes pour façons ou ventes » d'ouvrages, & autres menues Denrées & » Marchandises, se prescrivent par un an, & » qu'après ledit tems on n'en peut rien valablement demander, sinon qu'il y eût obligation, promesse ou action intentée.

3. *Dans l'an après la délivrance.*] A compter depuis chaque fourniture, & non pas depuis la derniere, lorsqu'il y a eu continuation de fournitures & d'ouvrages. (*Infrà*, art. 9. V. Coût. de Paris, art. 127.)

A R T I C L E   VIII.

L'action *sera intentée dans six mois* (1) pour marchandises & denrées venduës en détail par Boulangers, Pastissiers, Bouchers, Rôtisseurs, Cuisiniers, Coûturiers, Passementiers, Selliers, Bourreliers, & autres semblables.

1. *Sera intentée dans six mois.*] A compter depuis chaque fourniture. (Art. précédent, n. 3.) Voyez la Coût. de Paris, art. 126. qui renferme une pareille disposition, d'où cet article de l'Ordonnance paroît avoir été tiré.

Dans les Coutumes où la prescription pour ces sortes de fournitures & menues denrées est plus longue, comme à Orléans où elle est d'un an, suivant l'art. 265. de cette Coûtume, on a continué depuis l'Ordonnance du Commerce à conserver aux Artisans ce délai d'un an pour exiger le prix de leurs fournitures ; ce qui est fondé sur ce que cette Ordonnance n'a point dérogé à cet égard aux Coûtumes qui ont des dispositions contraires, comme il est aisé de le voir à la fin de cette même Ordonnance, à la différence de ce qui est mis à la fin des Ordonnances de 1667. & 1670.

ARTICLE IX.

Voulons le contenu ès deux Articles ci-dessus avoir lieu, *encore qu'il y eust eu continuation de fourniture ou d'ouvrage* (1) ; si ce n'est qu'avant l'année ou les six mois, *il y eust un compte arresté* (2), *sommation ou interpellation judiciaire, cédule, obligation, ou contract.*

1. *Encore qu'il y eût eu continuation de fourniture ou d'ouvrage.*] Ainsi un Marchand qui attendroit à former sa demande pour raison

de marchandises qu'il auroit fournies pendant quatre ou cinq ans à un Bourgeois, fur
le fondement qu'il y auroit eu continuation
de fourniture, ne feroit pas fondé en cette
demande ; le débiteur feroit en droit de lui
oppofer la fin de non recevoir pour les années qui ont précédé la derniere, & il ne
feroit adjugé en juftice à ce Marchand que
ce qu'il auroit vendu ou fourni pendant la
derniere année, au cas de l'article 7. ou pendant les fix derniers mois , au cas de l'article 8.

2. Il y eût un compte arrêté, &c.] Parce qu'alors,
au moyen de cette reconnoiffance ou interpellation , l'action dure trente ans à l'égard
de ce qui eft arrêté ou demandé. (V. les articles 126. & 127. de la Coutume de Paris ,
& l'article 265. de la Coutume d'Orléans.)

   Au refte ces arrêtés de comptes & billets,
pour être valables , doivent être faits par
les maris , & ceux faits par des femmes
mariées ne fuffifent pas , à moins que le
mari ne les approuve. Ce qui eft une fuite
de la régle , qui porte qu'une femme mariée
ne peut obliger fon mari , ni s'obliger fans
fon confentement , à moins qu'elle ne foit
féparée de biens , ou Marchande publique ,
ou qu'elle foit factrice de fon mari. (V. la
Coutume de Paris , art. 234. & celle d'Orléans , article 196.).

A R T I C L E X.

Pourront néantmoins les Marchands
& Ouvriers *déferer le ferment* (1) à ceux
aufquels la fourniture aura efté faite, les

aſſigner, & les faire interroger. Et à l'é-
gard des Veuves, Tuteurs de leurs enfans, Héritiers & ayans cauſe, leur faire
déclarer s'ils ſçavent que la choſe eſt
deuë, encore que l'année ou les ſix mois
ſoient expirez.

1. *Déférer le Serment.*] L'article 275. de la
Coutume d'Orléans, ajoute » & où la par-
» tie ne voudroit jurer avoir payé, elle
» ſera tenue de payer, nonobſtant ladite preſ-
» cription, en affirmant par le demandeur.

A R T I C L E   XI.

Tous Négocians & Marchands, tant
en gros qu'en détail, auront chacun à leur
égard des aunes *ferrées par les deux bouts
& marquées, ou des poids & meſures étalonnées* (1). Leur défendons de s'en ſervir
d'autres, à peine de faux, & de cent cinquante livres d'amende.

1. *Ferrées par les deux bouts & marquées, ou
des poids & meſures étalonnées.*] Afin d'éviter
les fraudes qui pourroient ſe commettre par
les Marchands, en ſe ſervant de fauſſes meſures, ou en les diminuant.

T I T R E I I.

Des Agens de Banque & Cour-
tiers.

A R T I C L E I.

DÉfendons aux *Agens de Banque &
de Change* (1), *de faire le Chan-
ge* (2) *ou tenir Banque pour leur compte
particulier* (3), fous leur nom ou fous
des noms interpofez, directement ou in-
directement, *à peine de privation de leurs
charges* (4), & de quinze cens livres d'a-
mende.

1. *Défendons aux Agens de Banque & de Chan-
ge.*] Les Agens de Banque & de Change
font ceux qui s'entremettent pour négocier
des Lettres & billets de Change, ou autres
billets payables à ordre ou au porteur,
moyennant un certain profit ou remife qui
leur eft accordée à cet effet. On les appelloit
autrefois Courtiers de Change. Leur entre-
mife fert aux Banquiers, Négocians, Gens
d'affaires, & aux autres perfonnes qui veu-
lent négocier leur argent, lettres & billets,
en payant ou recevant le change, fuivant le
cours de la Place.

Il y a des Villes où les Agens de Change
& de Banque font en titre d'Office, & ont des Provisions ou Commissions du Roi, comme à Paris, Marseille, Bordeaux, & en quelques autres Villes. Il y en a d'autres où ils sont choisis par les Maires & Echevins, ou par les Juges-Consuls, & prêtent serment devant eux, comme à Lyon, suivant l'article 59. du Réglement du 2. Juin 1687. rapporté ci-après, tit. 5. art. 7. note 1. ou par les Maîtres, Gardes & Syndics des Corps des Marchands. Mais en général dans les autres Villes il est permis à toutes sortes de personnes de faire cette espece de négoce, sans avoir besoin de permission, pourvû que ceux qui l'exercent soient d'une probité connue.

Avant l'année 1708. il n'y avoit à Paris que vingt Agens de Change, qui avoient été créés en titre d'Office par Edit du mois de Décembre 1705. Par un second Edit du mois d'Août de l'année 1708. le nombre en fut augmenté jusqu'à quarante; & par un autre Edit du mois de Novembre 1714. le nombre en avoit été fixé à soixante. Mais par un dernier Edit du mois de Janvier 1723. ces Offices ont été suprimés, & il en a été créé soixante nouveaux, qui ont été mis en commission par Arrêt du Conseil du 14 Octobre 1724. & depuis réduits au nombre de quarante, par un autre Arrêt du Conseil, du 22. Décembre 1733.

Par le même Edit du mois de Décembre 1705. le Roi a suprimé tous les Offices de Courtiers & Agens de Change, qui avoient été créés auparavant dans l'étendue du Royaume, à la réserve de ceux établis dans les villes de Marseille & de Bordeaux, & en a créé & établi un certain nombre d'autres dans les princi-

pales Villes de commerce ; ſçavoir vingt à
Paris, vingt à Lion, ſix à la Rochelle, ſix à
Montpellier, cinq à Aix, cinq à Straſbourg,
cinq à Metz, dix à Rouen, huit à Nantes,
quatre à Tours, quatre à S. Malo, quatre
à Dijon, quatre à Bayonne, deux à Tou-
louſe, deux à Dieppe, un au Havre-de-
Grace, un à Calais, deux à Dunkerque,
deux à Rochefort, deux à Rennes, deux a
Breſt, & un au Port-Louis. Ce même Edit
porte, que ceux qui exerceront ces Offices,
jouiront pour les négociations qu'ils feront en argent comptant, billets & Lettres
de Change, de cinquante ſols par mille liv.
payables, ſçavoir vingt cinq ſols par le
prêteur, & vingt-cinq ſols par l'emprunteur;
& qu'à l'égard des négociations pour fait
de marchandiſes, ils ſeront payés, ſçavoir
à Paris ſur le pied de demi pour cent de ſa
valeur des marchandiſes, & dans les autres
Villes de commerce où ils ſeront établis,
des mêmes droits dont jouiſſoient les Courtiers & Agens de Change, de Banque &
marchandiſe, avant la ſuppreſſion portée
par cet Edit. Veut en outre S. M.
que toutes les Lettres de Change & Billets
qu'ils négocieront, ſoient ſignés d'eux, &
qu'ils en certifient la ſignature véritable. Le
même Edit ajoute, que ceux qui ſeront revêtus deſdits Offices d'Agens de Change, de
Commerce & de Finance, ne dérogeront
point à la Nobleſſe, & leur permet de poſſé-
der conjointement des Charges de Sécre-
taires du Roi, même de la grande Chancellerie.

Quoiqu'il n'y ait point d'apprentiſſage
pour cette eſpéce de trafic, néanmoins il
eſt néceſſaire que celui qui veut l'exercer ait

une connoiſſance particuliere de tout ce qui concerne la Banque & le Change ; & il ſeroit à propos pour cela qu'il eût demeuré & ſervi pendant un certain tems chez des Banquiers ou Négocians, afin de ſe mettre au fait de tout ce qui concerne ſa profeſſion.

Il faut auſſi que les Agens de Change ſoient des perſonnes prudentes, & réſervées pour tout ce qui regarde les affaires des Négocians & gens de Finance ; parce qu'il dépend ſouvent d'un Agent de Change d'ôter par une parole indiſcrette tout le crédit d'un Marchand, &c. & par conſéquent de le déranger dans ſes affaires.

Les Agens de Change doivent auſſi avoir attention en propoſant à négocier les lettres & billets de change, ou autres papiers qui ſont en leur diſpoſition, de les propoſer ſimplement & ſans exiger la ſolvabilité de ceux à qui ils appartiennent, pour engager à les prendre ; parce que ſi dans la ſuite ces lettres ou billets venoient à être proteſtés, ceux à qui ils auroient été fournis ſeroient en quelque ſorte en droit de s'en prendre à ceux qui les leur ont procurés.

Enfin ils doivent prendre garde de ne jamais exiger pour leurs peines & ſalaires un droit plus conſidérable, que celui qu'on a coutume de payer dans les endroits où on ſe ſert de leur miniſtere ; autrement ce ſeroit une eſpece d'exaction de leur part qui mériteroit d'être réprimée, & quelquefois même punie.

Voyez encore les articles 2. & 4. du titre 3. ci-après pour les livres que les Agens de Change ſont obligés de tenir.

2. *De faire le Change.*] Car on ne peut être Agent de Change & Banquier tout enſem-

ble. Autrement il dépendroit de ces personnes de faire des monopoles qui seroient préjudiciables au Commerce, en prenant ou acceptant toutes les Lettres de Change sur une Ville ou Province où elles seroient rares, ou en pratiquant d'autres manœuvres semblables contraires à l'intérêt public, & qui tendroient souvent à la ruine des autres Banquiers & Négocians.

Les Agens de Change ne doivent même rien entreprendre qui puisse faire présumer qu'ils négocient pour leur compte particulier; comme, par exemple, s'ils cautionnoient eux-mêmes le tireur ou l'accepteur d'une Lettre de Change , ou s'ils y mettoient leur aval. (V. l'article suivant avec les notes.)

3. *Ou tenir Banque pour leur compte particulier.*] L'Edit du mois de Décembre 1705. qui vient d'être cité ,a dérogé à cette disposition , & permet aux Agens de Banque, de Change, de Commerce & Finances, pour la commodité de ceux qui auront des Négociations à faire de leur fait , de tenir un Bureau ouvert & une caisse chez eux, nonobstant ce qui est porté par les articles 1. & 2. du présent titre.

4. *A peine de privation de leurs Charges.*] Ou d'interdiction de leurs fonctions , dans les Villes où les Agens de Banque & de Change ne sont point en titre d'office.

A R T I C L E   II.

Ne pourront aussi les Courtiers de Marchandise (1) en faire aucun trafic pour leur compte (2) , ni tenir quaisse chez eux (3).

ou signer des Lettres de Change (4) *par aval* (5). Pourront néantmoins certifier que la signature des Lettres de Change est véritable (6).

1. *Ne pourront aussi les Courtiers de Marchandises.*] Les Courtiers de Marchandises sont des espéces de Mandataires qui s'entremettent pour faire vendre , acheter , troquer ou changer des Marchandises, moyennant un certain profit ou salaire qu'on leur paye pour leurs peines. On les appelle aussi *courtiers* ou *proxenetes*, du mot latin *proxeneta;* & ils sont désignés sous ces deux noms dans l'article 429. de la Coutume d'Orléans.

Il y a ordinairement , surtout dans les grandes Villes de Commerce, des Courtiers dans chaque Corps de Marchands : dans les autres Villes , les Courtiers s'entremêlent indistinctement pour différentes sortes de marchandises, & ils font même quelquefois les fonctions d'Agens de Change dans les endroits où ces derniers ne sont point établis en titre d'Office, ni en commission , comme à Orléans , &c.

Ces sortes de personnes sont très-utiles dans le Commerce , soit pour le dedans , soit pour le dehors , parce qu'ils connoissent les Marchands de la profession à laquelle ils s'attachent , & que souvent sans eux les Négocians ne pourroient acheter ni se défaire de certaines marchandises qui se vendent & s'achetent , ou qui se négocient aisément par ce moyen.

Il est permis à toutes personnes de faire les fonctions de Courtiers, excepté dans les Villes où ils sont en titre d'office ou en commiffion. Dans ces dernieres, les Courtiers avant de pouvoir faire leurs fonctions, doivent juftifier de leurs vie & mœurs, & de leur capacité pour raifon de la profeffion qu'ils veulent exercer ; & ils prêtent ferment devant les Maire , Echevins & Juges-Confuls , ou devant les Maîtres , Gardes & Syndics des Corps des Marchands. L'article 19. du Réglement du 2 Juin 1667. rendu pour la ville de Lyon, en a une difpofition précife. (V. ce Réglement, *infrà* , tit. 5. art. 7. note 1.)

Au refte quoiqu'il n'y ait point d'apprentiffage requis pour pouvoir exercer l'état de Courtier , il eft cependant néceffaire que ceux qui veulent s'attacher à cette profeffion, ayent , ainfi que les Agens de Change , les qualités néceffaires pour pouvoir l'exercer. Ainfi,

1o. Outre la probité & l'honneur dont ils doivent avant tout faire profeffion , il eft néceffaire qu'ils foient au fait de tout ce qui concerne le Négoce , tant pour la qualité , mefures, que pour le prix des marchandifes, fans quoi ils auroient peine à réuffir dans leur état.

2o. Il faut auffi qu'ils foient prudents & réfervés , & qu'ils prennent bien garde de ne pas préjudicier par leur indiscrétion au credit & à la réputation des Négocians.

3o. Ils doivent avoir un livre en bon ordre, qui renferme tous les marchés par eux négociés , dont chacun doit contenir la quantité & qualité de la marchandife , & le prix auquel elle a été vendue , pour y avoir recours en cas de befoin. (Argum. tiré de l'art. 1. du tit. 3. ci-après.) Ces livres font foi en Juftice, & font crûs fur les conteftations qui peuvent furvenir entre les Négocians, pour raifon des ventes & achats de marchandifes qui fe font faits par leur entremife, tant pour la quantité & la qualité, que pour le prix de ces marchandifes.

4o. Ils doivent auffi avoir attention de ne prendre pour leur droit de courtage que ce qui leur appartient légitimement, & ce qu'on a coûtume de prendre dans l'endroit où ils négocient.

5°. En général, ils doivent obferver les mêmes maximes que les Agens de Change & de Banque, dont il a été parlé dans les notes fur l'article précédent; car il n'y a d'autre différence des uns aux autres, finon en ce que ces derniers ne s'entremêlent que du commerce de la Banque & du Change, au lieu que les autres s'entremêlent du commerce des marchandifes.

Les Courtiers & les Agens de Change font confidérés comme perfonnes publiques, & ils font fujets à la contrainte par corps pour la reftitution des Lettres de Change, billets & autres chofes qui leur ont été confiées, ou du prix qu'ils en ont touché pour le compte de ceux qui les ont employés. (Coûtume d'Orléans, art. 429.)

2. *En faire aucun trafic pour leur compte.*] Parce que quand ils font eux-mêmes commerce de la marchandife dont ils font Courtiers, ils peuvent abufer de la confiance des perfonnes qui les emploient, & prendre pour eux le marché qu'ils auroient fait pour un autre, & par ce moyen ils tromperoient les Négocians, & pourroient leur caufer un préjudice notable; ce qui eft contraire à la bonne foi qui doit régner dans le commerce.

3. *Ni tenir caiſſe chez eux.*] C'eſt-à-dire, qu'ils ne doivent point avoir d'argent actuellement en caiſſe , pour en faire un commerce pour leur compte particulier , & pour le négocier ſur la place.

Il en eſt de même des Agens de Change & de Banque. (V. *infrà* , tit. 3. art. 4. avec les notes pag. 35.)

L'Edit du mois de Décembre 1705. portant création d'officesd'Agens de Change & de commerce dans le Royaume, a dérogé à cette diſpoſition , & permet aux Agens de Change & de commerce ainſi créés , de tenir caiſſe chez eux. (Voyez la note 3. ſur l'article 1. du tit. 2. ci-deſſus pag. 25)

4. *Ou ſigner des Lettres de Change , &c.*] Afin qu'ils ne s'engagent pas facilement envers les Négocians, en ſignant des lettres ou billets de change & autres, ou en paſſant leur ordre au profit de ceux à qui il les négocient ; ce qui le plus ſouvent pourroit cauſer la ruine des Courtiers , dans le cas où ces lettres & billets ne ſeroient point payés par l'inſolvabilité de ceux qui les doivent.

5. *Par aval.*] V. ce que c'eſt qu'*aval, infrà* , tit. 5. art. 33. aux notes.

6. *Que la ſignature des Lettres de Change eſt véritable.*]Parce que leur négoce les met à portée de connoître les ſignatures des Banquiers & Négocians, & de ceux qui ont paſſé les ordres & avals ; & parce que c'eſt ſur la bonne foi des Courtiers & Agens de Change , que ceux qui ont beſoin de billets ou de Lettres de Change, prennent ces lettres & billets, & donnent leur argent , ces derniers n'ayant pas le plus ſouvent par eux-mêmes la connoiſſance des ſignatures de ceux qui les ont ſubis.

ARTICLE III.

Ceux qui auront obtenu des Lettres de répy (1), *fait Contract d'atermoiement, ou fait faillite, ne pourront estre Agens de Change ou de Banque, ou Courtiers de Marchandise* (2).

1. *Ceux qui auront obtenu des Lettres de Répi.*] V. *infrà*, tit. 9. art. 5.

2. *Ne pourront être Agens de Change ou de Banque, ou Courtiers de marchandise.*] Car les Courtiers & Agens de Change doivent être d'une probité connue, & d'une réputation, entiere, telle qu'elle est désirée pour le commerce. (V. *suprà*, art. 1. & 2. aux notes, pag. 21. & suiv.)

TITRE III.

Des Livres & Régistres des Négocians, Marchands & Banquiers.

ARTICLE I.

Les Négocians & Marchands (1) *tant en gros qu'en détail auront* (2) *un Livre qui contiendra* (3) *tout leur Négoce, leurs Lettres de Change, leurs debtes actives*

actives & paffives ; & les deniers em-
ployez à la dépenfe de leur maifon.

1. *Les Négocians & Marchands.*] Sous ce
mot de *Négocians* font auffi compris les
Banquiers, comme il paroît par le Sommaire de ce titre. D'ailleurs la Banque étant
un véritable négoce, le mot de Négocians
renferme en général tous ceux qui font quelque commerce, foit de marchandifes,
foit de lettres de change, billets ou argent.

2. *Auront.*] Autrement les autres Marchands qui feroient en conteftation avec
eux, & qui auroient des livres en régle,
pourroient être écoutés dans leurs demandes, par cela feul que leurs livres feroient
en régle, ces derniers étant alors préfumés
être dans la bonne foi.

Ces livres font auffi néceffaires, afin
que les Marchands qui font à tout moment
dans le cas d'acheter, vendre, ou emprunter, puiffent rendre raifon de leur conduite, au cas que par malheur il vinffent
à être dérangés dans leurs affaires; & faute
par eux de s'être affujettis à cette loi, ils
peuvent être pourfuivis comme banqueroutiers frauduleux. (*Infrà*, titre xi. article 11.)

3. *Un Livre qui contiendra, &c.*] Ce Livre eft ce
ce qu'on appelle *le Journal*, qui doit être écrit
de fuite, par ordre de date, article par
article, fans aucun blanc. (*Infrà*, article 5.
page 36.)

Suivant cette difpofition de l'Ordonnance,
les Marchands, Négocians & Banquiers

C

ne font obligés à avoir d'autre livre que ce
Journal, & les Marchands & Artifans qui
ne vendent qu'en détail & ne font pas des
affaires biens confidérables, n'en ont pas
ordinairement d'autres ; mais ceux qui font
un gros commerce, foit en gros, foit en
détail, au lieu de ce livre, en ont plufieurs
autres appellés *Livres de Raifon*, dont l'u-
fage leur eft utile & même néceffaire pour
tenir leurs affaires en bon ordre. Les principaux de ces Livres font,

1°. Le Livre des achats, ventes, lettres
de change & billets tirés & fournis, & des
payemens. Ce Livre fe tient par ordre de
date, & en forme de Journal, comme il a
été dit ci-deffus.

2°. Le Livre de débit & crédit, appellé
auffi grand Livre, qui fe tient, non par ordre
de date, mais par articles de marchandifes
ou de perfonnes avec qui l'on négocie. On
porte fur ces articles en débit, d'un côté les
ventes faites & lettres de changes & billets
fournis à chacun de ceux que l'article
concerne ; & de l'autre côté on porte en
crédit les payemens faits par ces mêmes
perfonnes. Ce Livre contient en général tous
les comptes par crédit & débit, que le Marchand a avec les autres Marchands & Commerçans avec lefquels il négocie, qui ont
chacun un compte féparé fur ce livre.

3°. Le Livre où l'on écrit toute la dépenfe qui fe fait dans la maifon, & hors le
commerce.

4°. Le Livre de caiffe, où le Marchand
écrit d'un côté tout l'argent qu'il reçoit, &
& de l'autre tout ce qu'il paye.

5°. Le Livre de copies de lettres, où le

Marchand tranícrit ou fait tranícrire par
ſon faƈteur ou Commis , les lettres qu'il
écrit pour raiſon de ſon commerce. (V. *infrà*
article 7. pag. 38.)

Outre ces Livres, il y en a encore d'autres
que les Marchands tiennent , ſuivant les
différens commerces qu'ils font. Mais de
tous ces Livres, le Journal eſt le plus néceſſaire ; & c'eſt même le ſeul , à proprement
parler, qui faſſe foi en Juſtice.

Article II.

Les Agens de Change & de Banque (1)
tiendront un Livre journal , *dans lequel
feront inſérées toutes les parties par eux
négociées* (2) *, pour y avoir recours en cas
de conteſtations* (3).

1. *Les Agens de Change & de Banque.*] Il en
eſt de même des Courtiers de Marchandiſes. (V. *ſuprà*, titre 2. article 2. note 1.
page 26.)

2. *Dans lequel feront inſérées toutes les parties
par eux négociées.*] C'eſt-à-dire, négociées entre les Banquiers , Négocians & autres perſonnes qui ſe ſont ſervis de leur entremiſe,
pour diſpoſer des Lettres & Billets de Change, ou autres Billets payables à ordre ou au
Porteur.

3. *Pour y avoir recours en cas de conteſtation.*]
Cette obligation de tenir un Livre Journal,
à laquelle l'Ordonnance aſſujettit les Agens
de Change & de Banque, eſt très-ſagement

établie ; parce que s'il furvient des différens entre les Marchands , Banquiers & autres perfonnes qui ont négocié quelques
affaires par l'entremife de ces Agens de
Change , on a recours à ces Livres , qui font
foi en juftice quand ils font en bon ordre ,
& on en tire des inductions , en les conci-
liant avec les autres livres des Banquiers
ou Négocians qui ont entr'eux des conteftations.

ARTICLE III.

Les Livres de Négocians & Marchands
tant en gros qu'en détail , *feront fignés* (1)
fur le premier & dernier feuillet , par l'un
des Confuls dans les Villes où il y a jurifdiction Confulaire ; & dans les autres ,
par le Maire ou l'un des Echevins , fans
frais ni droits , & les feuillets paraphez
& cottez par premier & dernier , de la
main de ceux qui auront efté commis par
les Confuls ou Maire & Echevins , dont
fera fait mention au premier feuillet.

1. *Seront fignés , &c.*] Cet article s'entend
feulement au Livre journal , & non des autres Livres de Raifon , dont il a été parlé
ci-deffus , dans la note 3. fur l'art. 1. de ce
titre , *fuprà* , page 31.
Cette difpofition avoit été établie pour
éviter les falfifications & doubles régiftres ,
dont il eft arrivé plufieurs fois des exemples ; mais aujourd'hui elle n'eft plus gue-

res obfervée dans l'ufage. On n'y tient pas
même la main dans les Jurifdictions Confulaires ; & ce défaut d'obfervation de la
Loi a même été autorifé par des Arrêts.
Ainfi un Journal qui ne feroit aujourd'hui
ni figné , ni paraphé , ni cotté , n'empêcheroit pas un Marchand de pouvoir demander
ce qui lui eft dû pour raifon de fon commerce, en vertu de ce Journal, fi d'ailleurs il
eft tenu de fuite & par ordre de date , & fans
aucun blanc , & fi celui qui forme cette demande eft d'une probité connue & incapa-
ble de fuppofer des articles faux. Ce défaut
de paraphe & de fignature ne fait pas non
plus préfumer la fraude dans le cas de faillite d'un Marchand : on juge qu'il a négligé
de fe foumettre à la formalité établie par la
Loi ; & cette négligence eft excufée , quand
fa bonne foi paroît d'ailleurs.

Article IV.

Les Livres des Agens de Change (1) &
de Banque *feront cottez , fignez & paraphez* (2) par l'un des Confuls fur chaque
feuillet, & mention fera faite dans le premier, du nom de l'Agent de Change ou
de Banque ; de la qualité du Livre, s'il
doit fervir de Journal *ou pour la quaif-
fe* (3) ; & fi c'eft le premier , fecond ou
autre, dont fera fait mention fur le Regiftre du Greffe de la Jurifdiction Confulaire ou de l'Hoftel de Ville.

1. *Les Livres des Agens de Change.*] Il en eſt de même des Livres des Courtiers : car c'eſt la même raiſon pour les uns & pour les aurres.

2. *Seront cottés, ſignés & paraphés.*] Voyez-en la raiſon en la note ſur l'article précédent. Il ſeroit à ſouhaiter que cette diſpoſition fût obſervée plus exactement qu'elle ne l'eſt.

3. *Ou pour la Caiſſe.*] Il ſuit de ces termes, qu'il n'eſt pas défendu aux Agens de Change & de Banque de tenir caiſſe chez eux ; mais l'intention de l'Ordonnance eſt que ces Agens de Change puiſſent ſeulement avoir une caiſſe, pour y mettre comme en dépôt les ſommes qu'ils reçoivent pour le compte d'autrui, & non pour en faire commerce, & le négocier pour leur compte particulier. (V. au ſurplus la note 3. ſur l'art. 1. du tit. 2. ci-deſſus, pag. 25.)

ARTICLE V.

Les Livres Journaux feront écrits d'une même ſuite (1) *par ordre de date* (2) *ſans aucun blanc* (3) *, arreſtez en chaque Chapitre & à la fin ; & ne ſera rien écrit aux marges* (4).

1. *Seront écrits d'une même ſuite.*] Il n'eſt pas néceſſaire que ces Livres ſoient écrits de la main du Marchand ou Agent de Change ; il ſuffit qu'ils le ſoient de la main de leurs facteurs ou commis.

2. *Par ordre de date.*] C'eſt-à-dire, datés

par an, mois & jour, & écrits au jour la journée, à mesure de chaque vente, ou achat, payement, négociation de Lettres ou billets, &c.

3. *Sans aucun blanc.*] Afin d'éviter les fraudes que des Marchands de mauvaise foi pourroient pratiquer, en ajoutant après coup sur les blancs laissés à cet effet, des ventes de marchandises qu'ils n'auroient ni vendues, ni livrées, ou des payemens qu'ils n'auroient pas faits.

4. *Et ne sera rien écrit aux marges.*] Ainsi, v. g. quand un Marchand reçoit le payement d'une marchandise qu'il a vendue, il ne doit point écrire ce payement à la marge à côté de l'article où il a rapport ; mais il doit en faire un article séparé, qu'il écrira sur son Journal dans l'ordre de sa date.

Article VI.

Tous Négocians, Marchands & Agens de Change & de Banque, seront tenus dans six mois après la publication de nostre présente Ordonnance, de faire de nouveaux Livres Journaux & Régistres, signez, *cottez & paraphez* (1) suivant qu'il est ci-dessus ordonné ; dans lesquels ils pourront si bon leur semble porter les Extraits de leurs anciens Livres.

1. *Cottés & paraphés.*] Suivant un Edit du mois de Novembre 1706. & une Déclaration du mois de Mai 1707. le droit prove-

nant de ces fortes de paraphes avoit été attribué à des Officiers créés à cet effet ; mais ces Réglemens font demeurés fans exécution, ainfi qu'un Arrêt du Confeil du 3 Avril 1674. qui portoit que les Livres journaux des Marchands, Négocians, & Agens de Change & de Banque, feroient faits & écrits fur du papier timbré, à peine de nullité & de mille livres d'amende.

Article VII.

Tous Négocians & Marchands tant en gros qu'en détail, *mettront en Liaffe les Lettres miffives qu'ils recevront* (1), *& en Regiftre la Copie de celles qu'ils écriront* (2).

2. *Mettront en liaffe les Lettres miffives qu'ils recevront.*] Afin que s'il arrive quelque difficulté au fujet d'une vente ou négociation, on puiffe connoître la vérité par le rapport de ces Lettres. Car fi celui que l'on prétend avoir fubi quelque engagement, ou avoir fait quelque marché, demande à l'autre le rapport de fes Lettres, & que ce dernier refufe de les repréfenter fous prétexte qu'il les a perdues, & qu'au contraire l'autre ait un Livre de copie de fes Lettres, qui juftifie le contraire de la prétention du premier, il eft conftant que la copie de la Lettre fera crue en juftice, & fera tomber la demande de l'autre, s'il n'y en a d'ailleurs une preuve conftante.

2 *Et en Régiftre la copie de celles qu'ils écriront.*] Afin de pouvoir juftifier en juftice

les Lettres qui auront été écrites à ceux qui refuseroient de les représenter, & aussi afin d'empêcher la contrariété qui pourroit arriver dans les différens ordres que les Négocians donnent par écrit à leurs correspondans ; autrement il seroit bien difficile qu'ils pussent se ressouvenir de toutes les circonstances des achats & ventes, traites & remises de Lettres & Billets, sans cette précaution.

Au reste la disposition portée en cet article est plûtôt un conseil qu'une obligation, & sert seulement à faire présumer que le Marchand ou Négociant qui ne l'observe point, n'est pas en régle, ni de bonne foi.

Article VIII.

Seront aussi tenus (1) tous les Marchands de faire dans le même délai de six mois, inventaire sous leur seing de tous leurs effets mobiliers & immobiliers, & de leurs dettes actives & passives, lequel sera récollé *& renouvellé de deux ans en deux ans* (2).

1. *Seront aussi tenus.*] V. la note sur l'article précédent.

2. *Et renouvellé de deux ans en deux ans*] Afin qu'ils puissent se rendre raison de l'état de leurs affaires, & en conséquence proportionner leur commerce à leurs facultés. Cette obligation est aussi établie pour qu'ils puissent en cas de faillite, rendre raison de leur conduite à leurs créanciers ; autrement ils pourroient être présumés en fraude, &

tomber dans le cas de l'article 2. du titre xx.
ci-après, sur-tout s'il se trouve qu'ils n'ont
pas satisfait aux autres formalités requises
par ce même article.

ARTICLE - IX.

La représentation ou communication
des Livres Journaux, Regiſtres, ou In-
ventaires, *ne pourra eſtre requiſe ni ordonnée en Juſtice* (1), *ſinon pour ſucceſſion* (2),
communauté & partage de ſociété *en cas
de faillite* (3).

1. *Ne pourra être requiſe ni ordonnée en Juſtice.*] Afin de ne pas réveler le ſecret de leurs
affaires, ni de celles d'autrui.

2. *Sinon pour ſucceſſion, &c.*] Si un Marchand laiſſe en mourant pluſieurs héritiers
dont un s'empare des Livres, ou ſi ces Livres
ſont dépoſés chez un tiers, les co-héritiers,
ou l'un deux, en peuvent demander la repréſentation ou la communication ; parce
que chacun de ces co-héritiers a droit d'examiner les affaires de la ſucceſſion. Il en eſt
de même entre aſſociés, & dans le cas de
partage d'une communauté.

3. *En cas de faillite.*] Afin de pouvoir examiner les affaires & la conduite d'un débiteur, & de pouvoir en conséquence le pourſuivre ou le prêter à un accommodement,
en voyant l'état de ſes effets, & dans quel
ordre ſont ſes affaires.

Aʀᴛɪᴄʟᴇ X.

'Au cas néantmoins qu'un Négociant ou un Marchand vouluſt ſe ſervir de ſes Livres Journaux, & Regiſtres, ou que la partie *offriſt d'y ajoûter foi* (1), *la repréſentation pourra eſtre ordonnée* (2) *pour en extraire ce qui concernera le diffé-rend* (3.)

1. *Offrit d'y ajouter foi.*] Cette repréſenta-tion ne peut être refuſée, dans le cas même où il y auroit un titre contre celui dont on demande que les Livres ſoient rapportés. (Ainſi jugé par Arrêt du 22 Juillet 1689. confirmatif de deux Sentences rendues au Conſulat de Troyes.)
Si la partie aux Livres de laquelle on offre d'ajouter foi, refuſe de les repréſenter, le Juge doit alors déferer le ſerment à l'autre partie.

2. *La repréſentation pourra être ordonnée.*] Ces termes font voir qu'un Marchand n'eſt pas tenu de communiquer ſes Regiſtres, ni de les dépoſer au Greffe pour en prendre communication; mais ſeulement de les re-préſenter, pour en extraire ce qui concerne la choſe contentieuſe.

3. *Pour en extraire ce qui concerne le diffé-rend.*] Et non pour en extraire les autres endroits qui ne regardent point le differend des parties, afin qu'on ne prenne point con-noiſſance des autres affaires de celui qui re-préſente ainſi ſes Livres; ce qui ſeroit cor-traire à l'eſprit de l'Ordonnance. (V. la Dé-

claration du 18 Février 1578. & les Edits
de Septembre 1595. & Juin 1615. rendus
pour la ville de Lyon.)

TITRE IV.

Des Sociétés.

LEs Sociétés qui peuvent avoir lieu en
fait de Négoce & de Banque, font de
trois fortes.

La premiere, appellée *Société générale* ou
ordinaire, est celle qui se contracte entre
deux ou plusieurs personnes, & dans laquelle les associés conférent également leur
argent & leurs soins. Tous les actes de cette
Société se passent sous les noms des associés
qui l'ont contractée, soit que ces noms
soient exprimés chacun en particulier, soit
qu'ils soient exprimés collectivement, v. g.
sous le nom d'un tel & compagnie.

La seconde espece de société est celle
qu'on appelle *Société en commandite*, qui se
fait entre plusieurs associés, dont l'un ne
fournit que son argent, & les autres donnent leur argent & leur travail, ou leur travail seulement, pour leur tenir lieu du fond
ou d'une partie de ce fond, qu'ils font dis-
pensés de fournir. Ceux qui sont ainsi associés en commandite, ne sont point obligés
solidairement aux dettes de la Société : ils se
contentent de fournir leurs deniers sans
faire aucune fonction, & sans paroître en
aucune maniere dans les achats & ventes,
obligations, billets ou autres actes concer-

nant le Commerce ; mais ils participent seulement dans les profits ou pertes, jusqu'à
concurrence de la part & portion qu'ils ont
dans la Société : ce qui fait que le plus
souvent ces sortes de Sociétés se font avec
des personnes qui ne sont point Négocians
par État, & quelquefois même avec des
Officiers & des personnes de distinction.

La troisiéme espece de Société est celle
qu'on appelle *anonyme*, c'est-à-dire, qui ne
se fait sous aucun nom. Ceux qui font ensemble cette Société travaillent chacun de
leur côté sous leurs noms particuliers,
& ils se rendent réciproquement compte
les uns aux autres des profits & des pertes
qu'ils ont faites, qu'ils partagent & suppor-
tent en commun. Ces Sociétés sont le plus
souvent verbales ; & comme elles n'ont
quelquefois pour objet qu'une seule entre-
prise, elles ne durent que le tems qu'il faut
pour faire l'achat, ou la vente, ou le partage : ce qui fait aussi qu'elles sont appellées
Sociétés momentanées.

Ces Sociétés anonymes se peuvent faire
de plusieurs manieres. La premiere qu'on
appelle *Société* ou *compte de participation*, se
fait lorsqu'un Marchand, à l'arrivée, par
exemple, d'un vaisseau chargé de Marchandises, écrit à son correspondant en lui en-
voyant l'état de ces marchandises, pour
sçavoir de lui s'il veut prendre quelque
part ou intérêt dans l'achat & la vente qui
s'en doit faire, pour les revendre ensuite
pour leur compte ; & que le correspondant
accepte la proposition qui lui est faite, &
remet en conséquence au marchand qui lui
a donné cet avis, sa part des fonds suffisans
pour faire cet achat. Alors il se forme une

Société paſſagere entre ce Marchand & ſon correſpondant, en vertu des Lettres reſpectives qu'ils ſe ſont écrites l'un à l'autre ; & en conſéquence de cette Société, celui qui achete les Marchandiſes , s'oblige envers l'autre de lui rendre compte de l'achat, ainſi que des profits qu'il y aura ſur la vente , & de participer à la perte , s'il y en a. De même le correſpondant s'oblige envers l'autre aſſocié , tant pour le payement de ſa part de l'achat des marchandiſes & autres frais, qu'à participer aux pertes & profits qui pourront ſe faire en la vente ; mais il n'y a que celui qui fait l'achat des marchandiſes , qui ſoit obligé envers le vendeur originaire , & le correſpondant ne l'eſt point ; enſorte que ſi cet acheteur venoit à tomber en faillite , le vendeur originaire n'auroit aucun recours contre ce correſpondant qui n'a point contracté avec lui.

Il en eſt de même de la vente des marchandiſes ainſi acherées en commun : il n'y a que celui des aſſociés qui les a vendues , qui ait action contre les acheteurs pour en avoir le payement , & l'autre aſſocié n'a aucun recours contre eux ; enſorte que ſi celui qui a vendu ces marchandiſes venoit à faire faillite , l'autre aſſocié , pour raiſon de ce qui lui eſt dû par la Société , ſeroit tenu de perdre , & de venir à contribution comme les autres créanciers ſur le prix des marchandiſes vendues , ſans avoir plus de privilége qu'eux. Cette eſpéce de Société anonyme ne regardant point le public , mais ſeulement les aſſociés qui la forment entr'eux, n'eſt point ſujette à la formalité de l'enregiſtrement requis par l'article 1. du préſent titre.

Une autre espece de *Société anonyme* est
celle qui se fait par des Marchands qui
vont ensemble, ou l'un deux seulement,
dans des foires, & quelquefois même en pays
étranger, pour y acheter ou vendre les marchandises dont ils conviennent, & qui s'as-
socient à cet effet pour lottir entr'eux les
marchandises, ou pour partager les profits
& pertes, suivant les parts & portions dont
ils sont convenus. Cette espece de Société
se fait souvent sur le champ & par paroles
seulement ; mais la bonne foi du Commerce
fait qu'ordinairement les Marchands qui
l'ont contractée, ne la désavouent point.
Quand elle se fait en pays étranger ou éloigné, on la rédige par écrit sous seing privé ; mais comme alors il arrive le plus
souvent qu'il n'y a qu'un seul des associés, qui soit député pour l'achat & la
vente des marchandises convenues, ces
achats ou ventes ne se font que sous le nom
de celui qui est chargé de vendre ou acheter,
& les autres associés ne sont engagés qu'au
regard les uns des autres, mais non envers
ceux qui ont vendu ou acheté ces marchandises, & avec lesquels ils n'ont point contracté, parce que cette Société n'est point
faite en nom collectif, comme les Sociétés
ordinaires, où les vent s & achats se font
sous les noms exprimés de tous les associés,
ou du moins sous leur nom collectif d'un
tel & compagnie. (*Infrà*, art. 7. pag. 53.)

Les Sociétés *anonymes* se font non-seulement entre Marchands & Négocians, mais
aussi quelquefois avec des personnes qui ne
sont point de cette profession.

Toute Société, de quelque espece qu'elle
soit, finit par la mort d'un des associés, (L,

65. *S* 9. *pro socio*) a moins que par l'acte ou contrat de Société il n'y ait une clause au contraire, ou que depuis la mort de l'associé, & indépendamment de cette clause, les parties eussent consenti à demeurer ensemble en société. (*L.* 37. *ff. pro socio.*)

Au reste quoique la Socié é finisse par la mort d'un des associes, néanmoins les autres associés restent toujours en communauté avec les héritiers de l'associé défunt; parce que quoiqu'il soit vrai dire que la Société est dissoute par la mort, néanmoins il n'y a que le partage qui rompe la Communauté. (*V.* la *L* 40. *ff. pro socio* & la *L.* 21. *S.* 2. *ff. de negot gestis.*)

La renonciation d'un des associés, soit pour défaut d'union avec les autres, soit pour absence, ou pour d'autres causes suffit aussi pour dissoudre la Société sans le consentement des autres, même avant le tems où elle doit finir, suivant la *L.* 63. *in fine, ff. pro socio*; & la *L.* 5. *Cod. eod. tit.* mais il faut que cette renonciation se fasse de bonne foi: car si elle est faite en fraude, on n'y a point d'égard. (Ainsi jugé par Arrêt du 27. Novembre 1562. rapporté par Carordas. Ce qui est conforme à la *L.* 3. *ff. pro socio*, & à la loi 14. du même tit.)

A R T I C L E I.

Toute Société (1) générale *ou en commendite* (2) *sera rédigée par écrit* (3) ou pardevant Notaires, *ou sous signature privée* (4); *& ne sera reçue aucune preuve* (5) par témoins, contre & outre le contenu en l'acte de société, ni fur ce qui feroit allégué avoir efté dit , avant, lors ou depuis l'acte, encore qu'il s'agift d'une fomme ou valeur moindre de cent livres.

1. *Toute Société.*] Cet article ne regarde pas feulement les Sociétés entre Marchands , Négocians , & Banquiers , mais aufli celles qui fe font entre gens d'affaires , & entre toutes autres perfonnes qui s'affocient enfemble pour un Commerce de marchandifes, d'argent, ou autres entreprifes. (V. *infrà*, tit. 12. art. 1. note (*b*).

2. *Ou en commandite.*] Il en eft autrement des Sociétés appellées *anonymes* ; celles-ci fe font le plus fouvent verbalement & fans aucun écrit , ainfi qu'on vient de l'obferver en parlant de ces fortes de Sociétés. (V. ce qui a été dit ci-deffus , page 40.)

2. *Sera rédigée par écrit.*] Car fi on s'en rapportoit aux paroles des affociés ou des témoins , il n'y auroit le plus fouvent dans les contrats de Société aucune certitude , & les Jugemens qui interviendroient à cet égard feroient fujets à trop d'inconvéniens.

4. *Ou fous fignature privée.*] Les Sociétés entre Marchands & Négocians fe font ordinairement fous feing privé; mais il feroit quelque fois avantageux de les faire par Notaires , pour acquérir de la part des affociés une hypotéque fur les biens les uns des autres.

5. *Et ne fera reçue aucune preuve.*] Cette difpofition eft conforme à celle de l'article 2. du tit. 20. de l'Ordonnance du mois d'Avril 1667. C'eft pourquoi ceux qui font enfemble une Société , doivent avoir foin d'é-

crire dans l'acte qui l'establit, toutes les conventions qu'ils veulent qui soient exécutées : car c'est-là la loi qui doit régler les parties ; & s'ils jugent à propos dans la suite d'y faire quelque changement, il faut qu'ils expliquent leur intention par un nouvel écrit.

ARTICLE II.

L'Extrait des Sociétez (1) *entre Marchands & Négocians* (2)*, tant en gros qu'en détail, sera registré* (3) au Greffe de la Jurisdiction Consulaire, s'il y en a, sinon en celui de l'Hostel commun de la Ville ; & s'il n'y en a point, au Greffe de nos Juges des lieux, ou de ceux des Seigneurs ; & l'extrait inséré dans un tableau exposé en lieu public ; *le tout à peine de nullité des Actes & Contracts passez* (4)*, tant entre les Associez qu'avec leurs Créanciers & ayans cause.

1. *L'extrait des Sociétés.*] Ainsi il n'est pas nécessaire que l'acte de Société soit enregistré en entier ; il suffit que cela se fasse par extrait.

2. *Entre Marchands & Négocians.*] Cet article ne parlant point des personnes qui ne sont ni Marchands, ni Négocians, qui auroient fait des Sociétés en commandite avec une autre personne qui seroit Marchand, il s'ensuit que ces personnes ne sont pas sujettes à la formalité de l'enregistrement de l'acte de leur Société ; autrement ce seroit détruire l'usage des Sociétés en commandite,

dont les affociés ne veulent pas le plus fouvent être connus du public.

3. *Sera regiſtré , &c.*] V. *infrà* , article 6
avec les notes, pag. 52.

Cette formalité eſt ſagement établie , afin
que le public connoiſſe les conditions des
Sociétés , & le tems de leur durée ; parce
que le principal fondement du négoce étant
le crédit & la réputation des aſſociés , il eſt
juſte qu'on ſache les changemens qui arrivent entr'eux , ainſi que la nature & la durée de leurs engagemens.

Cependant l'uſage contraire a prévalu ,
& il eſt rare aujourd'hui que les Sociétés de
Marchands s'enregiſtrent.

4. *Le tout à peine de nullité des actes & contrats paſſés.*] Cette nullité ne ſe prononce
gueres dans les tribunaux , ſoit au regard
des aſſociés entr'eux, ſoit au regard de leurs
créanciers , contre la diſpoſition de l'article
6. ci-après ; mais il faut pour cela que la
Société ſoit prouvée d'ailleurs , ſoit par
Lettres, ſoit par d'autres actes paſſés entre les
parties ou avec leurs créanciers.

Aʀᴛɪᴄʟᴇ III.

Aucun Extrait de Société ne ſera en-
regiſtré , s'il n'eſt ſigné ou des Aſſociez,
ou de ceux qui auront ſouffert la Société (1).
& ne contient les noms , ſurnoms (2), qualitez & demeure *des Aſſociez , & les
clauſes extraordinaires* (3), s'il y en a ,
pour la ſignature des Actes, *le temps auquel elle doit commencer & finir* (4) ; & ne

.fera réputée continuée, s'il n'y en a un acte par écrit, pareillement enregiftré & affiché.

1. *Ou de ceux qui auront fouffert la Société.*] C'eft-à-dire, de ceux qui en vertu de leur procuration auroient confenti à la Société, pour un ou plufieurs affociés. (V. Savari en fon Parfait Négociant, liv. 2. ch. 1. p. 7. édition de 1749.)

2. *Et ne contient les noms, furnoms, &c.*] Afin que le public connoiffe exactement tous ceux qui compofent la Société, & qu'il puiffe plus fûrement contracter avec eux.

3. *Et les claufes extraordinaires.*] Comme s'il étoit dit dans l'acte de Société, qu'il n'y auroit qu'un feul des affociés y nommé, qui pourroit tirer des Lettres de Change, à l'exclufion des autres, paffer des ordres pour la Compagnie, ou autres chofes femblables. Au moyen de cette claufe, fi quelqu'un des affociés venoit à tirer des Lettres de Change, ou à paffer des ordres, la Société n'en feroit pas tenue, parce que cette condition ainfi établie par l'acte de Société feroit connue & publique ; mais faute d'avoir fait enregiftrer cette même claufe, tous les autres affociés feroient tenus folidairement à tout ce qui feroit fait par l'un d'eux qui auroit figné pour la Société, (*Infrà* ,art. 7. p. 53.) encore que le contraire fût marqué par l'acte de Société.

4. *Le tems auquel elle doit commencer & finir.*] Car tout ce qui auroit été fait avant l'enregiftrement de l'extrait & depuis la Société finie, feroit nul par rapport à ceux qui compofent la Société ; & il n'y auroit que celui

ou ceux avec qui la négociation a été faite
nommément, qui en seroient tenus.

A r t i c l e   I V.

Tous Actes *portant changemens d'Affociez* (1) *, nouvelles ftipulations* (2) ou
claufes pour la fignature feront enregiftrez
& publiez (3) *, &* n'auront lieu *que du
jour de la publication* (4).

  1. *Portant changement d'Affociés.*] Soit qu'un
des affociés quitte la Société, ou qu'on y en
admette un nouveau.
  2. *Nouvelles ftipulations.*] Par exemple, la
renonciation d'un des affociés à la Société :
autrement, & faute de la publication & enregiftrement requis par cet article, l'affocié
qui a renoncé, demeure toujours obligé par
la fuite à l'égard des étrangers avec qui la
Société vient à contracter, comme s'il n'y
avoit point eu de renonciation de fa part.
Cette renonciation n'eft valable qu'au regard
des affociés, au cas que celui qui renonce à
la Société, leur ait fignifié ou fait connoître
fon défiftement.
  3. *Et publiés.*] V. *infrà* art. 6. comment fe
doit faire cette publication.
  4. *Que du jour de la publication.*] L'article
2. ci-deffus ne parle que d'enregiftrement ;
ici l'Ordonnance y ajoute la publication.
C'eft que quand une claufe a été une foiscon-
nue du Public, & qu'il y eft enfuite dérogé,
la publication eft néceffaire pour rendre
cette dérogation notoire. (V. *infrà,* tit. 8
art. 1.)

A R T I C L E   V.

Ne fera pris par les Greffiers pour l'enregistrement de la Société & *la transcription dans le tableau* (1) que cinq fols ; & pour chaque Extrait qu'il en délivrera , trois fols.

1. *Et la transcription dans le Tableau.*] Les parties qui veulent faire enregistrer les actes de leurs Sociétés , doivent veiller à ce que cet enregistrement foit fait & inféré dans le tableau , & retirer du tout une expédition du Greffier ; auquel cas elles auront leur recours contre lui , fi malgré l'expédition par lui délivrée , il fe trouvoit qu'il eût manqué à quelqu'une de ces formalités.

A R T I C L E   VI.

Les Societez n'auront effet *à l'égard des Affociez , leurs Veuves & Héritiers* (1). Créanciers & ayans caufe , que du jour qu'elles auront efté regiftrées *& publiées* (2) au Greffe du domicile de tous les Contractans , *& du lieu où ils auront magafin* (3).

1. *A l'égard des Affociés , leurs Veuves & Héritiers.*] Cette claufe n'eft point obfervée dans l'ufage à l'égard des affociés , leurs veuves & héritiers. Les claufes & conditions portées par les actes de Sociétés s'exécutent

entr'eux dès qu'ils les ont fignées, quoique ces Sociétés n'ayent point été fuivies de publications & d'enregiftrement ; mais elles n'ont point lieu par rapport au public, ainfi qu'il a déja été obfervé, pour pouvoir engager tous les affociés envers d'autres perfonnes, ou engager ces autres perfonnes envers eux, fi ce n'eft feulement ceux des affociés avec qui la négociation eft faite.

2. *Et publiées.*] C'eft-à-dire, & publiées au cas de l'article précédent.

3. *Et du lieu où ils auront magazin.*] Comme fi les affociés avoient un magafin hors le lieu de leur domicile pour la vente de leurs marchandifes, il faudroit alors faire auffi enregiftrer dans ce lieu l'acte de Société, & même le publier au cas de l'art 4. parce que par le moyen de cet enregiftrement & de cette publication, non-feulement les Négocians du lieu du domicile des affociés, mais encore lés autres Négocians qui peuvent commercer avec eux, ayant une connoiffance particuliere de ces Sociétés, feront moins dans le cas de pouvoir être furpris dans leurs Négociations.

ARTICLE VII.

Tous Affociez *feront obligez folidairement* (1) *aux debtes* (2) de la Société, encore qu'il n'y en ait qn'un qui ait figné ; *au cas qu'il ait figné pour la compagnie* (3) *& non autrement* (4).

1. *Seront obligés folidairement.*] Cette folidité fe divife entre les héritiers des affociés,

fuivant la loi générale des obligations, fauf aux créanciers à fe pourvoir fur les biens de la Société. (V. Bacquet, Traité des droits de Juftice. ch. 21. n. 251.)

2. *Aux dettes.*] Comme achats & ventes de marchandifes, promeffes, billets, & autres actes concernant le négoce.

3. *Au cas qu'il ait figné pour la Compagnie.*] Ceci fuppofe que par l'acte de Société duëment enregiftré, il n'y eût point à l'égard de quelqu'un des affociés exclufion de pouvoir engager les autres: car autrement la Compagnie ne feroit point obligée par la fignature de celui des affociés qui n'auroit pas le pouvoir de l'engager ; & celui qui auroit ainfi figné, quoique pour la Compagnie, demeureroit feul engagé envers ceux avec qui il auroit négocié.

Cette condition qui oblige l'affocié à figner pour la Compagnie, pour pouvoir engager les autres, eft fagement établie par l'Ordonnance, afin qu'un des affociés qui voudroit emprunter de l'argent pour fes affaires particulieres, puiffe le faire fans obliger folidairement fes affociés au payement de cette fomme, qui ne les regarde pas.

4 *Et non autrement.*] Ainfi un affocié qui foufcrit quelque billet, ou lettre de change fignée de lui feul, fans avoir figné pour la Compagnie, n'engage que lui feul, & alors il eft cenfé avoir fubi le billet pour fon intérêt particulier.

Au refte il faut obferver, que les Négocians qui foufcrivent enfemble un billet pour marchandifes achetées en commun, fans même qu'il y ait aucune Société entr'eux, font obligés folidairement au payement de ce billet, & qu'ils peuvent être pourfuivis

en

cette qualité. Il en est de même des marchands qui achetent des marchandises en commun sans billet : ils peuvent aussi être poursuivis solidairement pour le payement de ces marchandises ; parce que dans tous ces cas on présume une Société tacite entre ceux qui contractent (V. la L. 4. *ff. pro socio.*)

ARTICLE VIII.

Les Associez en commendite (1) *ne feront obligez que jusques à la concurrence de leur part* (2).

1. *Les Associés en commendite.*] V. ci-dessus en la note sur le sommaire de ce titre, page 42. ce que c'est que Société en commendite.

2. *Que jusqu'à la concurrence de leur part.*] Les associés en commendite ne sont ordinairement tenus que jusqu'à concurrence du fond qu'ils ont mis dans la Société, & non au-delà : il n'y a que ceux dont la Société porte le nom, qui soient obligés indistinctement aux dettes. On met ordinairement cette clause dans l'acte de Société en commendite, comme une des premieres conditions de cette Société.

ARTICLE IX.

Toute Société contiendra la clause *de se soumettre aux Arbitres* (1) pour les contestations qui surviendront entre les Associez ; & encore que la clause fût

omife, un des Affociez en pourra nommer, ce que les autres feront tenus de faire : finon en fera nommé par le Juge pour
ceux qui en feront refus.

1. *De fe foumettre aux Arbitres.*] Cet article
eft conforme à l'Edit du mois d'Août 1560.
qui porte que »tous différens entre Mar-
» chands, pour fait de marchandifes, doi-
» vent être vuidés fommairement par trois
» perfonnes au plus accordées entr'eux, ou
» dont ils feront contraints de s'accorder
» par le Juge des lieux.

La difpofition portée en cet article & les
fuivans a été fagement établie pour le bien
du commerce, parce que par ce moyen les
conteftations fe reglent promptement &
fans frais, au lieu que fi ces fortes de différens s'inftruifoient & fe jugeoient dans les
Tribunaux ordinaires, les frais feroient
beaucoup plus confidérables, & les affaires n'y feroient pas fitôt terminées.

A R T I C L E X.

Voulons auffi qu'en cas de décès ou
de longue abfence d'un des Arbitres,
les Affociés en nomment d'autres (1) : finon
il en fera pourveu parle Juge pour les
refufans.

1. *Les Affociés en nomment d'autres.*] Cette
nomination d'arbitres fubrogés fe peut faire
par le compromis même, portant choix
des premiers arbitres. Ces arbitres font ordinairement des Négocians.

A R T I C L E   XI.

En cas que les Arbitres foient parta-
gez en opinions, ils pourront convenir
de Surarbitre fans le confentement des
parties & s'ils n'en conviennent, *il en
fera nommé un par le Juge* (1).

1. *Il en fera nommé un par le Juge.*] C'eft-à-
dire par les Juges-Confuls, en vertu d'une
Requête à eux préfentée à cet effet; finon, &
à leur défaut, par le Juge du lieu du domicile
des parties. Les parties doivent être appellées fur cette Requête, & en conféquence
de la Sentence qui intervient, celle des parties qui l'a obtenue, ou toutes les deux,
doivent fe retirer pardevers l'arbitre nommé,
& le prier de procéder au réglement de leur
différend.

A R T I C L E   XII.

Les Arbitres pourront juger fur les
pieces & mémoires qui leur feront remis,
fans aucune formalité de juftice (1), nonobftant l'abfence de quelqu'une des
parties.

1. *Sans aucune formalité de juftice.*] C'eft-à-
dire fimplement fur les pieces, livres, Lettres, & mémoires produits par les parties,
en leur donnant cependant un délai raifon-
nable pour faire ces productions.

Il n'eft pas néceffaire que les Sentences
rendues par ces arbitres foient reçues par le

Greffiers des arbitrages créés par l'Edit du mois de Mars 1673. Les fonctions de ces Officiers n'ont lieu que pour les Justices Royales, & pour celles des Duchés-pairies, suivant cet Edit.

A R T I C L E XIII.

Les Sentences arbitrales entre Associez pour Négoce, Marchandise ou Banque, *seront homologuées* (1) en la Jurisdiction Consulaire, s'il y en a : sinon ès Sieges ordinaires de nos Juges, *ou de ceux des Seigneurs* (2).

1. *Seront homologuées.*] Cette homologation se fait à la diligence de celle des parties qui a intérêt de la faire. Elle est nécessaire, 1º. Pour avoir une hypotéque sur les biens de celui qui a été condamné par la Sentence ; 2º. Afin que cette Sentence emporte exécution parée.

Suivant l'Ordonnance du mois d'Août 1560. les différens ainsi jugés par arbitres pour fait de négoce doivent être exécutés par provision ; & s'il y a une peine apposée par le compromis, il faut qu'elle soit payée avant d'être reçû appellant. Il est fâcheux que cette loi soit si souvent violée dans l'usage.

2. *Ou de ceux des Seigneurs.*] Les appellations de ces Sentences arbitrales se portent directement en la Grand'Chambre des Parlemens.

ARTICLE XIV.

Tout ce que deſſus aura lieu *à l'égard des Veuves, Héritiers* (1), & ayans cauſe des Aſſociez.

1. *A l'égard des Veuves, Héritiers, &c.*] Quand même cette veuve ou ces héritiers ne feroient point le négoce, & qu'ils feroient d'une autre profeſſion.

TITRE V.

Des Lettres & Billets de Change, & promeſſes d'en fournir.

Des Lettres de Change.

UNe *Lettre de Change* eſt une ceſſion ou tranſport d'une ſomme d'argent, que le tireur de la Lettre fait à celui au profit du quel il la tire, ou à l'ordre de ce dernier, pour être payée par le correſpondant de ce tireur dans un autre lieu que celui d'où la Lettre eſt tirée. Cette ceſſion ou tranſport ſe fait pour une pareille ſomme que celui à qui la Lettre eſt fournie donne au tireur, ſoit en argent, ſoit en marchandiſes, ou autres effets.

Les Lettres de Change ſe font ordinaire-ment à ordre ; & par ce moyen celui au profit de qui la Lettre eſt tirée, peut céder ſes droits à un tiers, & en paſſer l'ordre au profit de ce tiers, & ce tiers au profit d'un autre, & ainſi de ſuite, juſqu'à ce que cette Lettre ſoit préſentée à celui qui doit la payer. Cette circulation eſt d'un grand ſecours dans le commerce, parce qu'en faiſant ainſi paſſer des Lettres de Change de main en main, cela donne la facilité aux Négocians de s'acquitter de ce qu'ils doivent, ou de ſe faire payer de ce qui leur eſt dû, ſans preſque ſortir de chez eux.

Lorſque la Lettre de Change eſt payable à celui qui en a fourni la valeur, elle n'intéreſſe que trois perſonnes; ſçavoir, 1°. le tireur; 2°. celui à qui elle doit être payée, & qui en a fourni la valeur; 3°. celui qui la doit payer. Il en eſt de même lorſque la Lettre eſt payable à celui qui en a fourni la valeur, ou à ſon ordre, parce que cet ordre & les autres ordres mis ſucceſſivement, ne ſont que des ſubrogations pour mettre le dernier en nom à la place de celui à qui la Lettre étoit payable orginairement; mais lorſque la Lettre eſt payable à un autre que celui qui en a fourni la valeur, alors elle intéreſſe quatre perſonnes.

Quelquefois celui ſur qui la Lettre eſt tirée s'oblige à en faire le payement, & cet engagement ſe nomme *Acceptation.* On dit qu'une Lettre eſt acceptée, lorſque ce conſentement ou cette obligation de payer eſt écrit ſur la Lettre.

Si celui ſur qui la Lettre eſt tirée, ſoit qu'elle ſoit acceptée ou non, refuſe d'en faire le payement, le porteur de la Lettre doit conſtater ce refus par un acte judiciaire, qu'on appelle *Proteſt.*

Les Lettres de Change peuvent être considérées de deux manieres :

1°. Entre le tireur de la Lettre & celui qui donne la valeur ; & alors c'est un véritable contrat qui se passe entre l'un & l'autre. Il en est de même entre celui à qui la Lettre a été fournie, & celui au profit de qui l'ordre en est passé.

2°. Les Lettres de Change peuvent être considérées entre le tireur & celui sur qui la Lettre est tirée, ou bien entre celui qui en a payé la valeur, ou celui qui le représente & est à ses droits, & celui qui en reçoit le payement & sous ces deux rapports, c'est un mandement ou une commission.

Ainsi quoiqu'il y ait ordinairement trois ou quatre personnes qui entrent dans le contrat des Lettres de Change, néanmoins il n'y en a, à proprement parler, que deux qui contractent ; sçavoir celui qui fait la Lettre de Change, & celui qui en donne la valeur & au profit de qui elle est faite : avec cette distinction cependant, que si cette Lettre est négociée, il se forme aussi un nouveau contrat entre chacun des endosseurs, & celui au profit de qui ils en ont passé l'ordre immédiatement. A l'égard des autres personnes, elles n'y entrent que pour l'exécution, & elles doivent être considérées comme de simples mandataires par rapport au tireur, v. g. celui sur qui la Lettre est tirée, pour accepter la Lettre ou en payer le montant. Celui même à qui la Lettre a été fournie ou ceux qui le représentent, s'ils sont porteurs de cette Lettre, peuvent aussi être considérés comme des especes de mandataires par rapport au tireur, pour faire toutes les diligences nécessaires,

afin d'en procurer le payement. Ces différentes especes de contrats produisent des
actions diverses au profit des parties contractantes.

Des deux principes qui viennent d'être
établis, découlent toutes les regles qui peuvent concerner la matiere des Lettres de
Change.

Ainsi du premier principe il résulte,

1*. Que le contrat des Lettres de Change
étant fait pour l'utilité réciproque du tireur
& de celui qui en donne la valeur, il ne
peut se résoudre sans un consentement réciproque, ainsi que tous les autres contrats.
(*L. 5. Cod. de obligat. & action.*)

2°. Que le tireur qui est ici considéré
comme une espece de vendeur, est tenu de
garantir le payement de la Lettre à celui
à qui il l'a fournie, ou à celui qui le représente, à moins que ce dernier par sa négligence n'ait donné lieu au défaut de payement. Il est même obligé de tenir compte
à celui-ci de tous les frais & dommages
qu'il a pû souffrir par le défaut de payement.
(*L. 10. §. 9. ff. mandati. L. 4. L. 20. §. 1. Cod.
eod. tit.*) Cette régle est le fondement de l'article 7. du titre 6. ci-après, & de l'article 15.
du présent titre.

3°. Que le tireur n'est point libéré de cette
obligation de garantie, lorsque celui sur
qui la Lettre est tirée vient à l'accepter : car
cette acceptation n'est pas un nouveau contrat entre le tireur & celui sur qui la Lettre
est fournie. Ainsi si celui qui a accepté
devient insolvable, le porteur de la Lettre
peut toujours agir contre le tireur, parce
qu'il ne seroit pas juste que la condition de
ce porteur fût devenue moins favorable par

l'acceptation. Cette régle est le fondement de l'article 11. ci-après.

Du second principe il résulte,

1°. Que celui à qui la Lettre est fournie, ou plûtôt le porteur qui le représente, au moyen du consentement qu'il donne de recevoir la Lettre pour la somme qu'il a payée à cet effet, s'oblige à toutes les diligences nécessaires pour s'en procurer le payement. (L. 22. §. *ult. ff. mandati.*) Cette maxime est le fondement de ce qui est établi ci après en l'art. 4. & les suivans.

2°. Que le porteur qui a ainsi fait ses diligences peut répéter son remboursement de la Lettre protestée faute de payement, tant contre le tireur, les endosseurs & prometteurs, que contre ceux qui ont mis leur aval sur les Lettres, lesquels étant tous garans les uns des autres, (suivant le premier principe ci-dessus. n. 2.) sont tous solidairement obligés à lui en rembourser le montant ; & même contre celui sur qui la Lettre est tirée, au cas qu'il l'ait acceptée, parce qu'ils sont tous garans les uns des autres ; à moins que ce porteur n'ait par son fait perdu cette solidité. Cette regle est le fondement des articles 11. 12. & 33. ci-après.

3°. Que le porteur qui a reçû le montant d'une Lettre de Change négociée de celui sur qui elle est tirée, est garant de la vérité des ordres, & de la Lettre de Change en vertu de laquelle il reçoit : en sorte que si cette Lettre étoit passée sous un faux ordre, & qu'elle ne liberât point le payeur envers le tireur du montant de la somme, ce payeur aura son recours contre celui à qui la Lettre a été payée, qui devient responsable envers lui de la somme, & de ses dommages & intérêts, sauf son recours contre les véritables tireurs & endoſſeurs.

4°. Que celui sur qui une Lettre eſt tirée, n'eſt point obligé de l'accepter, ni de la payer ; parce que n'étant point engagé par la convention qui s'eſt faite entre le tireur & celui à qui la Lettre a été fournie, ou bien entre ce dernier, (ou ceux qui le repréſentent,) & le porteur de la Lettre, il eſt toujours à tems de refuſer de la payer : à moins qu'il ne ſoit débiteur de pareille ſomme envers le tireur, auquel cas s'il refuſoit de payer, il ſeroit tenu de tous les dommages & intérêts envers ce tireur, ou ceux qui le repréſentent & ont droit de lui. (V. *infrà*, art. 17.)

5°. Que ſi celui sur qui la Lettre eſt tirée l'a une fois acceptée, il devient dès le moment obligé envers le tireur ou ceux qui le repréſentent ; parce qu'au moyen de cette acceptation il ſe fait un engagement entre ce mandataire & celui qui l'a conſtitué, à l'effet de faire le payement de la Lettre. (L. 1. *ſſ. mandati.*)

6°. Que celui sur qui on tire une Lettre & qui en veut payer le montant, ne peut la payer avant l'échéance, à moins que le porteur n'y conſente ; parce que le contrat qui ſe fait dans les Lettres de Change entre le tireur & celui à qui la Lettre eſt fournie, étant pour l'utilité réciproque des deux contractans, toutes les conditions du tems & du lieu ſont en faveur de l'un & de l'autre. Ainſi le porteur qui eſt aux droits de celui à qui la Lettre a été fournie, ne peut être contraint d'en recevoir le payement avant le terme porté par ſa Lettre. (V. Godefroi ſur la Loi 122. *ſſ. de verbor. oblig.*

Cujas fur la L. 38. *§. inter incertam ,ff. eod. tit.* & le *Code Fabr.* **Liv.** 8. *tit.* 30. *definit.* 14.)

Si cependant la Lettre de Change n'étoit point à ordre , elle pourroit être acquittée avant fon échéance par celui fur qui elle a été tirée , pourvû que le porteur de la Lettre convienne qu'elle eft entre fes mains. (Ainfi jugé par Arrêt du 17 Février 1665. rapporté par Soefve , en fon Recueil d'Arrêts , tome 2. Centurie 3. ch. 36.)

7°. Que celui qui paye la valeur d'une Lettre de Change , doit connoitre celui à qui il paye : car s'il paye mal-à-propos à celui qui préfente la Lettre , & qu'elle ne foit point paffée au profit de ce dernier par celui qui en eft propriétaire , ce payeur ne fera pas libéré par ce payement envers le tireur ou ceux qui auront droit de lui , & il aura feulement fon recours contre celui à qui il a payé , pour la répétition de la fomme qu'il a reçûe mal-à-propos. (V. la L. 39. *ff. de negotiis geftis.*)

Des Billets de Change.

On entend par *Billets de Change* , ceux qui fe font pour Lettres de Change fournies , ou qui portent promeffe d'en fournir. S'ils ne font faits pour l'une ou pour l'autre de ces caufes , ils ceflent d'être Billets de Change. (*Infrà* art. 27.) Ces Billets différent des Lettres de Change , en ce que les Lettres de Change font ordinairement payables en un autre endroit que celui d'où elles font tirées , & par un autre que celui qui es tire ; au-lieu que le Billet de Change est payable par celui qui le fait, & ordinairement dans le lieu où il est fait. Ces Billets peuvent se faire ou au profit d'un particulier y nommé, ou à son ordre, ou au porteur. (*Infrà* art. 30.)

Il faut bien prendre garde de confondre les Billets de Change avec ceux qui ne sont pas de Change, tels que sont les Billets dont la valeur a été payée en deniers ou en marchandises. Ceux-ci ne sont que de simples promesses; ils peuvent néanmoins être négociés ainsi que les Billets de Change, quand ils sont payables à ordre, ou au porteur.

Les Billets de Change & autres Billets à ordre, peuvent être considérés entre celui qui fournit le Billet & celui à qui il est fourni; & alors c'est un véritable contrat qui se passe entre l'un & l'autre. Il en est de même entre celui à qui le Billet est fourni & celui à qui ce dernier en passe l'ordre, & ainsi de suite pour les autres ordres.

Néanmoins ces derniers peuvent aussi être considérés comme mandataires de ceux qu'ils représentent, & aux droits desquels ils sont, pour faire les diligences nécessaires envers celui qui doit payer le montant du Billet.

De ces deux principes émanent toutes les regles qui concernent les Billets de Change, & tous les autres Billets en général payables à ordre ou au porteur; surquoi il faut observer, que tout ce qui a été dit ci-devant des Lettres de Change, à l'égard du tireur, de celui à qui la Lettre a été fournie, & de celui qui en est porteur, doit recevoir ici son application: d'où il suit,

1°. Que le contrat ou la convention par laquelle une perſonne fournit un Billet de Change, ou autre Billet, à une autre perſonne qui lui en paye le montant en deniers, ou marchandiſes, ou autres effets, étant pour l'utilité réciproque des deux contractans, ne peut ſe réſoudre ſans un conſentement réciproque. (*Suprà* , pag. 62. n. 1.)

2°. Que celui qui fournit le Billet, ſoit qu'il l'ait ſouſcrit ou non, eſt tenu d'en garantir le payement à celui à qui il eſt fourni, ou à celui qui le repréſente, à moins que ce dernier par ſa négligence n'ait donné lieu au défaut de payement. (V. pag. 62. n, 2.)

3°. Que celui à qui le Billet a été fourni, ou le porteur qui le repréſente, s'oblige à toutes les diligences néceſſaires pour s'en procurer le payement. (V. pag. 63. n. 1.)

4°. Que le porteur du Billet qui a fait toutes les diligences néceſſaires, peut répéter le rembourſement du Billet proteſté faute de payement, tant contre celui qui l'a ſouſcrit, que contre les endoſſeurs, & ceux qui ont mis leur aval, leſquels ſont tous ſolidairement obligés à lui rembourſer le montant de ce Billet, à moins que ce porteur n'ait perdu cette ſolidité par ſon fait. (*Suprà*, pag. 63. n. 2.)

5°. Que celui qui a ainſi fourni un Billet à ordre & qui en doit le montant, ne peut le payer avant l'échéance, à moins que le porteur n'y conſente. (*Suprà*, pag. 64. n. 6.)

6°. Que celui qui paye un Billet à celui qui le préſente, doit connoître celui à qui il paye; & que s'il paye mal à propos, ſoit parce que l'ordre n'eſt point paſſé au profit de celui qui préſente le Billet, ou autrement, le payeur ne fera pas libéré par ce payement envers celui à qui il l'a fourni, ou ceux qui ont droit de lui, & il aura feulement fon recours contre celui à qui le payement a été fait, pour lui faire rendre la fomme qu'il a reçue mal-à-propos. (V. ce qui a été dit ci-deffus, pag. 65. n. 7.)

Des Lettres de Crédit.

Outre les Lettres de Change & les Billets dont on vient de parler, il y a encore une autre efpéce de Lettres qu'on appelle *Lettres de Crédit.* C'eft une Lettre qu'un Banquier ou Négociant donne à un ami, ou à une autre perfonne qui a befoin d'argent dans une Ville où il défire aller , & que ce Banquier ou Négociant adreffe à fon correfpondant , par laquelle il lui mande de compter à fon ami, ou à cette perfonne, une telle fomme d'argent, ou toutes celles dont il aura befoin.

Ces fortes de Lettres ne fe confient ordinairement qu'à des perfonnes dont on connoît la bonne conduite & la folvabilité. C'eft pourquoi lorfqu'elles font fournies, v. g. à un jeune homme qui voyage, les Négocians & Banquiers qui les donnent prennent ordinairement pour leur fûreté un billet du pere de celui à qui la Lettre de crédit eft donnée, ou de quelque proche parent ou ami , portant reconnoiffance que cette Lettre a été fournie , avec promeffe de rendre les fommes qui auront été payées fur la Lettre de crédit. Il eft auffi de la prudence de ceux qui fourniffent ces Lettres, & en donnent avis à leurs Correfpondants à

qui elles font adreffées, de défigner par leurs
Lettres d'avis les perfonnes qui doivent préfenter ces Lettres, foit par la taille, l'âge
& autre fignalement, foit en prenant la
précaution d'envoyer par avance la fignature de ces perfonnes, pour pouvoir la
comparer à celle qu'elles donneront en recevant les fommes portées par la Lettre de
crédit ; & cela afin d'éviter les accidens qui
peuvent arriver, & que le correfpondant
qui paye, puiffe le faire avec fûreté.

Tout ceci fuppofé, il fera facile d'entendre ce qui va être dit dans les notes fur les
différens articles de ce titre.

A R T I C L E I.

Les Lettres de Change *contiendront
fommairement* (1) le nom de ceux aufquels le contenu devra eftre payé, *le temps
du payement* (2), le nom de celui qui en
a donné la valeur ; *& fi elle a efté reçeue
en deniers, marchandife, ou autres effets.* (3).

1. *Contiendront fommairement.*] Tout ce qui
concerne la forme des Lettres de Change
regarde : 1o. Le nom des perfonnes ; fçavoir
de celui qui fournit la Lettre, de celui qui
la doit payer, & de celui à qui elle doit
être payée. 2o. Le tens du payement.
3o. Ce que l'on doit payer. 4o. De quelle
maniere la valeur en a été payée.

2o. *Le tems du payement.*] Les Lettres de

Change se payent ordinairement en quatre manieres.

La premiere est quand la Lettre est payable *à jour nommé*, par exemple, au 10 Mai, ou autre jour fixe. Le tems pour pouvoir exiger le payement de ces sortes de Lettres ne court que du lendemain de leur échéance.

La seconde est quand la Lettre est payable *à une ou plusieurs usances*; c'est-à-dire, à un ou plusieurs mois de sa date, chaque usance étant d'un mois, & le mois de trente jours. (V. *infrà*, art. 5. avec les notes.) Les Lettres qui se tirent d'un Royaume à un autre, se tirent ordinairement de cette maniere.

La troisiéme maniere dont les Lettres de Change sont payables, est *à vûe*. Dès le moment que ces Lettres sont présentées à celui sur qui elles sont tirées, il doit les payer, sinon elles doivent être protestées faute de payement, parce que dans ces sortes de Lettres il n'y a point de jours de grace pour faire le protêt; ce qui résulte des termes de l'article 4. ci-après, qui ne parle que des Lettres acceptées, ou qui échéent à jour certain.

Il faut observer en général, à l'égard des tems fixés pour le payement des Lettres de Change, que ces tems doivent être francs, c'est-à-dire, que pour les Lettres à vûe, le jour de la datte de la Lettre, & pour les autres le jour de l'échéance & celui de l'acceptation, ou du protêt faute d'acceptation, ne doivent point être compris. Ainsi celui sur qui une Lettre de Change est tirée payable, v. g. le 10 Mai, a tout le jour pour payer, & elle n'est exigible que le lendemain 11.

parce que le jour de l'échéance n'est point
compté, ce jour ne finissant qu'à minuit,
suivant la maniere de compter le jour en
France ; & par conséquent le porteur de la
Lettre ne peut avant le 11. en demander le
payement, ni intenter aucune action contre celui qui a accepté la Lettre, ou contre
celui sur qui elle est tirée : il en est de
même des Billets. (*Infrà*, art. 31.) La raison
en est qu'en matiere de payement, le jour du
terme n'est point compris dans le delai accordé, suivant cette maxime de Droit, que
dies termini non computatur in termino, L. *qui
hoc anno* 42. *ff. de verbor. obligat.* (Ainsi jugé
par Arrêt du 23. Mars 1656. rapporté par
addition au livre 8. du Journal des Audiences.)

Au reste cette régle n'a pas lieu à l'égard
des dix jours de grace accordés pour le payement des Lettres de Change acceptées, ou
qui échéent à jour certain : car les dix jours
passés, il n'est plus tems d'agir. (V. *infrà*,
art. 4 avec les notes.)

La quatriéme maniere dont se payent les
Lettres de Change, est *à tant de jours de vûe,*
v. g. à 4. 8. 10. ou 15. jours de vûe, plus
ou moins. Le tems pour pouvoir exiger
le payement de ces sortes de Lettres, ne
court que du lendemain du jour qu'elles ont
été présentées & acceptées.

Enfin il y a encore une cinquieme maniere dont on se sert pour le payement des
Lettres de Change ; c'est quand elles sont
payables à Lyon en tems de Foires, que l'on
appelle *payemens*, qui se tiennent quatre fois
l'année de trois mois en trois mois ; sçavoir,
aux Rois, à Pâques, au mois d'Août, & à la
Toussaint. Ces payemens doivent être faits

le premier jour non férié de chacun de ces quatre payemens, suivant l'article 1. du Réglement fait pour la ville de Lyon, en date du 2 Juin 1667. (V. ce Réglement ci-après, en l'art. 7. de ce titre, note 1.)

Lorsqu'il arrive du changement dans les monnoyes, les payemens qui se font dans le Royaume en vertu des Lettres de Change tirées sur des particuliers, doivent se faire en especes au cours du jour auquel se fait le payement, à moins que par la Lettre de Change ou Billet il n'ait été stipulé qu'elle seroit payable en especes au cours du jour où elles ont été tirées ; ou du moins il faut, si l'on veut payer en nouvelles espéces, y ajouter le plus ou le moins de value, eu égard au changement arrivé par l'augmentation ou diminution de la monnoye. (Ainsi réglé par un Arrêt du Conseil du 19. Févrie 1726.)

Mais il faut observer, qu'il est défendu aujourd'hui dans le Royaume de trafiquer, vendre & acheter des Lettres de Change ou autres papiers, qu'en especes de celles qui ont cours au tems de la négociation. (Edit du mois de Février 1726. art. 10. Arrêt du Conseil du 27. dudit mois.)

3. *Et si elle a été reçue en deniers , marchandises , ou autres effets.*] La valeur des Lettres de Change peut se payer de plusieurs manieres.

La premiere est *en deniers,* ce qu'on exprime aussi par ces mots , *valeur reçûe comptant :* car il n'y a aucune différence entre ces deux manieres de s'exprimer, ainsi qu'il a été jugé par Arrêt du 15 Juin 1684. rendu sur l'appel d'une Sentence des Juges-Consuls de Paris en datte du 12. Mai 1681.

La seconde maniere de stipuler la valeur

payée des Lettres de Change, eſt *en marchandiſes ou autres effets.*

La troiſiéme maniere eſt *valeur en compte,*
qui eſt à peu près la même que celle reçûe
comptant. Quoique l'Ordonnance ne parle
point de cette troiſieme maniere d'exprimer
la valeur reçûe pour les Lettres de Change,
néanmoins elle eſt d'un uſage fréquent dans
le Commerce.

Comme les Etrangers ne ſont pas ſoumis
à l'Ordonnance, on voit ſouvent de leurs
Lettres de Change, qui n'expriment que la
valeur reçûe, ſans dire en quelle nature
d'effets ; ou même *valeur d'un tel,* ſans dire
reçûe.

Aʀᴛɪᴄʟᴇ II.

Toutes Lettres de Change *feront acceptées* (1) *par écrit* (2) purement & ſimplement. Abrogeons l'uſage de les accepter verbalement, ou par ces mots : *Veu
ſans accepter ; ou, Accepté pour répondre
à temps* (3), & toutes autres acceptations
ſous condition, leſquelles paſſeront pour
refus : *& pourront les Lettres eſtre proteſtées* (4).

1. *Seront acceptées, &c.*] Ces mots ne veulent pas dire que toutes les Lettres de Change feront accep ées; mais ſeulement que toutes les Lettres de Change qui feront accep-
técs, le feront par écrit. *Accepter* une Lettre
de Change, c'eſt l'agréer & s'obliger d'en
payer la valeur.

1°. Il n'est pas necessaire que celui sur qui la Lettre de Change est tirée, soit débiteur de celui qui la tire, pour pouvoir accepter; on peut pour faire plaisir au tireur, accepter par honneur, quoiqu'on ne lui doive rien. Il n'est pas même nécessaire que celui qui accepte ainsi, mette sur la Lettre ces mots, *accepté par honneur*, pour avoir son recours contre le tireur; la Loi lui donne de plein droit ce recours & cette action, ainsi qu'il résulte de l'art. 3. ci-après.

2°. On n'est pas obligé de faire accepter les Lettres payables à jour nommé, ou à usances, non plus que celles payables en foires; parce que le tems de ces Lettres court toujours, jusqu'au jour de l'échéance: néanmoins il est de la prudence de les faire accepter, parce qu'au moyen de cette acceptation, celui à qui la Lettre est fournie, ou celui qui le représente & est à ses droits, a un débiteur de plus, sçavoir celui qui a accepté.

Mais à l'égard des Lettres à tant de jours de vûe, il est nécessaire de les faire accepter ou protester; parce que le délai pour le payement d'une Lettre de cette espece ne court que du lendemain du jour qu'elle a été présentée ou acceptée, & que celui qui est porteur de cette Lettre, ne peut justifier qu'elle a été présentée que par l'un ou l'autre de ces deux actes.

3°. Celui sur qui une Lettre de Change est tirée, n'est pas obligé de l'accepter, dans le cas du moins où il ne doit rien au tireur; mais cette acceptation, qui dans son principe est volontaire, est comme les autres contrats nécessaire dans sa fin: enforte que celui qui a une fois accepté, soit qu'il doive ou non au tireur, ne peut se dispenser de

« payer, sinon il peut y être contraint par le
« porteur de la Lettre. (*Infrà* , art. 11.)

La faillite même qui peut survenir de la
« part du tireur pendant l'intervalle qui s'est
« écoulé entre l'acceptation & l'échéance de
« la Lettre, ne libere pas celui qui l'a acceptée,
« sauf son recours contre le tireur ; parce que
« cet accepteur par son acceptation devient
« caution solidaire du tireur. (*Infrà* , art. 33.)

Au reste il faut observer, que l'acceptation
« faite de la Lettre de Change par celui sur
« qui elle est tirée, ne libere pas le tireur, qui
« demeure toujours garant du payement de
« la Lettre , ainsi qu'il a été dit ci-dessus, p.
« 65. n. 3.

Quant à la question de sçavoir, si celui qui
« a accepté & s'est obligé de payer une Lettre
« ou Billet, peut se libérer, & en payer le mon-
« tant avant l'échéance , v. ce qui a été dit
« ci-dessus, pag. 64. n. 6.

2. *Par écrit.*] Celui qui accepte une Let-
« tre de Change , écrit simplement au bas de
« la Lettre le mot *accepté*, avec sa signature.
« La datte de cette acceptation est inutile ,
« parce que les dix jours pour le protêt courent
« du jour de l'échéance du terme fixé pour le
« payement, qui est marqué par la Lettre.
« Mais si la Lettre est à dix ou quinze jours ,
« ou autres jours de vûe, il faut nécessaire-
« ment dater l'acceptation, afin de constater
« le jour qu'elle a été présentée & vûe par ce-
« lui qui l'a acceptée, & pour sçavoir de quand
« commencent à courir les dix jours requis
« pour pouvoir la protester.

Lorsque celui sur qui une Lettre de Chan-
« ge est tirée, la retient sous prétexte de l'a-
« voir égarée ou autrement, & qu'il la rend
« ensuite au porteur, cette retention équivaut

à une acceptation ; enforte que fi pendant cet intervalle de tems le tireur vient à tomber en faillite , celui qui a ainfi retenu la Lettre , en demeure garant. *Acceptatio enim fit tacitè per receptionem & retentionem litterarum. (Scaccia, in tractatu de commercio & cambio,* §. 2. *Gloff.* 4. *num.* 335. *)*

3. *Vû fans accepter , ou accepté pour répondre à tems.*] Parce que non-feulement ces fortes d'acceptations font dangereufes & troublent le commerce des Lettres de Change ; mais encore parce qu'elles font inutiles, & ne fervent qu'à tromper & à furprendre ceux qui n'ont aucune connoiffance des inconvéniens qui en peuvent arriver.

4. *Et pourront les Lettres être proteftées.*] Le *Protêt* eft une fommation que l'on fait à celui fur qui une Lettre de Change eft tirée, pour l'obliger à l'accepter, ou à la payer, avec proteftation de tous dommages & intérêts, & de renvoyer la Lettre au tireur. (*Infrà*, tit. 6. art. 7.)

Il y a deux fortes de protêts ; l'un qui fe fait faute d'acceptation , & l'autre faute de payement.

1o. Le protêt faute d'acceptation doit être fait dans le même tems qu'on préfente la Lettre , lorfque celui fur qui elle eft tirée refufe de l'accepter en tout ou en partie : ce protêt a lieu, tant pour les Lettres de Change payables à jour nommé , que pour celles à ufances ou à tant de jours de vûe. Il faut cependant obferver que dans les endroits où l'on eft dans l'ufage de ne pas faire accepter , ou de ne le faire qu'après un certain tems, comme à Lyon, fuivant l'art. 1. du Réglement du 2. Juin 1667. rendu pour cette ville, (*Infrà*, art. 7. note 1.) on doit s'en tenir exactement à ce qui s'obſerve dans ces places ; autrement un protêt fait au préjudice de cet uſage ſeroit nul , & ne produiroit aucun effet.

L'effet du protêt faute d'acceptation eſt, que le porteur de la Lettre de Change peut revenir contre le tireur, non pour lui faire rendre le montant de la Lettre , parce qu'il ne peut l'obliger à faire cette reſtitution que lorſqu'il aura fait proteſter la Lettre faute de payement ; mais ſeulement pour l'obliger à faire accepter cette Lettre, ou à donner caution qu'en cas qu'elle ne ſoit point payée à ſon échéance , il lui rendra la ſomme , avec les changes & rechanges & frais de protêt ; ce qui ne peut lui être refuſé en Juſtice. (V. la *L.* 41. *ff. de Judiciis* ; la *L.* 31. *ff. de reb. aut jud. poſſid.* & la *L. ſi ab arbitrio in fine, ff. qui ſatiſdare coguntur.*)

Mais quoique le porteur d'une Lettre puiſſe la faire proteſter faute d'acceptation dès l'inſtant que celui ſur qui elle eſt tirée refuſe de l'accepter ; néanmoins il eſt aſſez d'uſage pour l'avantage du commerce & pour faciliter l'acceptatiou & le payement des Lettres à leur échéance, de ne point faire proteſter faute d'acceptation , ſi ce n'eſt celles qui ſont tirées à vûe, ou à tant de jours de vûe , mais d'attendre que le tems du payement de la Lettre ſoit échû ; parce que pendant ce tems celui ſur qui la Lettre eſt tirée, pourra recevoir du tireur un ordre ou proviſion pour acquitter la Lettre.

2º. Le protêt faute de payement doit ſe faire dans les dix jours de l'échéance , ainſi qu'il eſt dit ci-après, art. 4. & alors il donne recours de garantie contre les tireurs & endoſſeurs , & même contre celui qui a accepté la Lettre, comme il est porté *infrà*, art. 1. & 12.

ARTICLE III.

En cas de Protest (1) *de la Lettre de Change, elle pourra estre acquittée par tout autre* (2) *que celui sur qui elle aura esté tirée; & au moyen du payement* (3) *il demeurera subrogé en tous les droits du porteur* (4) *de la Lettre, quoi-qu'il n'en ait point de transport, subrogation, ni ordre.*

1. *En cas de protêt.*] Ainsi il faut que la Lettre soit protestée, avant qu'un tiers qui veut être subrogé au droit du porteur, puisse l'acquitter.

2. *Etre acquittée par tout autre.*] Comme dans le cas où le protêt se fait contre un Négociant, ou Banquier, qui seroit absent lors de ce protêt, ou pour quelque autre cas semblable. Alors un parent ou un ami de ce Négociant, ou Banquier, pour empêcher que ce défaut de payement ne puisse causer quelque préjudice à l'honneur de son ami, ou faire tort à son crédit, si la Lettre retournoit à protêt, peut acquitter cette Lettre, & en payer la valeur au porteur; ce qui se fait même quelquefois pour l'honneur du tireur, ce qu'on appelle *acquitter par honneur.* (V. ce qui a été dit ci-dessus, p. 74. des acceptations par honneur.)

3. *Et au moyen du payement.*] C'est à-dire, du payement justifié par quittance.

Il n'eſt pas inutile d'obſerver, que ceux qui
acquittent des Lettres de Change ou des
Billets à ordre , doivent avoir attention lorſqu'ils en payent le montant, de retirer la -
Lettre ou le Billet qu'ils acquittent ; autrement ils courent riſque de payer une ſeconde fois entre les mains de celui qui s'en
trouveroit porteur , & au profit de qui
l'ordre en auroit été paſſé de nouveau, quand
même celui ſur qui la Lettre eſt tirée , rap-
porteroit la quittance de celui entre les
mains de qui il l'a acquittée ; ce qui ſuppoſe
néanmoins que le nouveau porteur de la
Lettre ſeroit encore dans le tems de le pouvoir faire. (Ainſi jugé par Arrêt du 28 Mai
1660. rapporté au Journal des Audiences.)

4. *Il demeurera ſubrogé en tous les droits du*
porteur , &c.] V. la Loi *Solvendo, ff. de negotiis*
geſtis.

Comme les droits du porteur avant l'acceptation ne ſont que contre les tireurs &
les endoſſeurs , parce qu'avant ce tems-là
une Lettre de Change n'oblige point celui
ſur lequel elle eſt tirée , il s'enſuit que celui
qui a acquitté par honneur une Lettre de
Change non acceptée , n'a recours que contre le tireur & les endoſſeurs, parce qu'il n'a
pas plus de droit que le porteur lui-même.

Si la Lettre a été acceptée, celui qui l'ac-
quitte ainſi par honneur a ſon recours auſſi
contre l'accepteur ; c'eſt une ſuite de ce qui
eſt porté en l'art. 11. ci-après ; mais il n'a
aucun droit contre celui à qui il paye, pour
répéter de lui la ſomme payée , ſi ce n'eſt
dans le cas où celui ſur qui la Lettre étoit
tirée, auroit eu des moyens pour ſe diſpenſer de payer au porteur ; comme s'il étoit
ſon créancier de ſomme pareille, ou plus

grande que celle portée en la Lettre ; auquel cas celui qui a ainsi acquitté une Lettre par honneur, peut exercer les mêmes droits que celui sur qui la Lettre est tirée , & agir contre le porteur , pour lui faire rendre la somme qu'il a reçûe mal-a-propos.

Article IV.

Les porteurs (1) *de Lettres qui auront esté acceptées* (2) , *ou dont le payement échet à jour certain* (3) , *seront tenus* (4) *de les faire payer, ou protester* (5) *dans dix jours* (6) *après celui de l'échéance* (7).

1. *Les porteurs.*] Quoiqu'il soit vrai en général de dire que toute Lettre de Change doit être payée à celui qui la présente ; (à moins qu'on n'ait auparavant fait signifier à celui qui doit acquitter cette Lettre , qu'elle est égarée ou perdue , avec défenses de l'acquitter entre les mains d'autres personnes qu'à celui à qui elle appartient , & au profit de qui le dernier ordre a été passé,) néanmoins il faut observer, qu'il ne suffit pas d'être porteur d'une Lettre pour pouvoir en exiger le payement , ainsi qu'on le peut à l'égard des Billets payables au porteur ; mais qu'il faut êtrelégitime porteur de cette Lettre, c'est-à-dire qu'il faut qu'elle soit payable à celui qui en demande le payement, soit par le texte de la Lettre , soit par ordre de celui à qui elle est payable, ou successivement de ceux au profit de qui les ordres précédens ont été passés : ou bien il faut qu'il y ait transport au profit de celui qui en vient

demander le payement, foit par les termes
de la Lettre, foit par procuration.

Lorfque celui à qui la Lettre de Change
eft payable eft en faillite, fes créanciers
peuvent par autorité du Juge en exiger le
payement.

Celui qui paye la Lettre doit fçavoir que
la perfonne à qui il paye eft véritablement
celle à qui la Lettre de Change eft payable,
foit par tranfport, procuration ou autrement : car s'il payoit, ou fur un faux ordre,
ou à quelqu'un qui eût pris fauffement le
nom de celui à qui l'ordre eft paffé, il paye-
roit mal-à-propos, & feroit obligé de payer
une feconde fois au véritable porteur de la
Lettre de Change, ainfi qu'il a été jugé par
plufieurs Arrêts. (V. ce qui a été dit ci-deffus, pag. 63 n. 3. V. auffi ce qui eft dit
infrà, en la note derniere fur l'article 33.
touchant les Lettres de Change falfifiées.)

2. *Qui auront été acceptées.*] Si la Lettre n'eft
point acceptée, il faut fuivre ce qui eft dit
ci-deffus, pagg. 76. & 77.

3. *Ou dont le payement échet à jour certain.*]
Quand même le mot de *préfix* fero t ajouté
au jour de l'échéance ; comme s'il étoit dit
que la Lettre eft payable v. g. au vingt Février préfix, ce mot n'empêcheroit pas qu'il
n'y eût également les dix jours de faveur
pour en exiger le payement.

Les Lettres payables à vûe fans terme
peuvent être proteftées, quand il plaît au
porteur, & il n'a aucun terme fixe pour le
faire ; mais il faut qu'il faffe ce protêt dans
les cinq ans de la datte de la Lettre, à caufe
de l'article 21. ci-après. (V. cet article avec
les notes.) Quelques-uns même prétendent

E ij

que le protêt de ces Lettres peut être fait
dans les trente ans.

4. *Seront tenus.*] Si le porteur de la Lettre
néglige de faire ses diligences dans le tems
prescrit par l'Ordonnance, ou s'il accorde
quelque délai au débiteur de la Lettre, le
tireur n'en peut souffrir, & tous les risques
qui peuvent survenir ensuite pendant ce
délai, v. g. la faillite de celui sur qui la
lettre est tirée, tombent alors sur le porteur.
(V. la Loi *dolus* 44. *ff. mandati.*)

5. *De les faire payer, ou protester.*] Lorsque
le porteur de la Lettre de Change vient à
l'égarer, il n'est pas moins obligé de la
faire protester ; & il ne suffiroit pas qu'il fît
une sommation à celui sur qui la Lettre est
tirée, par laquelle il lui déclareroit que
cette Lettre est perdue, & offriroit de lui
donner caution de l'évenement de cette
Lettre ; mais il faut encore qu'il la fasse protester, quoiqu'il ne puisse cependant satisfaire pour cela à toutes les formalités du
protêt en général : autrement, & faute de
faire ce protêt, il perd son recours de garantie contre le tireur & les endosseurs.

6. *Dans dix jours.*] Ces dix jours sont avantageux au Commerce, & favorables, 1º. aux
porteurs ; parce que ceux-ci ne courent le
risque de l'insolvabilité des personnes sur
qui les Lettres de Change sont tirées, qu'a-
près les dix jours. 2º. Au tireur ; parce que
pendant ce tems-là il peut donner avis ou
remettre des fonds à celui sur qui il tire.
3º. A l'accepteur ou débiteur de la Lettre ;
parce que ce délai peut lui donner le tems
de chercher de l'argent, ou de recevoir provision du tireur.

Quelques-uns ont prétendu que ce délai de

dix jours n'étoit accordé par l'Ordonnance
qu'en faveur du porteur, & que par conséquent le lendemain de l'échéance d'une Lettre, on en pouvoit exiger le payement, ou
la faire protester ; c'est ainsi que le pense
Savary, (Tome 1. liv. 3. ch. 6. de son Parfait Négociant, page 161. de l'édition de
1749.) ce qui paroît aussi résulter du texte
même de l'Ordonnance. Néanmoins par une
Déclaration du Roi du 28 Novembre 1713.
il est porté » que tous porteurs de Lettres
» & Billets de Change, ou de Billets paya-
» bles aux porteurs ou à ordre, seront tenus
» d'en faire demande aux débiteurs le di-
» xiéme jour préfix après l'échéance ,
» par une sommation qui doit contenir les
» noms, qualités & demeures desdits por-
» teurs, avec offres d'en recevoir le paye-
» ment en especes lors courantes ; sinon, &
» à faute de ce, que les porteurs desdites
» Lettres & Billets seront obligés d'en rece-
» voir le payement, suivant le cours & la
» valeur qu'avoient ces especes ce même
» dixiéme jour ; & réciproquement que les
» débiteurs desdites Lettres & Billets ne
» pourront obliger les porteurs d'en re-
» cevoir le payement avant ce même dixié-
» me jour. Qu'à l'égard des Billets & pro-
» messes valeur en marchandises, qui sui-
» vant l'usage ordinaire ne se payent qu'un
» mois après l'échéance, les porteurs seront
» tenus d'en faire la demande par une som-
» mation le dernier jour dudit mois après
» l'échéance, sinon, & à faute de ce, ils
» seront obligés d'en recevoir le payement
» suivant le cours & la valeur que les espe-
» ces avoient le même jour dernier dudit
» mois après l'échéance ; & réciproquement

» que les Débiteurs desdits billets & pro-
» messes ne pourront obliger les porteurs
» d'en recevoir les payemens avant le même
» jour dernier dudit mois. Cette Déclara-
» tion veut néanmoins que ceux qui auront
» fait des promesses pour marchandises dont
» l'escompte aura été stipulé, puissent se
» libérer & acquitter les sommes contenuës
» en leurs promesses, pourvû qu'ils en fas-
» sent les payemens trente jours francs avant
» le jour marqué pour la diminution des
» especes, faute de quoi ils ne pourront
» faire lesdits payemens que dans les tems
» portés par lesdites promesses.

Depuis cette Déclaration, le Roi ayant
été informé qu'il y avoit plusieurs Provinces & Villes dans le Royaume, où les Lettres & billets de Change, les billets payables
au porteur ou à ordre, & les billets ou
promesses valeur en marchandises, étoient,
suivant les usages qui y ont lieu, exigibles
aux termes de leur échéance, sans que les
Débiteurs eussent la faculté de joüir desdits délais de dix jours & d'un mois, a rendu
une autre Déclaration en datte du 20.
Février 1714, par laquelle il déclare » que
» par la précédente Déclaration du 28. No-
» vembre 1713, il n'a entendu rien innover
» aux usages ordinaires des Provinces &
» Villes du Royaume sur le payement des-
» dits billets, lettres ou promesses ; & en
» conséquence veut que cette précédente
» Déclaration soit exécutée seulement dans
» les Provinces où le delai de dix jours
» pour le payement des Lettres ou billets
» de Change & des billets payables au por-
» teur ou à ordre, & d'un mois pour les
» billets & promesses valeur en marchandise

» font en ufage : & à l'égard des Provinces &
» Villes où lefdits billets, Lettres de Change
» & promeffes font exigibles à leur échéan-
» ce, S. M. ordonne que les porteurs def-
» dits billets, lettres ou promeffes, feront
» tenus de les préfenter aux Débiteurs dans
» les termes de leur échéance, & au refus
» du payement, de leur en faire la deman-
» de par une fommation ; finon , & à faute
» de ce, qu'ils feront obligés d'en recevoir
» le payement fuivant le cours & la valeur
» que les efpeces avoient au jour defdites
» échéances ; & réciproquement que faute
» par les Débiteurs defdittes lettres, billets &
» promeffes de fatisfaire auxdites fomma-
» tions, ils feront tenus des diminutions des
» efpeces.

L'Ufage qui s'obferve à Orléans à l'égard
des billets valeur en marchandife, eft de
pouvoir en exiger le payement le dixiéme
jour après leur échéance, comme pour les
Lettres de Change ; mais c'eft une faculté qui eft accordée au porteur du billet, dont
il peut ne pas ufer s'il le juge à propos, & il
fuffit qu'il faffe fes diligences dans les trois
mois, fuivant qu'il eft dit en l'article 31 ci-
après.

Quand il fe rencontre un jour de Diman-
che, ou une Fête même folennelle, le jour
auquel fe doit faire le protêt, cela n'empêche pas qu'il ne puiffe fe faire ce jour-là ;
il ne feroit même plus tems d'attendre au
lendemain. (V. *Infrà*, pag. 93. art. 6.

La Ville de Lyon a un ufage particulier
pour les Lettres de Change payables en l'un
de fes quatre payemens, qui eft que les
Lettres qui n'auront point été payées en tout
ou en partie pendant le tems du payement,

& jufqu'au dernier jour du mois incluſive-
ment , doivent être proteſtées dans les trois
jours ſuivans non fériés, à compter du dernier jour des mois de chaque payement ;
ce qui eſt établi par l'article 9 du réglement
du 2. Juin 1667, dont la diſpoſition a été
conſervéepar l'article 7. du préſent titre. (V.
cet article 7. *infrà*, pag. 93. note 1.)

A Lille en Flandre , les protêts doivent
être faits dans les ſix jours après celui de
l'échéance,pour les Lettres deChange valeur
reçüe en argent avec remiſe de place en
place ; & pour lesLettres valeur en marchandiſes, dans dix jours.

Dans les autres Royaumes , les délais qui
s'obſervent à l'égard des Lettres de Change,
varient ſuivant les différentes Villes & Places du Commerce. Voici l'uſage qui s'obſerve là-deſſus dans les principales Villes de
l'Europe (*a*).

1°. A Londres , l'uſage eſt de faire le protêt dans les trois jours après l'échéance , à
peine de répondre de la négligence ; & il faut
obſerver que ſi le dernier des trois jours eſt
férié , il faut faire le protêt la veille.

2°. A Hambourg , il en eſt de même pour
les Lettres de Change tirées de Paris & de
Rouen ; mais pour les Lettres de Change
tirées de toutes les autres places, il y a dix
jours , c'eſt-à-dire qu'il faut faire le protêt
le dixiéme jour au plus tard.

3°. A Veniſe on ne peut payer les Lettres
de Change qu'en Banque , & le protêt faute

---

a) Ceci eſt tiré du Traité de M. Dupuis de la Serra,
qui a pour titre , *l'Art des Lettres de Change* , chapitre 14.
pag. 47. Ce traité ſe trouve à la fin du premier tome du
Parfait Négociant de Savary , édition de 1749.

de payement de ces Lettres doit être fait six jours après l'écheance ; mais il faut que la Banque soit ouverte, parce que quand la Banque est fermée, on ne peut contraindre l'accepteur à payer argent comptant, ni faire le protêt. Ainsi lorsque les six jours arrivent, il faut attendre l'ouverture de la Banque pour demander les payemens & faire les protêts, sans que le porteur puisse être réputé en fraude.

La Banque se ferme ordinairement quatre fois l'année pour 15. ou 20. jours, qui est environ le 20 Mars, le 20. Juin, le 20 Septembre, & le 20 Decembre : outre cela elle est fermée dans le Carnaval pour 8 ou 10 jours, & la semaine Sainte, quand elle n'est point à la fin de Mars.

4°. A Milan il n'y a pas de terme réglé pour protester faute de payement ; mais la coutume est de différer peu de jours.

5°. A Bergame les protêts faute de payement se font dans les trois jours après l'échéance des Lettres de Change.

6°. A Rome on fait les protêts faute de payement dans les quinze jours après l'échéance.

7°. A Ancone les protêts faute de payement se font dans la huitaine après l'échéance.

8°. A Boulogne & à Livourne il n'y a rien de réglé à cet égard : on fait ordinairement les protêts faute de payement peu de jours après l'échéance.

9°. A Amsterdam les protêts faute de payement se font le cinquiéme jour après l'échéance.

10°. A Nuremberg c'est la même chose qu'à Amsterdam.

E v.

1o. A Vienne en Autriche, la coutume est de faire les protêts faute de payement le troisiéme jour après l'échéance.

2o. Dans les places qui sont Foires d'échange, comme Noue, Francfort, Bolzan, & Lintz, les protêts faute de payement se font le dernier jour de la Foire.

3o. Il n'y a point de place où le délai de faire le protêt des Lettres de Change soit si long qu'à Gènes, où il est de trente jours, suivant le Chapitre 14. du quatriéme livre de ses Statuts.

Le protêt pour être valable doit être fait suivant l'usage du lieu où la Lettre de Change est payable, & non suivant l'usage du lieu d'où la Lettre a été tirée. Ainsi si une Lettre de Change est tirée de Londres, & payable à Paris, le protêt faute de payement ne peut être fait que suivant l'usage de Paris, & non suivant celui de Londres ; & ainsi des autres.

Lorsqu'il arrive une augmentation ou diminution d'especes dans l'intervalle qui s'écoule entre le tems où la Lettre est tirée, & celui de son échéance, le payement de la Lettre doit se faire en espéces qui ont cours au jour que le payement de cette Lettre est exigible ; (Declaration du 28. Novembre 1713.) & si le porteur de la Lettre néglige d'en faire la demande au débiteur dans le dixiéme jour préfix après l'échéance, il peut être obligé ensuite d'en recevoir le payement sur le pied que valoient ces especes ce même dixieme jour ; & réciproquement le débiteur de la Lettre ne peut obliger le porteur d'en recevoir le payement avant ce même dixiéme jour. La même régle s'observe à l'égard des payemens des Bil-

lets de Change , à ordre , ou au porteur , &
aussi pour les Billets valeur en marchandises,
avec cette différence seulement, que le délai
de ces derniers Billets est de trente jours au
lieu de dix jours, du moins dans les endroits
où le payement de ces Billets ne peut être
exigé avant ce tems. (Déclarations du 28
Novembre 1713. & 20 Février 1714. V. ci-
dessus , pag. 83.)

7. *Après celui de l'échéance.*] La disposition
de cet article à l'égard des dix jours paroît
contraire à celle de l'article 6. ci-après, en ce
qu'il est dit dans cet article 4. que *les porteurs
des Lettres acceptées, &c. seront tenus de les faire
protester dans les dix jours après l'échéance ;* &
que l'art. 6. porte au contraire, que *dans les
dix jours acquis pour le tems du protêt, doivent être
compris celui de l'échéance & du protêt.* Cette
contrariété avoit même depuis l'Ordonnance
du Commerce fait naître souvent des difficultés entre les Marchands & Banquiers ,
dans le tems des faillites survenues de la part
des accepteurs des Lettres, les uns voulant
tirer avantage de la disposition de l'article
4. & les autres de celle de l'article 6. ce
qui troubloit entierement le Commerce ;
mais par une Déclaration du 10 Mai 1686.
le Roi a remédié à cet inconvénient , en
ordonnant » que l'article 4. du titre 5. de
» l'Ordonnance du Commerce du mois de
» Mars 1673. seroit observé selon sa for-
» me & teneur , ce faisant que les dix
» jours accordés pour les Lettres & Billets
» de Change ne seront comptés que du jour
» du lendemain de l'échéance des Lettres &
» Billets , sans que le jour de l'échéance y
» puisse être compris , mais seulement celui
» du protêt , des Dimanches & des Fêtes ,

E vj

» même des folennelles , qui feront compris;
» & ce nonobftant routes autres difpofitions
» & ufages, même l'article 6. du même titre
» 5. en ce qui feroit contraire,auquel Sa Ma-
» jefté a dérogé & déroge par la préfente
» Déclaration.

Il fuit des difpofitions de cette Déclaration , que fi le dixieme & dernier jour de
l'échéance eft un jour de Fête , même folennelle , cela n'empêche pas qu'on ne puiffe
faire le protêt ce jour-là.

A R T I C L E V.

Les ufances pour le payement des
Lettres *feront de trente jours* (1) , encore
que les mois ayent plus ou moins de jours.

1. *Seront de trente jours.*] Ces trente jours fe
comptent depuis, & non compris le jour de
la datte de la Lettre , parce qu'elle n'eft exigible que le lendemain de l'échéance. (V. ce
qui a été dit fur l'article 1. en la note 1.
pages 70. & 71.)

Il faut obferver, que le terme de trente
jours fixé par cet article pour les ufances,
n'a lieu que pour la France , & non pour les
autres Royaumes ; il faut fuivre pour ces
derniers les différentes Coutumes qui y font
en ufage pour le tems des ufances , ces
Royaumes n'étant point affujettis à nos
loix.

Il en eft de même des Villes réunies à la
France depuis l'Ordonnance du Commerce,
qui ont été confervées dans leurs anciens
ufages, comme à Lille , où l'ufance eft d'un
mois & un jour.

Voici les différens usages qui s'observent à l'égard des usances dans les principales villes de l'Europe (a).

1º. A Londres l'usance des Lettres de France est d'un mois de la datte ; d'Espagne de deux mois ; de Venise, Gènes & Livourne de trois mois.

2º. A Hambourg l'usance des Lettres de Change de France, d'Angleterre & de Venise est de deux mois de datte ; d'Anvers & de Nuremberg, de quinze jours de vûe.

3º. A Venise l'usance des Lettres de Change de Ferrare, Boulogne, Florence, Lucques & Livourne, est de cinq jours de vûe : de Rome & Ancone, de dix jours de vûe : de Naples, Bary, le Cée, Gènes, Ausbourg, Vienne, Nuremberg & San Gal, de quinze jours de vûe : de Mantoue, Modene, Bergame, & Milan, de vingt jours de datte : d'Amsterdam, Anvers & Hambourg, deux mois de datte ; & de Londres, de trois mois de datte.

4º. A Milan l'usance des Lettres de Change de Gènes est de huit jours de vûe ; de Rome, dix jours de vûe ; & de Vénise, vingt jours de datte.

5º. A Florence l'usance des Lettres de Change de Boulogne est de trois jours de vûe ; de Rome & d'Ancone, de dix jours de vûe ; de Venise & Naples, de vingt jours de datte.

6º. A Bergame l'usance des Lettres de

____

(a) Ceci est tiré du même Traité déja cité, intitulé *L'art. des Lettres de Change,* par M. Dupuis de la Serra.

Change de Venise est de vingt-quatre jours de datte.

7°. A Rome l'usance des Lettres de Change d'Italie etoit de dix jours; mais par abus on les a étendus à quinze jours de vûe.

8°. A Ancone l'usance est de quinze jours de vûe.

9°. A Boulogne l'usance est de huit jours de vûe.

10° A Livourne l'usance des Lettres de Change de Gènes est de huit jours de vûe : de Rome, de dix jours de vûe : de Naples, trois semaines de vûe : de Venise, vingt jours de datte : de Londres, trois mois de datte : d'Amsterdam, quarante jours de datte.

11°. A Amsterdam l'usance des Lettres de Change de France & d'Angleterre est d'un mois de datte : de Venise, Madrid, Cadix, & Séville, deux mois de datte.

12o. A Nuremberg l'usance de toutes les Lettres de Change est de quinze jours de vûe.

13o. A Vienne en Autriche de même.

14o. A Gènes l'usance des Lettres de Change de Milan, Florence, Livourne, & Lucques, est de huit jours de vûe : de Venise, Rome & Boulogne, quinze jours de vûe : de Naples, vingt-deux jours de vûe : de Sardaigne, un mois de vûe : d'Anvers & d'Amsterdam & autres places des Pays-bas, trois mois de datte.

Le tems prescrit pour l'usance se régle suivant l'usage du lieu où la Letre de Change est payable, & non suivant l'usage de l'endroit d'où la Lettre est tirée. (V. Savari, Parfait Négociant, partie 1. liv. 3. ch. 5. pag. 150. de l'édition de 1749.)

Article VI.

Dans les dix jours acquis pour le temps du Proteſt, *ſeront compris ceux de l'é-cheance* (1) & du Proteſt, des Diman-ches, & des Feſtes, même des ſolen-nelles.

1. *Seront compris ceux de l'échéance.*] V. ce qui a été dit ci-deſſus, art. 4. note 7. p 89. pour expliquer la contradiction qui ſe trou-ve entre cet art. 6. & le même art. 4.

Article VII.

N'entendons rien innover *à noſtre Ré-glement du ſecond jour de Juin mil ſix cens ſoixante-ſept pour les acceptations* (1) , les payemens & autres diſpoſitions con-cernant le Commerce dans noſtre ville de Lyon.

1. *A notre Réglement du ſecond jour de Juin* 1667. *pour les acceptations, &c.*] Ce Réglement a été homologué par Arrêt du Conſeil du 7 Juil-let 1667. & depuis enrégiſtré au Parlement le 13 Mai 1668. Comme les diſpoſitions de ce Réglément ſont importantes, on a crû devoir le rapporter ici en entier.

L'article 1. de ce Réglement porte » que » l'ouverture de chaque payement ſe fera » le premier jour non férié du mois de cha-» cun des quatre payemens de l'année, ſur

» les deux heures de relevée par une af-
» femblée des principaux Négocians de la-
» dite place, tant François qu'étrangers,
» en préfence de M. le Prevôt des Mar-
» chands, ou en fon abfence, du plus ancien
» Echevin, qui feront priés de s'y trouver;
» en laquelle affemblée commenceront les
» acceptations des Lettres de Change paya-
» bles en icelui, & continueront inceffam-
» ment, à mefure que lefdites Lettres fe-
» ront préfentées, jufqu'au fixiéme du jour
» inclufivement; après lequel & icelui
» paffé, les porteurs defdites Lettres pour-
» ront faire protefter, faute d'acceptation,
» pendant tout le courant du mois, & en-
» fuite les envoyer pour en tirer le rem-
» bourfement, avec les frais du tireur.

Article 2. » Que pour faire le compte &
» établir le prix des Changes de ladite place
» de Lyon avec les Etrangers, il fera fait pa-
» reille affemblée le troifiéme jour de cha-
» cun defdits mois non férié, auffi en pré-
» fence de M. le Prevôt des Marchands, ou
» du plus ancien Echevin.

Article 3. » Que les acceptations defdites
» Lettres de Change fe feront par écrit,
» dattées & fignées par ceux fur qui elles
» auront été tirées, ou par perfonnes duë-
» ment fondées de procuration, dont la
» minute demeurera chez le Notaire. Et tou-
» tes celles qui feront faites par facteurs,
» commis & autres non fondés de procura-
» tion, feront nulles, & de nul effet contre
» celui fur qui elles auront été tirées, fauf le
» recours contre l'acceptant.

Article 4. » Que l'entrée & ouverture du
» Bilan & virement des parties commen-
» cera le fixiéme de chaque mois defdits

» quatre payemens , non férié , & conti-
» nuera jufqu'au dernier jour defdits mois
» inclufivement , après lefquels icelui
» paffé il ne fera fait aucun virement, ni écri-
» ture , à peine de nullité.

Article 5. » Que l'on entrera pendant lef-
» dits quatre payemens en la loge du Char-
» ge, le matin à dix heures , pour en fortir
» précifément à onze heures & demie, paffé
» laquelle heure ne fe feront aucunes écritu-
» res , ni virement de parties ; & pour aver-
» tir de ladite heure, on fonnera une clo-
» che.

Article 6. » Que ceux qui en leurs achats
» de marchandifes auront réfervé la faculté
» de faire efcompte , fi bon leur femble ,
» feront tenus de l'offrir dès le fixiéme jour
» du mois de chacun defdits payemens, après
» lequel & icelui paffé , ils ne feront plus
» reçûs.

Article 7. » Que toutes parties virées fe-
» ront écrites fur le Bilan par les proprié-
» taires, ou par leurs facteurs ou Agens qui
» en feront les porteurs, fans qu'ils puiffent
» être défavoués par lefdits propriétaires; &
» feront lefdites écritures auffi bonnes &
» valables, que fi elles avoient été par eux-
» mêmes écrites & virées.

Article 8. » Que tous viremens de parties
» feront faits en préfence de tous ceux qu'on
» fait entrer, ou des porteurs de leurs Bi-
» lans, à peine d'en répondre par ceux qui
» auront fait écrire pour les abfens, & ce
» fur les Bilans, & non en feuilles volantes:
» & à l'égard des autres perfonnes de la Ville
» qui ne portent point de Bilan , ils donne-
» ront leurs ordres à leurs débiteurs par bil-
» lets , qui leur ferviront de décharge du

» payement qu'ils feront des parties au défir
» de leurs créanciers ; & pour ceux de dehors
» pour lefquels les Courtiers difpofent les
» parties , ils donneront aufdits Courtiers
» pouvoir fuffifant, qui fera remis chez un
» Notaire pour la fûreté de ceux qui paye-
» ront , & pour y avoir recours en cas de
» befoin.

Article 9.»Que les Lettres de Change ac-
» ceptées, payables en payement, qui n'au-
» ront été payées du tout ou en partie pen-
» dant icelui & jufqu'au dernier jour du
» mois inclufivement, feront proteftées dans
» les trois jours fuivans non fériés, fans
» préjudice de l'acceptation , & lefdittes
» lettres, enfemble les protêts envoyés dans
» un tems fuffifant pour pouvoir être figni-
» fiés à tous ceux, & par qui il appartien-
» dra : fçavoir pour toutes les lettres qui
» auront été tirées au dedans du Royaume,
» dans deux mois; pour celles qui auront été
» tirées d'Italie, Suiffe, Allemagne, Hollan-
» de, Flandres & Angleterre , dans trois
» mois ; & pour celles d'Efpagne, Portugal,
» Pologne , Suéde , & Dannemarck , dans
» fix mois du jour & datte des protêts , le
» tout à peine d'en répondre par le porteur
» defdites lettres.

Article 10. » Que toute Lettre de Chan-
» ge payable efdits payemens fera cenfée
» payée, fçavoir à l'égard des domiciliés
» porteurs de bilan fur la Place du Change
» de laditte Ville, dans un an ; & pour les
» autres dans trois ans après l'échéance d'i-
» celles; & n'en pourra le payement être
» répété contre l'acceptant , fi l'on ne jufti-
» fie de diligences valables contre lui faites
» dans ledit tems.

Article 11. »Que si les Etrangers remet-
»tent en comptant ou en Lettres de Chan-
»ge après le dernier jour du mois, on ne
»sera pas obligé de les recevoir en l'ac-
»quittement de leurs traités faites durant
»ledit payement.

Article 12. »Que lorsqu'il arrivera une
»faillite dans ladite Ville, les Créanciers
»du failli qui se trouveront être de certai-
»nes Provinces du Royaume ou des pays
»Etrangers, dans lesquels sous prétexte de
»saisie & transport, & en vertu de leurs
»prétendus priviléges ou coûtume, ils s'at-
»tribuent une préférence sur les effets de
»leurs Débiteurs faillis préjudiciable aux
»autres Créanciers absens & éloignés, ils y
»seront traités de la même maniere,& n'en-
»treront en répartement des effets dudit
»failli, qu'après que les autres auront été
»entierement satisfaits ; sans que cette pra-
»tique puisse avoir lieu pour les autres Ré-
»gnicoles, ou Etrangers, lesquels étant
»connus pour légitimes Créanciers, seront
»admis au répartement de bonne foi & avec
»équité, suivant l'usage ordinaire de ladite
»Ville, & de la Jurisdiction de laConserva-
»tion du privilege de ses foires.

Article 13. »Que toutes cessions & transf-
»ports sur les effets des faillis seront nuls,
»s'ils ne sont faits dix jours au moins avant
»la faillite publiquement connuë.Ne seront
»néanmoins compris en cet article les vi-
»remens de parties faites en Bilan, lesquels
»seront bons & valables, tant que le fail-
»li ou son facteur portera son Bilan.

Article 14. « Que les Teinturiers & autres
»Manufacturiers n'auront privilége pour
»les dettes sur les effets & biens des fail-

» lis que des deux dernieres années ; & pour
» le surplus entreront dans la distribution
» qui en sera faite au sol la livre avec les
» autres Créanciers.

Article 15. » S'il arrive qu'un mandataire
» de diverses Lettres de Change acceptées,
» aussi Créancier de l'acceptant, ne reçoi-
» ve qu'une partie de la somme totale, &
» fasse dans le tems dû le protêt du sur-
» plus, la compensation légitime de sa dette
» étant faite, il sera obligé de répartir le
» restant à tous ceux qui lui auront fait les-
» dites remises, au sol la livre, & à pro-
» portion de la somme dont un chacun des
» remettans sera Créancier.

Article 16. » Tous ceux qui seront por-
» teurs de procuration générale pour rece-
» voir le payement des promesses & Lettres
» de Change, remettront les Originaux de
» leur procuration ès mains d'un Notaire ;
» & seront lesdits porteurs de procuration
» obligés d'en fournir des expéditions à
» leurs frais à ceux qui payeront les susdi-
» tes Lettres.

Article 17. » Toute procuration pour re-
» cevoir payement des Lettres de Change,
» promesses, obligations, & autres dettes
» n'aura plus de force passé une année, si ce
» n'est que le tems qu'elle devra durer soit
» précisément exprimé, auquel cas elle ser-
» vira pour tout le tems qui sera énoncé
» en icelle, s'il n'apparoît d'une révocation.

Article 18. » Que les faillis & banque-
» routiers ne pourront entrer en la loge du
» Change, ni écrire & virer parties, si ce
» n'est après qu'ils auront entierement payé
» leurs Créanciers & qu'ils en auront fait
» apparoir : Et pour donner moyen auxdits

» faillis de payer leurs Créanciers des effets
» qu'ils auront à recevoir, ils le pourront
» faire par transports, procurations ou or-
» dres à telles personnes qu'ils aviseront,
» lesquels payeront à leur acquit ce qu'ils
» ordonneront, & seront nommés pour eux
» aux parties qui seront passées en écritures.

Article 19. » Les Courtiers ou Agens de
» Banque & marchandises de laditte Ville
» seront nommés par lesdits Prévôts des
» Marchands & Echevins, entre les mains
» desquels ils prêteront le serment en la
» maniere accoutumée, en justifiant par
» attestation des principaux Négocians en
» bonne & duë forme de leurs vie &
» mœurs, & capacité au fait & exercice de
» laditte charge ; & seront lesdits Courtiers
» réduits à un certain nombre, & tel qu'il
» sera jugé convenable par lesdits Sieurs
» Prévôts des Marchands & Echevins, sur
» l'avis desdits Négocians.

Article 20. » Que tous Banquiers, por-
» teurs de Bilan & Marchands en gros, né-
» gocians sous le privilege des foires de
» Lyon, seront obligés de tenir leurs livres
» de raison en bonne & duë forme, & tous
» Marchands Boutiquiers & vendans en dé-
» tail, des livres journaux ; autrement en
» cas de déroute seront déclarés banquerou-
» tiers frauduleux, & comme tels condam-
» nés aux peines qu'ils devront encourir en
» laditte qualité.

Article 21. » Que très-expresses inhibi-
» tions & défenses seront faites à toutes
» personnes de quelque qualité & condition
» qu'elles soient, de contrevenir à ce que
» dessus, directement ou indirectement, à
» peine de trois mille livres d'amende contre

» chaque contrevenant, applicable, ſçavoir le
» quart à l'Hôtel-Dieu du Pont du Rhône,
» le quart à l'aumône générale, le quart au dé-
» nonciateur, & le quart à la réparation de
» la loge des Changes ; pour le payement
» de laquelle ils ſeront contrains par corps,
» ſaiſie & vente de leurs biens : Et pour plus
» exacte obſervation des préſentes, ſera per-
» mis à l'un des contrevenans de dénon-
» cer les autres contrevenans avec lui, au-
» quel cas il ſera déchargé pour la premiere
» fois de payer ladite peine, & aura ſon
» droit de dénonciation ; & afin que per-
» ſonne n'en puiſſe ignorer, ſeront les pré-
» ſentes luës & publiées à ſon de trompe
» & cri public, & affichées au devant de
» l'Hôtel de Ville, en la Place des Changes
» & autres lieux accoutumés, & paſſé outre
» pour le tout, nonobſtant oppoſitions ou
» appellations quelconques, & ſans préjudi-
» ce d'icelles.

A R T I C L E   VIII.

LES Proteſts ne pourrons eſtre faits *que par deux Notaires* (1), ou un Notai-re & deux témoins, *ou par un Huiſſier ou Sergent* (2), même de la Juſtice Conſu-laire, *avec deux Recors* (3) ; & contien-dront le nom & le domicile des Témoins, *ou Recors* (4).

1. *Que par deux Notaires, &c.*] Les Notai-res font rarement ces fortes de proteſts, par-ce que leurs vacations coûtent plus que cel-les des Huiſſiers ou Sergens.

2. *Ou par un Huissier ou Sergent*] Il n'importe que ce soit un Huissier ou Sergent Royal, ou un Sergent de Justice de Seigneur, pourvû qu'il n'exploite pas hors son ressort.

3. *Avec deux Records.*] Cette formalité des Records pour les protêts n'est plus aujourd'hui nécessaire depuis l'Edit du mois d'Août 1669. portant établissement du contrôle des exploits. Il n'y a que les exploits de saisies féodales, réelles, criées & apposition d'affiche, qui ayent été assujettis comme par le passé à cetteformalité, suivant une Déclaration du 21. Mars 1671.

4. *Sur la fin de l'Article.*] Outre les formalités établies par cet article & par le suivant, il faut encore que l'acte de protêt soit contrôlé, même dans le cas où il a été fait par des Notaires. (Déclar. des 21. Mars 1671, 23. Fevrier 1677, & 23. Avril 1712.)

Article IX.

Dans l'acte de Protest les Lettres de Change seront transcrites *avec les ordres* (1) *& les réponses* (2), s'il y en a; *& la copie du tout signée* (3) *sera laissée à la partie* (4), à peine de faux, & des dommages & interests.

1. *Avec les Ordres.*] S'il y a quelques signatures au dos de la lettre sans ordre passé, l'Huissier en doit faire mention, afin que celui sur qui la Lettre est tirée, & qui refuse de la payer, puisse justifier son refus au moyen de ce que cette signature ne servant

que d'endoſſement, & non d'ordre, (comme il eſt dit ci-après, art. 33.) il ne peut payer valablement,

2. *Et les réponſes.*] Afin que le tireur ou ceux qui le repréſentent ayent connoiſſance des raiſons qui auront été alléguées par celui qui a refuſé d'accepter, ou de payer la Lettre, & qu'ils puiſſent en conſéquence prendre les meſures néceſſaires.

3. *Et la copie du tout ſignée.*] C'eſt-à-dire, ſignée du porteur de la Lettre, ou de ſon fondé de procuration.

4. *Sera laiſſée à la partie.*] Afin que cette partie ait connoiſſance de tout ce qui s'eſt paſſé lors du protêt, & qu'elle ſçache ſi elle peut payer avec ſûreté ou non.

Article X.

Le Proteſt ne pourra eſtre ſuppléé par aucun autre Acte (1).

1. *Par aucun autre Acte.*] Ainſi une ſommation qui ſeroit faite à celui ſur qui la Lettre eſt tirée, ne ſeroit pas ſuffiſante pour opérer un recours de garantie contre le tireur & les endoſſeurs; il faut néceſſairement ſur le refus d'accepter ou de payer la Lettre, proteſter de tous dépens, dommages & intérêts.

Il n'eſt pas inutile d'obſerver que celui qui fait proteſter, même par Notaires, une Lettre de Change faute de payement, n'acquiert par-là aucune hypotéque ſur les biens de celui ſur qui la Lettre eſt tirée, ni ſur ceux des tireurs & des endoſſeurs; cela eſt établi expreſſément par une Déclaration du Roi, du 2 Janvier 1717. Cette Déclaration ordonne

donne »qu'aucuns porteurs de Billets ou
» Lettres de Change ne pourront à l'avenir
» & en aucuns cas prétendre avoir acquis
» par le protêt signifié, ou dénoncé, tant
» par des Huiſſiers & Sergens, que par des
» Notaires, une hypotéque ſur les Biens des
» tireurs & endoſſeurs, & des particuliers
» ſur qui les Billets ou Lettres de Change
» ont été tirées. Sa Majeſté fait entendre
dans le préambule de cette Ordonnance,
qu'elle ne fait en cela que ſe conformer
aux articles 92. & 93. de l'Ordonnance de
1539. qui ne donnent hypotéque aux écritures privées que du jour de la reconnoiſ-
ſance ou dénégation en jugement; ainſi
qu'aux articles 12. & 21. du préſent titre,
dont le premier ne permet de ſaiſir après le
protêt qu'en vertu d'une permiſſion du
Juge, dont le miniſtére ne ſeroit pas néceſſaire, ſi le protêt équipoloit à un contrat
ou avoit une exécution parée; & l'autre
porte qu'une Lettre de Change, quoique
proteſtée, eſt preſcrite par une diſcontinua-
tion de pourſuites pendant cinq années,
qui ne ſont pas ſuffiſantes pour éteindre
une action hypotéquaire.

Cette même Déclaration fait encore un
autre changement conſidérable, & établit
un nouveau réglement à l'égard des billets
ou Lettres de Change, & autres billets &
promeſſes ſubies, pour fait de commerce &
marchandiſes, que les porteurs, ou ceux au
proſit de qui ils ſont conſentis, ſont reconnoître avant leur échéance. Elle veut que
» toutes perſonnes qui auront obtenu précé-
» demment, ou obtiendront ci-après des
» Sentences, Jugemens, ou Arrêts, ſur l'ex-
» ploit d'aſſignation donné avant l'échéance

F.

» desBillets ou Lettres de Change, & de toute
» autre forte de Billets, promeffes de Mar-
» chands, Négocians, Banquiers, & autres
» particuliers faifant trafic & commerce de
» denrées & marchandifes, ne pourront pré-
» tendre avoir acquis, ni acquérir en vertu
» defd. Sentences, Jugemens ou Arrêts, au-
» cune hypotéque fur les biens & effets, tant
» des débiteurs, que des endoffeurs; comme
» auffi qu'aucune hypotéque n'a pû, ni ne
» pourra être à l'avenir valablement acquife
» par aucun acte de reconnoiffance fait par-
» devant Notaires ou autrement, en quel-
» que forme que ce foit, defdits Billets,
» Lettres & promeffes, avant l'expiration
» du terme auquel le payement en doit être
» fait ; & que ceux qui auront obtenu
» lefdites Sentences, Jugemens, ou Arrêts,
» ou Actes de reconnoiffance, ne puiffent
» être employés que comme créanciers
» chirographaires dans les ordres ou inftan-
» ces de préférence & diftribution de de-
» niers, fauf à eux, après l'échéance, d'ufer
» des voies prefcrites par les Ordonnances
» pour acquérir une hypotéque fur les biens
» & effets des débiteurs ou endoffeurs.

A R T I C L E XI.

'Après le Proteft *celui qui aura accep-*
té (1) la Lettre, *pourra être pourfuivi* (2)
à la requefte *de celui qui en fera le por-*
teur (3).

1. *Celui qui aura accepté.*] Car celuï qui a
accepté une Lettre tirée fur lui, devient par
fon acceptation débiteur de celui au profit

de qui elle eſt tirée , ou de ceux qui le repréſentent , & auſquels les ordres ſont paſſés.
(*Suprà* , pag. 64. n. 3)

A l'égard de celui qui n'a point accepté , il
ne peut être pourſuivi ; parce qu'avant l'acceptation une Lettre de Change n'oblige
point celui ſur lequel elle eſt tirée. (Ci-deſſus aux notes , pag. 64. n. 4.)

2. *Pourra être pourſuivi.*] C'eſt-à-dire, pourſuivi par aſſignation en juſtice pour obtenir
contre lui une Sentence , & le faire contraindre ; c'eſt le ſens de cet article : le tout ſans
préjudice de la ſaiſie dont il eſt parlé dans
l'article ſuivant.

Il n'eſt pas néceſſaire que cette pourſuite
ſoit faite dans la quinzaine , comme à l'é-
gard des tireurs & endoſſeurs ; (V. *infrà* ,
art. 13. n 1. p. 108.) il ſuffit qu'elle ſe faſſe
dans les cinq ans. (V. *ibid.* & art. 21. p. 119.)

3. *De celui qui en ſera porteur.*] Si le porteur de la Lettre n'en eſt pas propriétaire , &
qu'elle lui ait été remiſe pour le compte
d'autrui , il ne peut par lui-même faire aucune pourſuite , à moins qu'il n'ait procuration à cet effet ; & il doit renvoyer cette
Lettre à ſon auteur , ſauf à répéter contre
lui les frais du protêt.

Article XII.

Les porteurs *pourront auſſi* (1) *par la
permiſſion du Juge* (2)*ſaiſir les effets* (3)
de ceux qui auront tiré ou endoſſé (4) *les
Lettres, encore qu'elles ayent eſté acceptées ; même les effets de ceux ſur leſquels*

elles auront esté tirées , en cas qu'ils les ayent acceptées (5).

1. *Pourront aussi.*] Après le protêt, & faut[e] de payement.

Lorsque le porteur de la Lettre a négligé de faire les diligences nécessaires contre celui sur qui elle est tirée, ou qu'il lui accorde quelque délai, il perd tout le recours qu'il avoit contre les tireurs & endosseurs, en cas de faillite de l'accepteur survenue depuis le tems que la Lettre étoit exigible. C'est une suite de la disposition portée en l'art. 4. ci-dessus.

2. *Par la permission du Juge.*] Obtenue sur une simple requête présentée à cet effet, sans autre formalité, c'est-à-dire, sans assignation précédente, & sans qu'il soit besoin d'obtenir une Sentence de condamnation.

3. *Saisir les effets , &c.*] Sans préjudice de la poursuite que les porteurs peuvent faire après le protêt contre les tireurs & endosseurs, pour les faire condamner par corps à payer le montant de la Lettre, ensemble les dommages & intérêts

Au reste quoique l'esprit de l'Ordonnance soit de favoriser les porteurs des Lettres de Change, afin que ceux-ci ayent leur sûreté pendant le cours des procès qui pourroient survenir, néanmoins cela n'empêche pas les tireurs & endosseurs, ainsi que l'accepteur, de pouvoir exercer sur l'instance de saisie tous les droits qu'ils peuvent avoir contre le saisissant, & de former contre lui leurs demandes incidentes, s'il y a lieu, pour voir déclarer la saisie nulle , soit comme étant créanciers de lui au lieu d'être ses débiteurs, ou autrement , & pour avoir main levée de la saisie avec dépens, si ce saisissant conteste mal-à-propos.

Il faut néanmoins observer, que les droits de l'accepteur & autres qui s'opposent à ces saisies, doivent être liquides ; autrement le porteur qui a ainsi saisi, doit obtenir la condamnation par provision à son profit, en donnant caution.

4. *Qui ont tiré ou endossé.*] Le porteur d'une Lettre protestée peut exercer ses droits pour être remboursé, tant du principal que des dommages & intérêts, contre tous ceux qui font compris dans la Lettre de Change, soit pour l'avoir acceptée, soit pour y avoir mis des ordres, ou leur aval, soit pour l'avoir tirée ; parce qu'il a autant de débiteurs, & même de débiteurs solidaires, que de personnes engagées. (V. *infrà*, art. 33. avec les notes.) Celui qui a tiré la lettre, est le principal obligé ; ceux qui ont mis successivement leurs ordres, sont aussi obligés solidairement. Il en est de même de celui qui a accepté ; il est pareillement devenu débiteur par son acceptation, & sujet comme les autres à la poursuite du porteur qui a le dernier ordre & à qui la valeur de la dette est düe. Toutes ces actions ne préjudicient point les unes aux autres.

5. *En cas qu'ils les ayent acceptées.*] Soit qu'ils fussent débiteurs ou non de celui qui a tiré la Lettre.

Lorsque celui sur qui une Lettre de Change est tirée, refuse de l'accepter pour la payer au tems de son échéance, & qu'elle est protestée faute d'acceptation, le porteur de la Lettre peut retourner sur le tireur, non pour lui faire rendre la somme portée en la Lettre, parce qu'on ne peut l'obliger à cette restitution , que lorſque le protèt a été fait faute de payement , mais ſeulement pour lui faire donner caution,qu'en cas qu'à l'échéance de la Lettre celui ſur qui elle eſt tirée ne payât pas , il en rendra & reſtituera le montant , avec les changes & rechanges , & frais de protêts : car il ne ſeroit pas juſte que le tireur eût touché l'argent de celui à qui la Lettre a été fournie, & que ce dernier , ou ceux qui le repréſentent , riſquaſſent pendant le tems du délai porté par la Lettre , qui ſouvent eſt de pluſieurs mois.

Article XIII.

Ceux qui auront tiré ou endoſſé (1) *les Lettres , ſeront pourſuivis* (2) *en garantie dans la quinzaine* (3) , *s'ils ſont domiciliés* dans la diſtance de dix lieues & au delà , *à raiſon d'un jour pour cinq lieues* (4) , ſans diſtinction du reſſort des Parlemens ; ſçavoir pour les perſonnes domiciliées dans noſtre Royaume : Et hors icelui les délais feront de deux mois pour les perſonnes domiciliées en Angleterre , Flandre , ou Hollande ; de trois mois pour l'Italie , l'Allemagne & les Cantons Suiſſes ; de quatre mois pour l'Eſpagne ; de ſix pour le Portugal , la Suede & le Dannemarc.

1. *Ceux qui ont tiré ou endoſſé.*] Cet article ne concerne pas ceux qui ont accepté des Lettres de Change : car ils peuvent être pourſuivis non-ſeulement dans la quinzai-

ne, mais encore dans les cinq ans. (V. *infrà*, art. 21. avec les notes , pag. 119.)

2. *Seront pourſuivis.*] Tant par action directe, que ſur la ſaiſie, ſi le porteur de la Lettre a fait ſaiſir les effets des tireurs & endoſſeurs.

3. *Dans la quinzaine.*] Cette diſpoſition eſt ſagement établie, pour prévenir les abus qui ſe commettoient auparavant par les porteurs des Lettres, qui ſe contentoient ſeulement de les faire proteſter dans les dix jours, & enſuite les gardoient long-tems ſans faire aucune demande aux tireurs & endoſſeurs, ſoit pour favoriſer ceux ſur qui les Lettres étoient tirées, ou pour tirer des intérêts de ceux qui les avoient acceptées ; & lorſqu'ils n'en pouvoient plus tirer de ces derniers, ſoit par leur mort, ſoit par leur inſolvabilité, ils revenoient enſuite contre les tireurs & endoſſeurs; ce qui cauſoit ſouvent de grands déſordres dans le commerce, à quoi cet article a remédié.

Lorſque le porteur de la lettre néglige de faire cette pourſuite dans la quinzaine, il eſt exclu de ſon recours en garantie. (V. l'article ſuivant.)

Au reſte il faut obſerver que le délai de quinzaine, ou autre, accordé par cet article, eſt non-ſeulement en faveur du porteur de la lettre, mais auſſi en faveur de chacun des endoſſeurs, pour pouvoir dès l'inſtant qu'un des endoſſeurs eſt pourſuivi, exercer ſon recours contre ceux qui le précedent; enſorte que ſi, par exemple, le troiſiéme en ordre eſt pourſuivi en garantie par le porteur de la lettre, ce troiſiéme endoſſeur aura auſſi un délai de quinzaine, ou autre délai accordé par cet article, pour pouvoir agir en recours contre le tireur & les précédens endofleurs ; & de même le fecond endofleur ainfi mis en caufe aura auffi un autre délai de quinzaine, à compter du jour qu'il a été pourfuivi, pour agir contre le tireur & le premier endofleur ; & ainfi des autres. (V. l'art. 15. du tit. 8. de l'Ordonn. de 1667.)

4. *A raifon d'un jour pour cinq lieuës.*] A la différence de ce qui fe pratique pour les délais des garanties établis par l'Ordonnance de 1667. qui font à raifon d'un jour pour dix lieuës. (V. l'Ord. de 1667. tit. 8. art 2.)

ARTICLE XIV.

LES delais cy-deffus feront comptez *du lendemain des Protefts jufques au jour de l'action en garantie inclufivement* (1) *fans diftinction de Dimanches & jours de Fêtes.*

1. *Du lendemain des protêts jufqu'au jour de l'action en garantie inclufivement.*] C'eft-à-dire que fi le protêt a été fait, v. g. le dix Avril, il faudra que le porteur faffe pofer l'exploit de demande en garantie au plus tard le 25. du même mois, lorfque le garant eft domicilié dans la diftance de dix lieuës ; & s'il demeure dans la diftance de quinze lieuës, il faudra que l'exploit foit pofé au plus tard le 26. Avril, & ainfi des autres.

ARTICLE XV.

APRES les delais cy-deffus les porteurs des Lettres *feront non-recevables* (1),

dans leur action en garantie, & toute autre demande contre les tireurs & endoffeurs.

1. *Seront non recevables, &c.*] Ainfi jugé
par Arrêt du 28. Juillet 1711. confirmatif
d'une Sentence renduë au Châtelet de Paris
le 31. Août 1708.

Voyez une exception à cette regle en
l'article fuivant.

ARTICLE XVI.

LES tireurs ou endoffeurs (1) *des Lettres feront tenus de prouver* (2) *en cas de
dénegation, que ceux fur qui elles eftoient
tirées, leur eftoient redevables, ou avoient
provifion* (3) *au temps qu'elles ont deu
eftre proteftées; finon ils feront tenus de les
garantir.* (4)

1. *Les tireurs ou endoffeurs.*] Cet article fert
d'exception au précédent.

2. *Seront tenus de prouver.*] Cette obligation de prouver eft remplie de juftice. Il
peut arriver qu'une perfonne tire une Lettre
de Change fur un autre qui ne lui doit rien,
& qui n'a aucun fond appartenant à ce tireur
pour acquitter la lettre; ainfi le porteur de
cette lettre qui a négligé de la faire protefter
dans le délai requis, eût fait inutilement fes
diligences, puifque celui fur qui cette lettre
a été tirée n'auroit vraifemblablement ni accepté ni payé. D'ailleurs lorfque le tireur
n'eft pas Créancier de celui fur qui il tire,

ou qu'il ne lui a point envoyé de provision,
il se trouve dans le cas de celui qui cede une
dette active ou une créance qui n'existe point,
& par conséquent dont il ne peut résulter
aucune action qui puisse imposer au porteur
la nécessité de faire aucunes diligences, le
cessionnaire n'ayant pas plus de droit que le
cédant.

La preuve ici requise par l'Ordonnance est
aisée à faire entre Marchands & Banquiers,
par le moyen des livres qu'ils sont obligés de
tenir. Si la contestation est entre d'autres
personnes, on s'en rapporte à la Déclaration
ou affirmation de celui sur qui la lettre est
tirée.

3. *Ou avoient provision.*] C'est-à-dire, avoient
des fonds appartenans au tireur.

4. *Sinon ils seront tenus de les garantir.*] Ainsi
jugé par Arrêt de la Cour du 22. Juin 1707.
rendu sur l'appel d'une Sentence du Consulat de Paris du 20. Novembre 1705.

La raison de cette disposition est, qu'un
tireur est garant de ses faits & promesses,
c'est-à-dire qu'il lui est dû par celui sur qui
il tire, ou qu'il lui a remis provision à cet
effet avant ou au tems de l'échéance, pour
acquitter la lettre par lui tirée ; autrement
il arriveroit que le porteur d'une Lettre de
Change qui auroit négligé de la faire protester, quoi qu'inutilement, perdroit dans
le cas de faillite ou d'insolvabilité de celui
sur qui la lettre est tirée, la somme qu'il
auroit effectivement payée au tireur, soit
par lui, soit par ceux qu'il représente, &
aux droits de qui il est, & que le tireur sans
avoir rien payé profiteroit de cette somme ;
ce qui seroit injuste.

ARTICLE XVII.

Si depuis le temps reglé pour le Protest les tireurs ou endosseurs ont receu la valeur en argent ou marchandises, par compte, compensation, ou autrement, *ils seront aussi tenus de la garantie.* (1)

1. *Ils seront aussi tenus de la garantie.*] Par-ce qu'au moyen de cette valeur ainsi payée en marchandises ou autrement, le tireur ou endosseur qui l'a reçüe devient débiteur de celui sur qui la lettre est tirée ; & par-conséquent il doit la garantir envers celui qui en est porteur, & qui lui a payé la valeur de cette lettre, soit par lui-même, soit par ceux qu'il représente & aux droits de qui il est.

ARTICLE XVIII.

La Lettre payable à un particulier, *& non au porteur* (1), *où à ordre, estant adhirée* (2), *le payement en pourra estre poursuivi* (3) *& fait en vertu d'une seconde Lettre* (4), *sans donner caution* (5), *& faisant mention que c'est une seconde Lettre, & que la premiere ou autre précédente demeurera nulle.*

1. *Et non au porteur.*] V. la note 1. sur l'art. 19. ci-après, pag. 115.

2 *Etant adhirée.*] C'est-à-dire , égarée ou
perduë.

3. *Lè payement en pourra être pourſuivi.*]
Sans qu'il ſoit beſoin de prendre à cet effet
une permiſſion de juſtice ; ce qui réſulte de
la comparaiſon de cet article avec l'article 19.

4. *En vertu d'une ſeçonde lettre.*] La précaution de prendre deux Lettres de Change
pour une même ſomme, a lieu dans pluſieurs occaſions ; ce qui arrive principalement , lorſqu'on tire des lettres ſur un pays
Etranger. Cet uſage a été établi pour empêcher & prévenir l'inconvénient de la perte de la lettre , & que le payement n'en ſoit
point différé. Ces deux lettres n'étant, à proprement parler, que des copies l'une de l'autre , doivent être toutes ſemblables, de même ſomme, de même datte &c. à la réſerve
que l'une eſt qualifiée de *premiére* , & l'autre
de *ſeconde.* Lorſqu'une de ces lettres a été
acquittée, l'autre n'a plus de force & ne peut
produire aucun effet.

5. *Sans donner caution.*] Parce qu'une Lettre de Change qui n'eſt point payable à
ordre , ou au porteur, mais ſeulement à
un particulier , n'a point de ſuite , & que
nulle autre perſonne entre les mains de qui
cette lettre viendroit à tomber, ne peut
s'en ſervir qu'en vertu d'un tranſport que lui
en auroit fait celui au profit de qui elle eſt
tirée. Ainſi il n'eſt pas néceſſaire dans ce cas
de donner caution pour recevoir la ſomme
en vertu d'une ſeconde lettre , parceque
ſi après l'acquittement de cette ſeconde
lettre il venoit une perſonne avec la premiere Lettre de Change , même avec un
tranſport de celui à qui elle appartenoit,

elle n'en feroit pas plus avancée , ce tranfport ne lui donnant pas plus de droit qu'en
avoit fon cédant , fuivant cette maxime de
Droit, que *nemo plus juris poteft ad alium tranf-*
ferre quàm ipfe habet. (*L.* 54. *ff. de Regulis Juris.*)
C'eft pourquoi celui qui auroit payé fur la
feconde lettre , feroit déchargé de payer la
premiere, en rapportant cette feconde lettre
quittancée de celui à qui elle étoit payable.

A R T I C L E XIX.

A u cas que la Lettre adhirée foit
payable *au porteur* (1) , *ou à ordre* (2) ,
le payement n'en fera fait (3) *que par or-*
donnance du Juge (4) , *& en baillant cau-*
tion de garantir (5) *le payement qui en fe-*
ra fait.

1. *Au porteur.*] C'eft-à-dire payab'e à
toute perfonne qui préfentera la lettre , fans
qu'il foit néceffaire qu'elle ait été paffée à
l'ordre du porteur , ni qu'il ait aucune procuration à cette effet.

Par un Edit du mois de Mai 1716. portant établiffement d'une banque générale
dans le Royaume , les Lettres de Change &
billets payables au porteur avoient été fupprimés pour faciliter le commerce des billets
de banque ; mais ces derniers billets ayant
été fupprimés , les chofes ont été remifes
dans leur ancien état , & l'ufage des Lettres
de Change & billets payables au porteur a
été rétabli par une Déclaration du 21. Janvier 1721.

2. *Ou à ordre.*] Comme cet article ne re-

gle rien au sujet de la personne à qui le porteur de la Lettre de Change doit s'adresser
pour en obtenir une seconde, lorsqu'il n'y
en a eu qu'une de délivrée, & que ce silence
de l'Ordonnance occasionnoit souvent des
différens entre les porteurs des lettres & les
endosseurs & tireurs, les porteurs préten-
dant qu'ils n'étoient point obligés de s'a-
dresser à d'autres qu'aux derniers endosseurs, & ceux-ci soutenant au contraire que
c'étoit aux tireurs qu'il falloit s'adresser, il
y a été pourvû par un Arrêt de Reglement
du Parlement de Paris, du 30 Août 1714,
qui ordonne » que les articles 18. 19. & 33.
» du tit. 5. de l'Ordonnance du Commerce
» du mois de Mars 1673. feront exécutés
» selon leur forme & teneur ; ce faisant que
» dans le cas de la perte d'une Lettre de
» Change tirée de place en place payable
» à ordre, & sur laquelle il y a eu plusieurs
» endosseurs, celui qui étoit porteur de la-
» dite Lettre de Change sera tenu de s'a-
» dresser au dernier endosseur de ladite Let-
» tre, pour avoir une seconde Lettre de
» Change de la même valeur & qualité
» que la premiere, lequel dernier endosseur
» sera pareillement tenu, sur la réquisition
» qui lui en sera faite par écrit, de prêter ses
» offices audit porteur de la Lettre de Chan-
» ge auprès du précédent endosseur, & ainsi
» en remontant d'endosseur en endosseur jus-
» qu'au tireur de ladite lettre, même de prê-
» ter son nom audit porteur, en cas qu'il faille
» donner des assignations & faire des poursui-
» tes judiciaires contre les endosseurs précé-
» dens; que tous les frais qui seront faits pour
» raison de ce, même les ports de lettres &
» autres frais, seront acquittés par ledit por-

» teur de la premiere lettre de change qui
» aura été perdue ; & que faute par le der-
» nier endoſſeur de ladite Lettre , & en
» remontant , par les endoſſeurs précédens
» d'avoir prêté leurs offices & leur nom au-
» dit porteur , après en avoir été requis par
» écrit, celui des endoſſeurs qui aura refuſé
» de le faire ſera tenu de tous les frais &
» dépens , même des faux frais qui pour-
» ront être faits par toutes les parties depuis
» ſon refus ; & que le préſent Arrêt ſera lû
» & publié à l'Audience de tous les Bailliage,
» Sénéchauſſées , & régiſtré aux Greffes deſ-
» dits Siéges , & aux Greffes de toutes les
» Juriſdictions Conſulaires du reſſort de la-
» dite Cour.

3. *Le payement n'en ſera fait.*] En vertu d'u-
ne ſeconde Lettre , comme il eſt dit en l'article précédent.

4. *Que par Ordonnance du Juge.* Obtenue
ſur une Requête préſentée à cet effet en la
Juriſdiction Conſulaire du lieu où la Lettre
de Change eſt payable , ou à défaut préſentée au Juge ordinaire. Le Juge ſur cette Requête doit ordonner qu'elle ſera communi-
quée à celui ſur qui la ſeconde Lettre de
Change a été fournie , afin qu'il ſoit entendu ; & s'il n'a point de moyens ſuffiſans pour
ſe diſpenſer de payer , le Juge rendra ſa Sentence , par laquelle il le condamnera à payer
la ſomme mentionnée en la Lettre , en donnant par le porteur de cette ſeconde Lettre
bonne & ſuffiſante caution de garantir le
payement qui ſera fait.

5. *Et en baillant caution de garantie , &c.*]
Parceque ſi la Lettre eſt payable au porteur ,
elle peut tomber entre les mains d'un in-
connu qui dira en avoir fourni la valeur ;

& que si elle est à ordre, on peut suppo-
ser que celui qui la reçoit a passé son ordre
à quelqu'un qui en viendra demander le
payement.

ARTICLE XX.

Les cautions (1) baillées pour l'événe-
ment des Lettres de Change seront dé-
chargées de plein droit, sans qu'il soit
besoin d'aucun Jugement, procédure, ou
sommation, *s'il n'en est fait aucune demande* (2) *pendant trois ans* (3), à compter
du jour des dernieres poursuites (4).

1. *Les cautions.*] Tant celles données pour
l'évenement des lettres qui auront été perdues & adhirées, que celles subies par les
personnes qui y auront mis leur aval ; c'est
ainsi que le pense Savary en son Parfait Négociant, partie 1. liv. 3. ch. 6. pag. 205. de
l'édition de 1749.

2. *S'il n'en est fait aucune demande.*] C'est à-
dire, demande en justice : car il ne suffiroit
pas qu'elle eût été faite verbalement ou par
une lettre missive.

3. *Pendant trois ans.*] Cette prescription
a lieu contre les mineurs & absens. (*Infrà,*
art. 22. p. 120.)

4. *Du jour des dernieres poursuites*] Soit par
sommations, commandemens & saisies, &c.

A ʀ ᴛ ɪ ᴄ ʟ ᴇ XXI.

Les Lettres ou Billets de Change (1)
feront réputez (2) *acquittez après cinq ans* (3)
de ceffation de demande & pourfuites,
à compter du lendemain de l'échéance ou
du Proteft, ou de la derniere pourfuite.
Néanmoins les prétendus débiteurs feront
tenus d'affirmer, s'ils en font requis, qu'ils
ne font plus redevables ; & leurs veuves,
héritiers, ou ayans caufe, qu'ils eftiment
de bonne foy qu'il n'eft plus rien deu.

1. *Les Lettres ou Billets de Change.*] La difpofition de cet article étant limitee aux lettres & billets de Change, il s'enfuit qu'elle
ne doit point être étendue aux autres billets
de quelque efpece qu'ils foient, foit au
porteur ou à ordre. Ainfi l'action pour le
payement de ces derniers dure trente ans,
comme celle de toutes les autres promeffes,
& ne court point contre les mineurs. Cette
différence de prefcription eft fondée fur ce
que les payemens des lettres de Change
doivent être fommaires, & qu'en cette matiere tout doit être bref & terminé en peu
de tems.

La régle établie en cet article a lieu également à l'égard des lettres de change acceptées, comme à l'égard de celles qui ne le
font point : car l'Ordonnance ne fait ici aucune diftinction. (V. Savary, Parfait Négociant, partie 1. liv. 3. ch. 6. pag. 206.)

2. *Seront réputés.*] Ces mots font voir, que

la prescription établie en cet article n'est fondée que sur un payement présumé ; ainsi on
n'est pas obligé de s'y conformer toutes les
fois que les circonstances font cesser cette
présomption de payement. (V. Catelan en
ses Arrêts, tome 2. liv. 7. & 25.)

3. *Acquittés après cinq ans.*] Tant à l'égard
du tireur & des endosseurs, que de celui sur
qui la lettre est tirée , & soit que ce dernier
l'ait acceptée ou non, ainsi qu'il vient d'être
observé.

La prescription établie en cet article court
aussi contre les mineurs & contre les absens.
(V. l'article qui suit.)

ARTICLE XXII.

Le contenu ès deux Articles ci-dessus
aura lieu *à l'égard des mineurs & des ab-*
sens (1).

1. A *l'égard des mineurs & des absens.*]Quand
il s'agit de billets autres que des billets de
Change, la prescription est de trente ans, &
ne court point contre les mineurs. (V. ci-
dessus, art. 21. note 1. pag. précéd.)

ARTICLE XXIII.

Les signatures au dos des Lettres de
Change (1) *ne serviront que d'endossement ,*
& non d'ordre (2) *, s'il n'est datté* (3) *, &*
ne contient le nom de celui qui a payé la
valeur en argent , marchandise, ou autrement.

ʏ. *Les signatures au dos des Lettres de Change.*]
Il en est de même des billets de Change &
autres billets de commerce, quand ils sont à
ordre, suivant l'usage & la Jurisprudence
Consulaire; mais à l'égard des billets payables au porteur, on juge que la signature en
blanc mise au dos par celui qui en a fourni
la valeur, sert de garantie au porteur du billet, conformément à l'article 3 3. de ce titre,
parce que cette signature n'a pû avoir d'autre effet, le porteur d'un billet de cette espece en étant le propriétaire, & pouvant en
exiger le payement sans aucun transport.
(Ainsi jugé en la Grand'Chambre du Parle-
lement par Arrêt du mois de Septembre 1703.)

2. *Ne serviront que d'endossement & non d'ordre.*]
Ainsi jugé par Arrêt du 1. Septembre 1681.

Quand on met simplement sa signature
au dos d'une lettre de change, sans rien écrire
au-dessus, on n'est censé ne l'avoir mise que
pour être remplie d'un reçû par celui qu'on
a chargé de recevoir le montant de la lettre ,
& pour lui tenir lieu de procuration. Mais
pour éviter toute difficulté, il faut ou écrire
le reçû au-dessus de la signature, ou mettre
ces mots, *pour servir d'endossement*: car par
ce moyen si la lettre venoit à tomber entre
les mains de quelqu'un , il ne pourroit changer la disposition de cette signature en un
ordre pour payer à un autre le contenu de la
lettre , puisque cette signature ne pourroit
opérer autre chose qu'une quittance.

Si le propriétaire de la lettre a manqué de
prendre .cette précaution , ceux qui sont
chargés par lui d'en recevoir le montant doivent avoir attention avant de se défaisir de

cette lettre, de remplir le blanc de leur reçû.

Une autre précaution néceſſaire à prendre, quand une Lettre de change portant au dos un reçû ou une ſignature en blanc, vient à être perdue, eſt d'aller trouver celui qui en doit la valeur, & le prier de ne la point payer à celui qui la lui préſentera, afin d'éviter la ſurpriſe.

3. *S'il n'eſt datté.*] Un ordre qui n'eſt point datté, quoique cauſé pour valeur reçûe comptant, ou en marchandiſes, ou autrement, n'eſt regardé que comme une ſimple procuration pour recevoir le montant de la lettre ou du billet. (Ainſi jugé par Arrêt du 21 Mai 1681. rendu en la Grand'Chambre du Parlement de Paris, ſur l'appel d'une Sentence du Conſulat de Tours du 21 Juillet 1679.)

Article XXIV.

Les Lettres de Change endoſſées dans les formes preſcrites par l'Article précédent, appartiendront à celui du nom duquel l'ordre ſera rempli, *ſans qu'il ait beſoin de tranſport, ni de ſignification* (1).

1. *Sans qu'il ait beſoin de tranſport, ni de ſignification.*] Parce qu'un ordre datté & portant valeur reçûe, ainſi qu'il eſt dit en l'article 23. ſaiſit celui au profit duquel il eſt paſſé, le rend propriétaire de la lettre ou billet, & opére la même choſe qu'un tranſport ſignifié.

A r t i c l e XXV.

Au cas que l'endoſſement ne ſoit pas dans les formes ci-deſſus, les Lettres ſeront reputées appartenir à celui qui les aura endoſſées ; *& pourront être ſaiſies par ſes créanciers* (1), & compenſées par ſes redevab es.

1. *Et pourront être ſaiſies par ſes Créanciers.*] Parce qu'alors il n'y a point d'ordre valable qui en ait tranſmis la propriété à une autre perſonne ; & par conſéquent celui qui a mis ſa ſignature en blanc au dos de la lettre, ou qui a paſſé un ordre informe, étant demeuré propriétaire de cette lettre, c'eſt une ſuite qu'elle puiſſe être ſaiſie par ſes Créanciers, comme un effet à lui appartenant.

A r t i c l e XXVI.

Défendons d'antidater les ordres (1), *à peine de faux* (2).

1. *Défendons d'antidater les ordres.*] Cette défenſe eſt établie pour prévenir les tromperies qui pourroient ſe faire dans le commerce en cas de faillité, où ceux qui ont des lettres de change ou billets avec des ordres en blanc, pourroient antidater ces ordres long-tems avant leur faillite, pour recevoir le montant de ces lettres ſous le nom de quelque perſonne interpoſée, ou pour les

donner à quelqu'un de leurs créanciers en payement, au préjudice des autres, sans que ces derniers puissent en demander le rapport à la masse.

2. *A peine de faux.*] C'est au Créancier qui veut attaquer ces ordres de faux, à en prouver l'antidate, soit par titres, soit par témoins.

Article XXVII.

Aucun Billet (1) ne sera réputé Billet de Change (2), si ce n'est pour Lettres de Change qui auront esté fournies (3), ou qui le devront estre.

1. *Aucun billet.*] Ainsi les billets à ordre valeur reçuë en argent, en marchandises ou autres effets, ne sont point des Billets de Change. (*V. infrà.* art. 31. aux notes.)

2. *Ne sera réputé Billet de Change.*] V. ce qui a été dit ci-dessus pag. 59. & suivantes touchant les Billets de Change.

3. *Qui auront été fournies , &c.*] Comme quand un Négociant a besoin d'argent dans une autre Ville, pour payer des marchandises qu'il y veut acheter, & qu'il voudroit avoir des Lettres de Change pour recevoir de l'argent dans cet endroit ; alors il s'adresse à un autre Négociant ou Banquier, qui lui fournit ou s'oblige de lui fournir ces lettres pour les lieux dont il a besoin, au moyen de quoi celui à qui les Lettres de Change sont ainsi fournies ou promises, fait à l'autre un billet de pareille somme, payable dans le tems dont ils conviennent, lequel

.ᴮorte valeur reçuë en Lettres de Change, ou
contient l'obligation d'en fournir. Ces fortes
de billets font très-utiles dans le Commerce.

Aʀᴛɪᴄʟᴇ XXVIII.

Lᴇs Billets pour Lettres de Change
fournies feront mention *de celuy fur qui
elles auront eſté tirées* (1), *qui en aura
payé la valeur* (2), *& ſi le payement a eſté
fait* (3) *en deniers, marchandiſes, ou
autres effets, à peine de nullité* (4).

1. *De celui fur qui elles auront été tirées.*] Soit
qu'elles ayent été tirées par celui qui les
fournit, foit par d'autres perfonnes dont ce
dernier a les droits, au moyen de l'ordre qui
en a été paſſé à fon profit.

2. *Qui en aura payé la valeur.*] Il ne faut
jamais dans les Lettres de Change, ni dans
les billets en général, exprimer les fommes
en chiffres, parce que ces lettres ou billets
peuvent tomber entre les mains de perfonnes de mauvaife foi, qui pourroient en fal-
fifiant les chiffres en augmenter la valeur.

3. *Et ſi le payement en a été fait.*] C'eſt à-
dire, le payement des lettres mentionnées
dans le Billet de Change.

4. *A peine de nullité.*] C'eſt-à-dire, que le
billet ne fera plus regardé comme Billet de
Change ; mais il n'en fera pas moins un
billet ou promeſſe, pour raiſon de quoi celui qui l'a figné pourra être contraint à en
payer ou rendre la valeur à celui au profit de
qui il a été fubi, ſi ce dernier peut prou-

ver qu'il en a compté la valeur à l'autre, soit
en Lettres de Change, soit en deniers ou
marchandises fournies, & déguisées sous le
nom de Lettres de Change.

ARTICLE XXIX.

LES Billets pour Lettres de Change
à fournir feront mention *du lieu où elles fe-*
ront tirées (1), *& fi la valeur en a efté re-*
ceuë (2), & de quelles personnes, *auffi*
à peine de nullité (3).

1. *Γu lieu où elles feront tirées.*] C'eft-à-dire,
de la Ville pour laquelle elles feront fournies,
foit qu'elles foient tirées par celui au profit de qui eft fait le billet de change, foit
qu'il en fourniffe qui ayent été tirées par
d'autres perfonnes, & qui foient paffées à
fon ordre.

2. *Et fi la valeur en a été reçüe.*] C'eft-à-dire
la valeur des lettres, foit que cette valeur
ait été payée en argent, ou en marchandifes.

3. *Auffi à peine de nullité.*] V. la note 4. fur
l'article précédent, qui reçoit ici fon application.

Les formalités de cet article ont été établies, pour prévenir & empêcher les ufures
qui fe commettoient autrefois dans ces fortes de billets, lorfqu'on promettoit feulement de fournir des lettres de change en général pour telle fomme. Car il arrivoit le
plus fouvent que ces billets fe faifoient fans
aucun deffein ni apparence de pouvoir fournir les lettres de Change que l'on y promettoit;

toit ; & cette claufe n'étoit ajoûtée que pour colorer l'ufure, & pouvoir prendre des in-térêts qui fembloient être légitimes, & quelquefois auffi pour avoir une contrainte par corps, fuivant l'article 1. du titre 7. ci-après.

A R T I C L E   XXX.

Les Billets de Change (1) payables à un particulier y nommé, *ne feront reputez ap-partenir* (2) à autre, encore qu'il y euft un tranfport fignifié, s'ils ne font paya-bles au Porteur, *ou à ordre* (3).

1. *Les Billets de Change.*] La difpofition contenue en cet article ne doit pas s'étendre aux autres billets, parce que fuivant le droit commun on peut difpofer des billets & pro-meffes par obligation & tranfport, & que le tranfport fignifié faifit celui au profit de qui il eft fait, fuivant la difpofition de l'article 108. de la Coutume de Paris. La raifon pour laquelle l'Ordon-nance déroge ici au droit commun à l'égard des billets de change payables à un particu-lier y nommé, eft afin d'abolir l'ufage des tranfports & fignifications en cette matiere qui eft proprement de négoce, & où tout doit être fommaire.

Mais il paroît en examinant plus particu-lierement le fens de cet article, que l'efprit de l'Ordonnance n'eft pas d'abolir l'ufage des tranfports des billets de change, qui ne font point payables au porteur, ou à ordre : car il femble qu'on ne peut empêcher un par-

G

ticulier propriétaire d'un billet de cette efpece, de transférer la propriété de ce billet à celui au profit de qui il auroit été confenti. En effet, fi on fait attention que l'efprit de l'Ordonnance eft de conferver au débiteur qui a confenti des billets payables à un
particulier, les mêmes exceptions contre
les ceffionnaires de ces billets, que celles
que le débiteur lui-même auroit pû oppofer
au créancier qui en étoit originairement
propriétaire, fans diftinguer fi la ceffion ou
tranfport a été fignifiée ou non, il fera aifé
de fe convaincre que l'Ordonnance n'a jamais eu intention d'abolir l'ufage des ceffions & tranfports en matiere de billets de
change qui ne font point payables au porteur ou à ordre, mais qu'elle a feulement
entendu marquer en cet article la différence qu'il y a entre les billets payables à un
particulier y nommé, & les billets payables
au porteur ou à ordre. Dans les billets
payables au porteur ou à ordre, celui qui en
eft le porteur n'a pas à craindre que le débiteur puiffe lui oppofer aucune exception du
chef de fon cédant, le porteur, quel qu'il
foit, en étant le véritable propriétaire, ainfi
que s'il avoit été originairement confenti en
fa faveur; mais dans les billets payables à un
particulier y nommé, le ceffionnaire ne peut
jamais avoir plus de droit que ce particulier,
& ne peut éviter par conféquent que toutes
les exceptions qui auroieut pû être oppofées
à ce particulier, ou cédant, ne puiffent lui être
oppofées à lui-même. C'eft dans ce même
fens que les articles 18. & 19. de ce titre
diftinguent au fujet du payement d'une lettre
adhirée, fi cette lettre eft payable à un particulier y nommé, ou fi elle eft payable au

porteur ou à ordre : le payement dans le premier cas pouvant être fait fans aucune précaution, en vertu d'une feconde lettre ; au lieu que dans le fecond cas le payement ne peut être fait que par Ordonnance du Juge, & en donnant caution.

2. *Ne feront réputés appartenir.*] V. ci-deffus l'art. 23. avec les notes, p. 120.

3. *Ou à ordre.*] Parce qu'un ordre paffé au profit d'une autre perfonne, portant valeur reçûe, foit à l'égard d'un billet de change, foit à l'égard de toute autre efpece de billet de commerce, opere la même chofe qu'un tranfport fignifié. (V. *fuprà*, art. 24. p. 122.)

ARTICLE XXXI.

Le porteur d'un Billet négocié (1) fera tenu de *faire fes diligences* (2) contre fes débiteurs *dans dix jours* (3) s'il eft pour valeur receue en deniers, ou en Lettres de Change qui auront efté fournies, ou qui le devront eftre ; *& dans trois mois, s'il eft pour marchandife* (4), ou autres effets. Et feront les delais comptez du lendemain de l'échéance, icelui compris.

1. *Le porteur d'un Billet négocié.*] Les billets dont il eft parlé dans cet article, font tous billets négociés, de quelque efpece qu'ils foient, foit billets de change ou autres. A l'égard des autres billets non négociés, ils ne font point fujets aux délais de dix jours ou de trois mois établis dans cet article, ce que ces mots, *Billets négociés*, font affez en-

tendre. D'ailleurs cela réfulte des termes de la Déclaration du 28. Novembre 1713. rapportés ci-deſſus, pag. 83 ; mais ſi la valeur du billet, quoique non négocié, eſt en marchandiſes, le délai pour en exiger le payement eſt d'un mois, ſuivant la même Déclaration, ſi ce n'eſt dans les villes & Provinces où il y a des uſages contraires. (V. *Ibidem*, pag. 84.)

Outre les billets de change, voici les autres eſpeces de billets qui ſont en uſage chez les Négocians.

La premiere ſorte de billets eſt de ceux qui ſe font au profit d'un particulier y nommé, ſans ajouter ces mots, *ou à ordre.* Ces billets ne peuvent ſe négocier, & ne ſont payables qu'à celui au profit de qui ils ſont ſubis, ou à la perſonne qui a procuration de lui. Il doit y être fait mention, comme dans tous les autres billets en général, ſi la valeur en a été reçûe en deniers, marchandiſes, ou autres effets, & de quelles perſonnes elle a été reçûe. Ces ſortes de billets ſont payables à leur échéance ſans aucun délai, lorſque la valeur en a été payée en argent, & dans le mois, ſi cette valeur a été payée en marchandiſes, ainſi qu'il vient d'être obſervé, ſi ce n'eſt dans les Provinces où il y a d'autres uſages, v. g. à Orléans, &c. comme il a été dit ci-deſſus, pag. 83. & 84.

La ſeconde eſpece de billets eſt de ceux qui ſont payables à un particulier y nommé, ou à ſon ordre. Ils ſont ſujets aux mêmes formalités que les précédens, & ils peuvent ſe négocier. Le délai pour exiger le payement de ces billets, quand ils ſont négociés, eſt de dix jours pour ceux dont la valeur a été reçûe en argent, & de trois mois, lorſque cette valeur a été reçûe en mar-

chandiſes, comme il eſt dit ici en cet article,
ſi ce n'eſt qu'ils peuvent être exigés plûtôt
dans les Provinces où il y a des uſages contraires. (V. *ſuprà*, p. 84.)

Lorſqu'un billet à ordre n'a pas été négocié, le délai pour en exiger le payement eſt
de dix jours, ſi la valeur en a été payée en
argent, ou d'un mois, ſi cette valeur a été
payée en marchandiſes, ſuivant la Déclaration du 28 Novemb. 1713. rapportée ci-deſſus, pag. 83. ſi ce n'eſt dans les Villes où il
eſt d'uſage de pouvoir exiger le payement
de ces derniers billets à leur échéance (V.
ibidem, p. 84.)

La troiſiéme eſpéce de billets eſt de ceux
appellés *Billets en blanc*, qui ſe font au profit
d'une perſonne dont le nom eſt en blanc, &
qu'on peut enſuite remplir du nom que l'on
veut. Ces billets ont été trouvés d'une conſéquence ſi dangereuſe, à cauſe des inconvéniens qui en ſont arrivés, particulierement
dans les banqueroutes, qu'ils ont été défen-
dus par pluſieurs Arrêts, enſorte qu'on en
voit très-peu aujourd'hui.

La quatriéme eſpéce de billets ſont ceux
payables au porteur, & qui ſont payables à
quelque perſonne que ce ſoit, qui s'en trouve porteur. Il faut dans ces billets, comme
dans tous les autres, qu'il ſoit fait mention
ſi la valeur en a été reçûe en argent ou en
marchandiſes, & de qui. On ne peut gueres
mettre cette ſorte de billets dans la claſſe des
billets négociés, & par conſéquent il n'y a
aucun délai pour pouvoir en exiger le payement, ſi ce n'eſt le délai d'un mois, lorſqu'ils ſont cauſés pour valeur en marchandiſes, à la réſerve des endroits où ce délai
n'a pas lieu. (V. ci-deſſus, pag. 85.)

G iij

L'usage des billets payables au porteur est
très-dangereux dans le commerce, parceque
quand un Négociant tombe en faillite, il
peut disposer de ces effets en faveur de qui il
lui plaît, comme d'un argent comptant, ou
en faire recevoir le montant par le premier
venu, & par ce moyen tromper ses créanciers. Il peut aussi user de cette même voie
sans être en faillite, lorsqu'il appréhende que
celui qui doit payer le montant du billet &
à qui il doit d'ailleurs une somme, ne veuille user à son égard de compensation ; ce qui
est agir contre la bonne foi du commerce.
Ces Billets ont été supprimés pendant un
tems par des raisons d'Etat ; mais depuis ils
ont été rétablis comme utiles à certains
égards dans le commerce, quoiqu'il arrive
assez rarement qu'on en fasse usage. (V. la
note 1. sur l'art. 19. de ce titre, pag. 115.)

Quand on donne ces sortes de billets en
payement, on ne met au dos ni garantie, ni
signature en blanc, parce que celui qui les
donne en transfere la propriété de la main à
la main. Néanmoins celui qui prend en payement un billet de cette espece, doit prendre
la précaution de le faire garantir par celui
de qui il le reçoit, & de faire écrire & signer
cette garantie au dos du billet.

Il y a un Réglement particulier pour la
ville de Bordeaux, en datte du 5 Septembre
1685. établi par Arrêt du Parlement de cette
ville, touchant le payement des billets
payables au porteur. Ce Reglement porte :

» 1°. Que celui qui aura reçû un billet en
» deniers payable au porteur, sans autre re-
» çû, & sans qu'il y ait de délai réglé, de-
» meurera garant de ce billet pendant trente
» jours, à compter de la datte dudit billet ,

» ceux de la date & échéance compris dans
» lefdits trente jours.

» 2°. Que pendant ces trente jours le Por-
» teur dudit billet fera obligé de fommer par
» acte celui qui l'aura fait , de le payer.

» 3°. Qu'en cas que ledit billet ne foit pas
» payé, le Porteur d'icelui fera obligé de re-
» courir trois jours après contre celui qui
» aura donné le billet, & le fommer de le
» rembourfer.

» 4°. Que s'il arrive que ce billet ait paffé
» en diverfes mains , & que le rembourfe-
» ment ait été fait au Porteur par celui qui
» l'avoit donné en dernier lieu , celui qui
» l'aura rembourfé fera obligé trois jours
» après la fommation qui lui aura été faite,
» de le dénoncer à celui des mains duquel il
» l'avoit précédemment reçû.

» 5°. Que cela aura pareillement lieu pour
» les autres garants de ce billet, pourvû que
» les fignifications de la fommation foient
» faites dans ledit délai de trois jours dont
» chacun doit jouir.

» 6°. Que celui qui aura fait ce billet ori-
» ginairement , ne pourra prétendre jouir
» dudit délai de trente jours , étant à l'op-
» tion du Porteur de s'en faire payer à toutes
» heures.

» 7°. Qu'à faute de faire lefdites fomma-
» tions & fignifications dans lefdits délais ,
» celui qui aura donné le billet ne fera plus
» garant d'icelui ; mais le billet fera pour le
» compte de celui qui aura manqué à faire
» fes diligences.

Les motifs de ce Réglement, (ainfi qu'ils
font rapportés dans la délibération qui y a
donné lieu,) font que depuis quelque tems
il s'étoit gliffé parmi les Négocians un très-

* G iiij

grand abus au sujet des billets en deniers, qui se donnent payables au Porteur, sans autre reçû, lesquels passant en diverses mains, il se trouvoit souvent que ces billets n'étoient point acquittés, & qu'après cinq ou six mois écoulés, ceux qui avoient fourni lesdits billets étoient devenus insolvables ; ce qui donnoit lieu à diverses garanties contre ceux entre les mains desquels ces billets avoient passé, & par conséquent à diverses contestations entre les Négocians & autres, à qui ces billets avoient été donnés en payement.

2. *Faire ses diligences.*] Ces diligences ne consistent pas à faire protester le billet, ainsi qu'il est établi à l'égard des lettres de change, (*Suprà*, article 4. p. 80.) mais à faire assigner le Débiteur du billet, après sommation à lui faite préalablement d'en payer la valeur ou le contenu en Lettres de change, ou autrement, & à obtenir contre lui une Sentence de condamnation.

3. *Dans dix jours.*] Faute par le Porteur du billet d'avoir fait ses diligences dans les dix jours, ou dans les trois mois, si la valeur en a été payée en marchandises, toute la peine qui en résulte est, que les Endosseurs cessent d'être garants du billet ; mais à l'égard de celui qui l'a signé, on peut agir contre lui dans les trente ans pour en avoir le payement, comme à l'égard de toutes les autres promesses.

4. *Et dans trois mois, s'il est pour marchandise*] Il semble que ces mois devroient être de trente jours : (Argument tiré de l'article 5. de ce titre, p. 90.) néanmoins pour les billets payables en marchandises, on compte les mois tels qu'ils sont.

Quoique les diligences pour ces sortes de billets valeur en marchandises doivent être

faites au plus tard dans les trois mois , cela
n'empêche pas que le payement n'en puiſſe
être exigé plûtôt, comme au bout d'un mois,
& même au bout de dix jours , ſuivant les
différens uſages des lieux. (V. ce qui a été
dit la deſſus , article 4. note 6. pag. 82. &
ſuivantes.)

A R T I C L E XXXII.

À faute du payement (1) *du contenu
dans un Billet de Change* (2) , le porteur
ſera ſignifier ſes diligences *à celui qui aura
ſigné le Billet ou l'ordre* (3) ; & l'aſſignation en garantie ſera donnée *dans les délais ci-deſſus.* (4) preſcrits pour les Lettres
de Change.

    1. *A faute du payement.*] Et après une ſim-
ple ſommation faite à cet effet au débiteur
du billet.

    2. *Dans un Billet de Change.*] Quoiqu'il ne
ſoit fait mention dans cet article que des billets de change , néanmoins il doit être étendu aux autres billets négociés qui portent
valeur reçûe comptant , en deniers , ou marchandiſes , ou autres effets , cet article étant
relatif à celui qui précéde , & les raiſons de
ſa diſpoſition étant les mêmes pour l'une &
l'autre eſpece de billets. (*Ita* Savary , partie
1. liv. 3. ch. 8. de ſon Parfait Négociant ,
p. 218. de l'édition de 1749.)

    3. *A celui qui aura ſigné le billet ou l'ordre.*]
C'eſt-à-dire, à ceux qui ont mis leur aval, ou
ordre, ſur le billet , & à ceux qui l'ont ſouſcrit , autres que celui qui l'a ſubi , & à qui

cette fignification feroit inutile, étant lui-même débiteur. (V. Savary, *ibid.* p. 218.)]

4. *Dans les délais ci-deffus, &c.*] C'eft-à-dire, dans les délais établis par les articles 13. & 14. ci-deffus.

Faute par les porteurs des billets d'avoir obfervé ces délais, ils perdent leur recours contre les endoffeurs de ces billets. (V.*Suprà,* art. 13. avec les notes , p. 108.)

ARTICLE XXXIII.

Ceux qui auront mis leur aval (1) *fur des Lettres de Change , fur des promeffes d'en fournir , fur des ordres ou des acceptations , fur des Billets de Change , ou autres actes de pareille qualité concernant le Commerce, feront tenus folidairement* (2) *avec les tireurs, prometteurs , endoffeurs & accepteurs, encore qu'il n'en foit fait mention dans l'aval* (3).

1. *Ceux qui auront mis leur aval.*] Le mot d'*aval* eft un terme particulierement en ufage dans le commerce , qui fignifie faire valoir. Celui qui met fon aval fur une lettre ou fur un billet , s'en rend par-là caution , à l'effet d'en payer la valeur. Cet aval fe fait en écrivant fimplement au bas de la Lettre ou billet ces mots , *pour aval* , avec la fignature de celui qui l'a foufcrit.

2. *Seront tenus folidairement.*] Quand même ils n'auroient mis cet aval que par commiffion , & pour faire plaifir à leur correfpondant.

Lorfque l'accepteur & les endoffeurs d'une lettre de change, ou d'un billet , vien-

nent tous à faire faillite, cela n'empêche pas
le porteur de cette lettre ou billet d'avoir
son action solidaire contre chacun d'eux,
& d'entrer dans chaque direction ou contribution pour sa dette, sans pouvoir être
obligé d'en choisir ou opter un, & d'abandonner les autres. (Ainsi jugé par un Arrêt
célébre, du 18 Mai 1706. rendu au Parlement de Paris, contre le sentiment de Savary.)

Il faut cependant observer : 1°. Que si le
porteur de la lettre ou du billet vient à signer le contrat d'atermoiement d'un des
obligés sans faire aucune réserve, il se rend
par là non recevable à pouvoir agir contre
les autres. C'est pourquoi lorsqu'il signe un
contrat de cette espece de quelqu'un de ses
obligés, il doit avoir attention de réserver
tous ses droits & actions contre les autres
obligés.

2°. Que le porteur qui est entré dans quelque contribution, ne peut entrer dans les
contributions suivantes que successivement
pour le restant de ce qui lui est dû.

3. *Sur la fin de l'article.*] Ceux qui acquittent des lettres de change doivent bien connoître la signature, tant du tireur que des
endosseurs ; autrement ils courent risque de
payer en pure perte pour eux, & sans aucune espérance de recours, si les signatures
de la lettre ou des endossemens sont fausses,
sauf leur recours contre celui à qui le montant de la lettre a été payé mal-à-propos.

Une Ordonnance du Châtelet de Paris,
du 14. Août 1680. » fait défenses à toutes
» personnes de faire faussement fabriquer
» des lettres de change, de les faire dater des
» villes & lieux où elles n'ont point été fai-

G vj

» tes, & de les faire signer faussement de
» noms de tireurs & endosseurs; & aux Agens
» de change de les négocier ou faire négo-
» cier, & à toutes-personnes de les accepter,
» sous les peines portées par les Ordonnan-
» ces rendues contre les faussaires, auxquels
» Agens de change & de banque elle enjoint
» de donner avis incessamment au Procureur
» du Roi desdites faussetés, pour être à sa
» diligence procédé contre les coupables
» suivant la rigueur des Ordonnances.

TITRE VI.

Des intérêts du Change & Rechange.

ON appelle *Change*, le profit qu'un Négociant, Banquier ou autre personne perçoit, soit pour change d'argent, soit pour
des lettres ou billets par lui fournis sur un
autre lieu que celui d'où ils sont tirés, &
dont il reçoit la valeur de celui à qui la lettre
est fournie.

Le change differe de l'intérêt, en ce que
l'intérêt n'est dû qu'à raison du tems, au lieu
que le change est dû à raison de la rareté de
la chose négociée.

Il y a trois especes de change.

Le premier est celui qu'on appelle *Change
menu* ou *commun*, & que les Auteurs Latins
appellent *Collybus* ; donnant aussi le nom de
Collybista à ceux qui le pratiquent. (V. Cice-
ron *in Verrem*, act. 5. n°. 181.) Ce change se fait
lorsqu'on donne une monnoie pour une autre plus rare dont on a besoin, moyennant
quelque profit pour le retour, v. g. de la

monnoie de France pour avoir de la monnoie d'Allemagne, ou des vieilles especes pour en avoir de nouvelles, &c. Le profit qui se perçoit dans cette sorte de change, est ordinairement modique, & n'a rien d'illégitime. Cette espece de change se fait principalement en faveur des voyageurs, & de ceux qui ont de l'argent à remettre dans un endroit pour lequel il ne leur est pas facile de trouver des lettres de change, & qui veulent remettre en especes.

La seconde espece de change, qu'on appelle *Change réel*, est celui qui se fait de place en place par lettres ou billets de change, en donnant son argent dans une ville, & recevant en échange une lettre dont la valeur est payable dans une autre ville, moyennant un certain profit, tantôt plus, & tantôt moins grand, suivant que l'argent est plus ou moins rare dans les lieux où les lettres doivent être payées. Les personnes qui font ce commerce sont communément les Banquiers & Négocians.

On ne peut douter que le profit qui se fait par cette espece de change ne soit très-légitime, puisque l'Ordonnance l'autorise, (*Infrà*, art. 3.) & que d'ailleurs c'est le prix & la récompense de la peine que se donnent les Banquiers & Négocians, qui est considérable, & qui occasionne beaucoup de dépense dans cette sorte de commerce.

La troisiéme espéce de change, qu'on appelle *Change sec*, ou *feint*, est celui par lequel on prend un certain droit ou intérêt de l'argent qu'on prête sans aliénation du principal. C'est une imitation, ou plûtôt une fiction du change de la seconde espece, ou du change réel ; mais en effet c'est un prêt usu raire défendu par les loix de l'Eglise & de l'Etat. C'est la disposition précise de l'Edit du mois de Décembre 1665. portant réduction des rentes, qui déclare nulles toutes les promesses portant intérêt, si ce n'est à l'égard des marchands fréquentans les foires de la ville de Lyon, pour cause de marchandise, pourvû que ce soit sans fraude ni déguisement. (V. Henris, tome 1. livre 4. chapitre 6. question 49.)

ARTICLE I.

DÉFENDONS aux Négocians, Marchands, & à tous autres, *de comprendre l'interest avec le principal* (1), dans les Lettres ou Billets de Change, ou aucun autre acte.

1. *De comprendre l'intérêt avec le principal.*] On ne doit jamais comprendre dans les Lettres & Billets de Change l'intérêt avec le principal, mais seulement le profit ou la perte qui se fait sur le changement des deniers d'un lieu à un autre, que l'on appelle change. Le premier de ces profits est défendu; mais le second est légitime, ainsi qu'il vient d'être dit ci-dessus. (V. aussi *infrà*, art. 3. aux notes.)

L'*Escompte* est une espéce d'intérêt; c'est une diminution du prix, à cause de l'anticipation du payement fait avant l'échéance du billet ou de la lettre, mais qui ne peut être prétendue que par la force de la convention apposée lors de la vente des marchandises payables en plusieurs payemens & à differens termes, avec faculté de la part de l'acheteur d'escompter ces payemens , c'est-à-dire de pouvoir rabattre à chaque payement, v.g. un quart ou un demi pour cent par mois de la somme à laquelle monte la marchandise venduë.(V.l'art. 6. du réglement du 2. Juin 1667. rendu pour la ville de Lyon , rapporté ci-dessus. tit. 5. art. 7. note. 1.pag. 93. & suivantes , où il est parlé de cette sorte d'escompte.)

Il est bon d'observer que pour que l'escompte soit légitime il faut 1°. qu'elle soit stipulée par la vente même ou marché des marchandises lorsqu'elles sont venduës , parce qu'alors c'est une condition de la vente. 2°. Il faut que le droit d'escompte soit perçû sur le pied où est fixé l'intérêt dans l'endroit où se fait le marché, ou plutôt dans le lieu du domicile de celui qui le stipule à son profit, c'est-à-dire de cinq pour cent par an, si c'est en France, & ainsi des autres Royaumes. Mais si l'escompte est faite par un acte ou convention postérieure au marché, alors elle cesse d'être légitime,& tombe dans le cas de l'usure ordinaire.

Quoique le prêt à intérêt soit défendu , même entre Banquiers & Négocians, ainsi qu'il vient d'être observé , il est néanmoins arrivé quelquefois dans les besoins de l'Etat, que le Roi a créé des bureaux d'établissement pour ces sortes de prêt; comme dans les années 1674. & 1702. où il fut établi un bureau à ce sujet, sous la caution des Fermiers généraux. Les billets qui étoient faits aux particuliers qui portoient leur argent à ce bureau , étoient payables au porteur, valeur reçuë comptant , & comprenoient l'intérêt avec le principal , à raison de huit pour cent , pour le tems que le prêteur jugeoit à propos.

ARTICLE II.

Les Négocians, Marchands, & aucun autre, ne pourront *prendre l'intérêt d'intérêt* (1), sous quelque prétexte que ce soit.

1. *Prendre l'intérêt d'intérêt.*] Même dans le cas où l'intérêt est légitime, comme au cas de l'art. 7. ci-après.

Cette disposition est conforme en cela à celle des loix Romaines. (V. la *L. si non sortem* 26. §. 1. *ff. de condict. indeb.* & la *L.* 20. *Cod. ex quib. causis infam. irrog.* V. aussi la *L.* 8. *Cod. de usuris.*)

ARTICLE III.

Le prix du Change sera réglé, suivant le cours *du lieu où la Lettre sera tirée* (1), *eu égard à celui où la remise sera faite* (2).

1. *Du lieu où la Lettre sera tirée.*] C'est à-dire, du lieu sur lequel la lettre est tirée.

Le prix du change hausse ou diminue selon l'abondance & la disette d'argent, & suivant l'augmentation ou diminution des especes qui arrivent dans les Royaumes, & leurs différentes valeurs. Lorsque le change se fait dans l'intérieur du Royaume d'une place à l'autre, il se regle uniquement sur l'abondance ou la rareté des lettres de change, ou ce qui revient au même, sur l'abondance ou la rareté de l'argent, la monnoie étant la même dans une Province comme dans l'autre.

Ces mots, *suivant le cours du lieu*, &c. font voir : 1°. Qu'il n'est pas permis de prendre un change différent de celui qui a lieu suivant le cours de la place, & que ce seroit une espece d'usure d'en prendre un plus considérable. 2°. Que dans les endroits où il n'y a point de place ou de bourse, comme à Orléans, &c. le change ne doit point avoir lieu.

2. *Eu égard à celui où la remise sera faite.*] Ces mots comparés avec ceux qui précédent, font voir que le droit de change, du moins celui qu'on appelle *change réel*, ou de la seconde espece, n'est dû que quand il y a remise de place en place. (V. ce qui a été dit ci-dessus p. 139.)

A R T I C L E   IV.

Ne sera deu *aucun Rechange* (1) pour le retour des Lettres, *s'il n'est justifié par pieces valables* (2), qu'il a esté pris de l'argent dans le lieu auquel la Lettre aura esté tirée : sinon le Rechange ne sera que pour la restitution du Change avec l'intérest, les frais du Protest, & du voyage, s'il en a esté fait, *après l'affirmation en Justice* (3).

1. *Aucun rechange.*] Le *rechange* est lorsqu'un porteur de lettre de change n'étant pas payé de la somme portée par sa lettre, emprunte de l'argent à intérêt dans l'endroit où il en

devoit toucher, en faifant fon billet à cet effet; ou lorfque pour raifon de l'argent emprunté il tire une autre lettre de change de ce lieu-là fur celui dont la lettre a été proteftée, ce qu'on appelle proprement *rechange*. Dans le premier cas, le rechange eft l'intérêt de l'argent emprunté ; dans le fecond cas, c'eft un fecond change dû pour raifon de la feconde lettre de change que le porteur de la lettre proteftée a été obligé de tirer.

Si le porteur de la Lettre proteftée qui a été obligé de prendre de l'argent, au lieu de fournir une lettre de change fur celui dont la lettre a été proteftée, ou dans le même lieu, en fourniffoit fur une autre place où le change feroit plus confidérable que celui de l'endroit d'où eft venue la lettre proteftée, il ne paroît pas que le porteur de la lettre proteftée pût exiger le rechange fur le pied du fecond change : car c'eft une maxime prife des premieres regles de l'équité, que toutes les fois que le porteur d'une lettre de change proteftée peut prendre fon dédommagement à moins de perte & de dommage pour le tireur de cette lettre d'une façon que d'une autre, ce dernier n'eft obligé de rembourfer le rechange que de la façon qui produit le moins de dommage pour lui. D'où il fuit, que toutes les fois qu'il y a un commerce ordinaire & réglé entre la place où la lettre de change devoit être payée, & le lieu d'où elle eft tirée, v. g. entre Paris & Lyon, il y a moins de perte pour le tireur que le rechange foit pris à Paris pour Lyon, que s'il étoit pris pour une autre Ville, comme pour Londres, ou Amfterdam ; & par conféquent le tireur d'une lettre de change tirée de Lyon, paya-

ble & protestée à Paris, ne doit que le rechange de Paris à Lyon , & ce seroit une in-
justice de l'obliger à le rembourser d'une autre maniere.

Lorsque celui sur qui la lettre est tirée étoit
débiteur du tireur au tems du protêt, ce
dernier a son recours contre lui pour tous
les frais de protêt, voyage & autres, qu'il
est obligé de payer ; pourvû néanmoins que
celui sur qui la lettre est tirée eût mandé auparavant au tireur qu'il pouvoit tirer sur
lui, ou que le tireur lui eût remis provision
à cet effet avant l'échéance de la lettre, ou
que ce dernier l'eût acceptée ; mais ce recours
cesse d'avoir lieu si le tireur avoit tiré sa lettre sur l'autre, quoique son débiteur, sans
lui en avoir auparavant donné l'ordre. (C'est
ainsi que le pense Savary en son Parfait Négociant, partie 1. liv. 3. ch. 11. pag. 266.)
La raison qu'en donne cet Auteur, c'est que
ce seroit donner occasion à des tromperies
qui ruineroient entierement le commerce ,
parce qu'un Banquier ou Négociant à qui il
est dû de l'argent pour prêt, ou vente de
marchandises par un autre Négociant, n'a
pas droit de tirer une lettre de change sur ce
dernier sans son consentement ; mais s'il veut
être payé de sa dette, il a les voies ordinaires de se pourvoir en justice, pour obtenir
une Sentence de condamnation contre son
débiteur , en vertu de laquelle il le contrain-
dra au payement. Ce sentiment de Savary
n'est pas sans difficulté.

2. *S'il n'est justifié par pieces valables.*] Comme certificats de Négocians , Banquiers,
Agens de change ou autres, qui constatent
que l'emprunt a été fait.

3. *Après l'affirmation en Justice.*]C'est-à-dire,
après l'affirmation de voyage faite en Justice.

ARTICLE V.

La Lettre de Change, même payable au porteur, ou à ordre, estant protestée, le Rechange ne sera deu par celui qui l'aura tirée, *que pour le lieu* (1) où la remise aura esté faite, *& non pour les autres lieux* (2) où elle aura esté négociée : sauf à se pourvoir par le porteur contre les endosseurs, pour le payement du Rechange des lieux où elle aura esté négociée *suivant leur ordre* (3).

1. *Que pour le lieu.*] Ainsi quand même une lettre de change revenue à protét auroit été négociée dans plusieurs Villes du Royaume, ou même hors le Royaume, comme si une Lettre de change tirée de Paris sur Lyon avoit été négociée à Bordeaux, à Amsterdam, &c. néanmoins le tireur ne sera tenu de payer que le rechange de Paris à Lyon, & non les changes & rechanges dûs pour les négociations faites dans les autres villes ; les autres rechanges seront dûs par les donneurs d'ordre, chacun en droit soi pour les ordres qu'ils auront donnés.

2. *Et non pour les autres lieux*] Autrement ce seroit une chose désavantageuse au commerce, si une simple lettre de change qui auroit été négociée sans la participation du tireur, & pour le seul avantage du porteur, venant à être protestée, on pouvoit obliger ce tireur à payer autant de rechanges qu'il se trouveroit d'ordres sur sa lettre.

3. *Suivant leur ordre.*] C'eſt-à-dire , que ſi la lettre tirée de Paris ſur Lyon a été négociée , v. g. de Paris à Bayonne , & enſuite de Bayonne à Amſterdam , & enfin d'Amſterdam à Lyon , le porteur de la lettre payable à Lyon , après le protêt , n'aura ſon recours pour le payement du contenu en la lettre , & pour le rechange , que contre le Négociant ou Banquier d'Amſterdam qui a paſſé l'ordre à ſon profit , celui d'Amſterdam contre celui de Bayonne qui lui a paſſé l'ordre , celui de Bayonne contre celui de Paris , & celui de Paris contre celui de Lyon qui eſt le tireur & qui lui a fourni la lettre. Ainſi ſoit que les changes ſoiènt plus hauts ou plus bas dans chacune de ces villes , néanmoins le tireur ne devra que le prix du rechange de Lyon à Paris.

ARTICLE VI.

Le Rechange ſera deu par le tireur des Lettres négociées , *pour les lieux où le pouvoir de négocier eſt donné par les Lettres* (1) , & pour tous les autres , ſi le pouvoir de négocier eſt indéfini , & pour tous les lieux.

1. *Pour les lieux où le pouvoir de négocier eſt donné par les Lettres.*] Ainſi dans une lettre tirée de Paris ſur Lyon , ſi le tireur donnoit pouvoir par la lettre ou par un écrit particulier d'en diſpoſer , v. g. pour Amſterdam , & que cette lettre revint à protêt , ce tireur ſeroit tenu envers celui à qui la lettre a été fournie , du rechange de Lyon à Amſter-

dam, & de celui d'Amſterdam à Paris; ce qui eſt une ſuite de la condition qui s'eſt faite entr'eux. Il en eſt de même du cas où le pouvoir de négocier eſt indéfini : car alors il ſera dû autant de rechanges par le tireur, qu'il y a de lieux différens ſur leſquels la lettre a été négociee.

ARTICLE VII.

L'intérêt du principal & du Change (1) ſera deu du jour du Proteſt, encore qu'il n'ait eſté demandé en Juſtice. Celui du Rechange, des frais du Proteſt & du voyage, ne ſera deu *que du jour de la demande* (2).

1. *L'intérêt du principal & du change.*] V. ci-deſſus en la note ſur le ſommaire de ce titre, pag. 138. la différence qu'il y a entre change & intérêt.

2. *Que du jour de la demande.*] C'eſt à dire, de la demande faite en juſtice.

ARTICLE VIII.

Aucun prêt ne ſera fait ſour gage, (1), qu'il n'y en ait un Acte pardevant Notaire, dont ſera retenu minute, & qui contiendra la ſomme preſtée, & les gages qui auront eſté délivrez, à peine de reſtitution des gages, à laquelle le preſteur ſera contraint par corps, ſans qu'il puiſſe

prétendre de privilege fur les gages (2),
fauf à exercer fes autres actions.

1. *Aucun prêt ne fera fait fous gage.*] Cet
article & le fuivant ont été principalement
établis , 1°. Contre ceux qui prêtent à ufure
fous des gages. 2°. Pour prévenir les fraudes
& recelés qui peuvent arriver fréquemment
de la part des Marchands & Négocians , en
exigeant de leurs débiteurs des gages ou nan-
tiffemens , lorfque ceux-ci viennent à faire
faillite. 3°. Afin que les débiteurs qui fe trouvent en faillite , ne puiffent avantager quelques-uns de leurs créanciers au préjudice
des autres.

2. *Prétendre de privilége fur les gages.*] Il
n'eft pas inutile de remarquer fur cet article , que M. le Camus, Lieutenant Civil du
Châtelet de Paris , en fes Obfervations fur
l'article 181. de la Coutume de Paris (*a*),
avance comme une chofe certaine , & qui
ne fouffre aucune difficulté , que le créancier
nanti du gage doit être crû à fon affirmation , & que la chofe qui lui eft donnée en
nantiffement doit être affectée par privilege
au payement de la fomme qu'il demande ,
quia in hoc cafu debitor fecutus eft fidem credito-
ris ; il ajoute qu'on n'obferve point dans
l'ufage d'obliger ce créancier de rapporter la
preuve par écrit , que la chofe qu'il a en fa
poffeffion lui a été donnée en nantiffement.

La défenfe portée en cet article n'eft à pro-

(*a*) Ces Obfervations fe trouvent dans le Commentaire
de Ferrieres fur la Coutume de Paris, art. 181. feconde
édition,& font poftérieure à l'Ordonnance du Commerce
de 1673.

prement parler que contre les ufuriers, &
ceux dont la mauvaife foi eft prouvée, ou du
moins violemment préfumée, & non contre
ceux qui prêtent de bonne foi. D'ailleurs la
difpofition de cet article ne pourroit avoir
lieu, que quand il y a d'autres créanciers qui
s'oppofent au privilege prétendu fur le gage
par celui qui en eft nanti ; mais entre le
créancier nanti & le débiteur, on ne peut
douter que celui-là ne foit bien fondé à retenir le gage jufqu'à ce que le débiteur ait
payé ce qu'il a emprunté fur ce même gage ;
& il a été ainfi jugé par Arrêt du 27 Janvier
1606. rapporté par Cambolas en fes déci-
fions, liv. 4. ch. 4.

ARTICLE IX.

Les gages qui ne pourront eftre expri-
mez dans l'obligation, feront énoncez
dans une facture ou inventaire, dont fera
fait mention dans l'obligation ; & la facture ou inventaire contiendront la quantité, qualité, poids & mefure des marchandifes ou autres effets donnez en gage,
fous les peines portées par l'Article precé-
dent (1).

1. *Sur la fin de l'article.*] Quoique cet article & le précédent ayent été mis ici dans
l'Ordonnance du Commerce, il n'en faut
pas conclure que la connoiffance des différens qui peuvent arriver fur cette matiere,
foit attribuée aux Juges-Confuls, fi ce n'eft
dans le cas où ces prêts & engagemens fe
font

font entre Marchands, à raison de leur commerce.

TITRE VII.

Des Contraintes par Corps.

Article I.

CEux qui auront signé (1) des *Lettres ou Billets de Change* (2), pourront (3) *estre contraints par corps* (4); ensemble ceux qui y auront mis leur aval (5) , *qui auront promis d'en fournir* (6) , avec remise de place en place (7) , *qui auront fait des promesses pour Lettres de Change à eux fournies* , ou qui le devront estre (8) , entre tous *Négocians ou Marchands* (9) qui auront signé des Billets pour valeur reçue comptant, ou en marchandise, foit qu'ils doivent estre acquittez à un particulier y nommé , ou à son ordre , *ou au porteur* (10).

1. *Ceux qui auront signé , &c.*] C'est-à-dire , toutes personnes qui auront signé des lettres ou billets de Change , même ceux qui ne font ni Banquiers , ni Négocians , ni engagés dans les affaires du Roi. Ainsi jugé par un Arrêt confirmatif d'une Sentence du Consulat de Paris, du 11 Septembre 1682.

H

portant condamnation par corps contre le Marquis de Choifnel, pour trois lettres de change par lui tirées ; & par un autre Arrêt dn 28. Avril 1687. rendu contre un Procureur au Parlement de Paris. Autre de l'année 1704. contre M. Tarade , Confeiller au Châtelet de Paris.

2. *Des Lettres ou Billets de Change.*] Soit qu'il y ait remife de place en place , ou non : car l'Ordonnance ne fait ici aucune diftinction. Cet article explique la difpofition qui eft mife à la fin de l'article 4. du titre 34. de l'Ordonnance de 1667. au fujet des lettres de change.

3. *Pourront.*] Ce mot fait voir qu'il dépend de la prudence des Juges de condamner par corps ou non dans les cas portés par cet article ; ce qui eft aufli conforme à la difpofition de l'article 4. du tit. 34. de l'Ord. de 1667. Mais entre Négocians, Banquiers & gens d'affaires, il femble que les juges font dans la néceffité de prononcer cette condamnation par corps, fi celui au profit de qui la Sentence eft renduë le demande.

4. *Etre contraints par corps.*] Parce que les Lettres & Billets de Change doivent être exactement acquittées à leur échéance, & fans retardement, par ceux qui les ont acceptées ; & qu'elles doivent aufli être exactement rembourfées par les tireurs & endeffeurs, lorfqu'elles ne font pas payées par ceux fur qui elles ont été tirées.

5. *Enfemble ceux qui y auront mis leur aval.*] V. ce que c'eft qu'aval, *fuprà*, tit. 5. art. 33. aux notes , pag. 136.

La difpofition portée en cet article a lieu à plus forte raifon à l'égard de ceux qui ont mis leurs ordres fur les lettres ou billets.

6. *Qui auront promis d'en fournir, &c.*] C'est-à-dire, que ceux qui ont promis par des billets de fournir des Lettres de Change avec remise de place en place, pourront être contraints par corps à remplir leur engagement & à fournir ces lettres.

7. *Avec remise de place en place.*] V. l'explication de ces mots *infrà* tit. 12. art. 2. note 4.

8. *Qui auront fait des promesses pour Lettres de Change à eux fournies ou qui le devront être.*] Ces mots conviennent à toute promesse en général qui peut être subie pour raison de Lettres de Change fournies & à fournir, & par conséquent ne sont point synonimes avec les Billets de Change. Ainsi v. g. un acte passé devant Notaires, portant reconnoissance qu'une Lettre de Change a été fournie, pourquoi on s'oblige de payer une somme, soit directement, soit en faisant sur un tiers un transport de pareille somme ; ou bien par lequel on s'oblige de fournir une Lettre de Change avec remise de place en place, a autant de force qu'un Billet de Change ordinaire, tant pour opérer le payement de la somme promise ou cédée par le transport, que pour faire fournir les Lettres de Change promises, & dans tous ces cas il est sujet à la contrainte par corps.

Les billets portant promesse de payer comme Lettres de Change, ne sont pas payables par corps, si ce n'est entre marchands & pour fait de leur Commerce. Mais il faut pour que cette contrainte ait lieu entre d'autres personnes, que ce soit un Billet de Change, ou une promesse pour Lettre de Change fournie ou qui le doit être, comme il est porté en cet article.

9. *Entre tous Négocians ou Marchands.*] Et non autres. Les Banquiers paroiffent néanmoins compris fous ce mot de *Négocians*, parce qu'il renferme en général tous ceux qui font négoce, foit de marchandife foit d'argent, & que la Banque eft un négoce d'argent.

Ceux qui n'étant point Marchands par leur état font un trafic paffager de quelques marchandifes, & qui fubiffent des billets ou promeffes à cet effet, font fujets aux mêmes contraintes que les Marchands. C'eft fur ce fondement que par Arrêt du Grand Confeil du 7. Février 1709. confirmatif d'une Sentence de la Prévôté de l'Hôtel, un particulier Gendarme, Gentilhomme de naiffance, qui fe mêloit de trafiquer des pierreries, fut condamné par corps à payer le contenu en quelques billets par lui fubis payables au porteur.

Il a même été jugé par un Arrêt du 7. Juillet 1676. confirmatif d'une Sentence renduë au Confulat de Paris le 16. Mars de la même année, dans une affaire où un Marchand avoit vendu de la marchandife à crédit à un autre Marchand du même commerce, fous la caution d'un autre particulier Bourgeois & non Marchand, que ce dernier étoit fujet à la contrainte par corps comme le principal obligé.

On trouve auffi dans le fixiéme tome du Journal des Audiences un Arrêt du 16 Mars 1717. qui a jugé qu'une obligation paffée à Lyon devant Notaires, portant foumiffion aux rigueurs de la Confervation & payemens à faire, indépendamment de fçavoir fi l'obligé étoit Négociant, emportoit la contrainte par corps. C'étoit contre un Officier de la Monnoie qui étoit Appellant ; la Sentence fut confirmée.

Les mineurs qui font le Commerce publiquement font auſſi ſujets à cette contrainte, comme s'ils étoient majeurs ; ainſi jugé par pluſieurs Arrêts. (V. ci-deſſus, tit. 1. art. 6. note 4. pag. 15.) En effet un mineur eſt réputé majeur pour le fait de ſon Commerce. (*Ibidem*, tit. 1. art. 6. pag. 12.) La femme ou fille mineure qui eſt Marchande publique, eſt auſſi ſujette à la même contrainte. (V. *ibidem*, note 4. pag. 15.)

Au reſte cela n'auroit pas lieu dans le cas où un mineur Marchand public emprunteroit une ſomme d'argent, qu'il auroit déclaré vouloir employer dans ſon Commerce par l'obligation qu'il auroit ſubie à cet effet ; cette déclaration ne le rendroit pas ſujet à la contrainte par corps, parce que ce n'eſt ici ni une négociation d'argent, ni un prêt de Marchandiſes.

Ce qui vient d'être dit des Marchands doit auſſi recevoir ſon application à l'égard des Banquiers, même mineurs. (V. ci-deſſus, tit. 1. art. 6. avec les notes.)

Par une Déclaration du Roi du 26 Février 1691. il eſt ordonné « que l'article 1. du tit. » 7. de l'Ordonnance de 1673. ſera exécuté » contre les Receveurs, Tréſoriers, Fer- » miers & Sous-Fermiers des droits de Sa » Majeſté, Traitans Généraux & Particu- » liers, intéreſſés, & gens chargés du recou- » vrement des deniers-royaux, & tous au- » tres comptables : ce faiſant, qu'ils pour- » ront être contraints par corps, ainſi que » les Négocians, au payement des Billets » pour valeur reçue, qu'ils feront pendant » qu'ils feront pourvûs des Charges, ou qu'ils

» feront chargés du recouvrement des de-
» niers de Sa Majefté, foit que les Billets
» doivent être acquittés à un particulier y
» nommé, ou à fon ordre, ou au porteur.

Cette difpofition a même été étendue à
l'égard des mineurs intéreffés, & chargés du
recouvrement des deniers du Roi. (Ainfi
jugé par Arrêt de la Cour du 30 Août 1702.
à l'égard du nommé Ifaac Lardeau, inté-
reffé dans les affaires de Sa Majefté, fur l'Appel par lui interjetté de deux Sentences de
condamnation par corps rendues contre lui
au Confulat de Paris les 9 & 11 Janvier précédens. Par cet Arrêt les Sentences font con-
firmées, & fur la Requête préfentée au
Confeil par ledit Lardeau en caffation d'Arrêt, il a été débouté de fa demande par
Arrêt du Confeil privé du 12 Août 1704.)

Les Agens de Change, Courtiers, & autres qui s'entremêlent de faire vendre ou
acheter des Marchandifes moyennant falai-
re, font auffi contraignables par corps à
rendre & reftituer la Marchandife, ou le
prix qu'elle a été vendue. (Coutume d'Orléans article 429.) Il en eft de même fi on
leur a confié des Lettres de Change, Billets
& autres papiers.

Cette difpofition doit auffi s'entendre des
revendereffes publiques, fuivant la note de
M. de la Lande en fon Commentaire fur
cet article 429. de la Coutume d'Orléans ; &
il a été ainfi jugé par Arrêt du 14 Mars 1616.

Au furplus ces contraintes par corps n'ont
lieu qu'à l'égard de ceux qui ont fubi les
obligations & Contrats, ou qui ont été condamnés, & non à l'égard de leurs héritiers.
(Ainfi jugé par plufieurs Arrêts. V. *infrà*,
tit. 12. art. 16. note 1.)

10. *Ou au Porteur.*] V. ce qui eſt dit des Billets payables au Porteur , ci-deſſus, tit. 5. art. 31. note 1. pag. 129.

Outre les cas portés par cet article, Savary prétend que la contrainte par corps , quand il s'agit de Marchandiſes vendues & acherées dans les Foires , doit être auſſi prononcée purement & ſimplement de même que pour les Lettres & Billets de Change; (V. l Parfait Négociant , partie 1. liv. 3. ch. 9. pag. 225.) ce qui paroît néanmoins devoir être reſtreint au cas porté par l'art. 5. du tit. 34. de l'Ord. de 1667.

L'Arrêt de Réglement du Parlement de Paris du 24 Janvier 1733. rendu pour Angoulême, défend aux Juges-Conſuls de prononcer la contrainte par corps dans les affaires qui ſont de leur compétence , ſinon dans les cas où elle ſe trouve expreſſément réſervée par le titre de l'abrogation des contraintes par corps de l'Ordonnance de 1667. ſans qu'ils puiſſent par interprétation étendre ladite contrainte hors les cas mentionnés dans ledit titre , ni faire exécuter ladite contrainte , que ſelon la forme qui y eſt preſcrite , & conformément à l'Ordonnance de 1673. Ainſi v. g. ce ſeroit un abus aux Juges-Conſuls de condamner par corps au cas de l'art. 5. du tit. 12. ci-après.

L'Ordonnance de 1667. tit. 34. art. 4. permet en général aux Juges-Conſuls de prononcer la condamnation par corps , *au cas de dettes entre Marchands pour fait de Marchandiſes dont ils ſe mêlent.*

H iv

ARTICLE II.

Les mêmes Contraintes auront lieu *pour*
l'exécution des Contraſts maritimes (1)*,*
groſſes aventures (2)*,* *chartres parties*.
(3), ventes & achats de Vaiſſeaux , *pour*
le fret & le naulage (4)*.*

　1. *Pour l'exécution des Contrats maritimes.*)
Les Contrats maritimes ſont tous ceux qui
concernent le Commerce de mer en général.
Le *Contrat d'aſſurance* eſt de ce nombre ; c'eſt
un Contrat par lequel un Négociant ou autre perſonne qui envoie des Marchandiſes
par mer dans un autre pays, trouve une autre
perſonne qui s'oblige de lui garantir la perte
& le dommage qui pourroit arriver dans le
voyage par un cas fortuit à ces Marchandiſes , comme par tempête , naufrage, priſe,
pillage , &c. moyennant une certaine ſomme qu'on appelle *Prime d'aſſurance,* qui lui eſt
payée par celui à qui les Marchandiſes appartiennent , & qui ne veut pas courir les riſques
de la mer : enſorte que ſi la perte appréhen-
dée arrive , celui qui s'eſt obligé de la garantir paye à l'autre le prix des Marchandiſes
perduës ou priſes ; & au contraire ſi elles
arrivent à bon port , il reçoit le prix de ſon
aſſurance du Propriétaire de ces Marchandiſes. Le particulier qui s'oblige à l'aſſurance
ſe nomme *Aſſureur* , celui à qui la Marchandiſe appartient eſt l'Aſſuré , & le Contrat ou
la convention qui ſe fait entr'eux s'appelle
Police d'aſſurance. (V. ſur ces aſſurances l'Ordonnance de la Marine du mois d'Août 1681.
liv. 3. tit. 6.)

2. *Grosses avantures.*] La *grosse avanture* est un Contrat par lequel celui qui charge un Vaisseau pour un voyage, emprunte de l'argent, qui est employé pour une négociation de marchandises envoyées ou achetées dans un pays éloigné, & chargées dans ce Vaisseau, pour rendre cet argent au tems stipulé après l'arrivée du Vaisseau au port convenu, ou après son retour au lieu d'où il est parti, avec un profit convenu pour cette négociation ; & cela sous la simple garantie, & sans autre assurance que celle du corps du Vaisseau : en sorte que si le Vaisseau vient à périr ou à être pris, celui qui a prêté son argent perd sa mise ; & au contraire si le Vaisseau revient à bon port, le Prêteur reçoit la somme principale qu'il a prêtée, avec le profit dont il est convenu. (Voyez ce qui est dit sur les Contrats à la grosse avanture, dans l'Ordonnance de la Marine, partie 1. livre 3. titre 5.)

3. *Chartres parties.*] C'est l'acte d'afrettement d'un Vaisseau, ou écrit qui contient la convention pour le louage de ce Vaisseau. (Voyez l'Ordonnance de la Marine, partie 1. livre 3. titre 1)

4. *Pour le fret & naulage.*] Fret, est la somme promise pour le loyer d'un Vaisseau. *Naulage* signifie la même chose que fret ; mais on se sert du mot de *fret* sur l'Océan, & de *naulage*, ou *nolis*, ou *nolissement*, sur la Méditerranée. (Voyez sur cette matiere l'Ordonnance de la Marine, partie 1. livre 3. titre 1.)

Au reste il faut observer, que toutes les choses comprises en cet article ne sont plus aujourd'hui de la compétence des Juge-Consuls. (Voyez *infrà*, titre 12. article 7. aux notes, pag. 247.)

TITRE VIII.

Des Séparations de biens.

ARTICLE I.

DAns les lieux où la communauté (1) de biens d'entre mari & femme eſt établie par la Coutume ou par l'Uſage, la clauſe qui y dérogera dans les Contrats de mariage *des Marchands* (2) Groſſiers ou Détailleurs, & des Banquiers, *ſera publiée à l'Audience* (3) de la Juriſdiction Conſulaire, s'il y en a ; ſinon dans l'aſſemblée de l'Hoſtel commun des Villes; *& inſérée dans un tableau* (4) *expoſé en lieu public* (5), *à peine de nullité* (6) : & la clauſe n'aura lieu que du jour qu'elle aura eſté publiée & enrégiſtrée.

1. *Dans les lieux où la communauté, &c.*] Dans les Coutumes de Paris & d'Orleans, & dans la plûpart des pays qui ſont régis par le Droit Coutumier, la communauté de biens entre mari & femme a lieu de plein droit, ſans qu'il ſoit néceſſaire d'en convenir par le Contrat de mariage: au contraire elle n'a lieu dans les pays de Droit Ecrit, que lorſqu'elle eſt ſtipulée en ſe mariant. Il y a même des Coutumes, comme celle de Normandie, où il n'eſt pas permis de la ſtipuler.

Si l'on veut donc empêcher l'effet de la Communauté dans les lieux où elle se fait de plein droit, il est nécessaire d'y déroger expressément par le Contrat de mariage; il faut de plus que cette clause soit rendue publique par la publication faite à l'Audience, & qu'elle soit enrégistrée & exposée en un tableau.

2. *Des Marchands.*] Il en est de même des Marchandes publiques. En effet, si celui qui épouse une Marchande publique ne veut point être en communauté de biens avec elle, il doit le stipuler par le contrat de mariage, & faire faire un état ou inventaire séparé de ses meubles & de ceux de sa femme, afin qu'ils ne soient pas confondus. Il faut aussi que cette clause soit publiée & enrégistrée, & même insérée dans le Tableau destiné pour y inscrire ces sortes de séparations, si celui qui se marie ainsi veut mettre ses biens à couvert, & éviter la condamnation par corps pour les dettes que sa femme aura contractées.

3 *Sera publiée à l'Audience.*] Cette formalité de la publication & enrégistrement a été sagement établie, afin que le public ayant connoissance que la femme d'un Négociant n'est point commune en biens avec lui, puisse prendre ses mesures, quand il prêtera de l'argent ou vendra des marchandises à ce Négociant, & que par ce moyen il ne soit point induit en erreur. Car il n'y a pas la même sûreté à prêter à un Négociant qui n'est point en communauté avec sa femme, que lorsque cette comunauté a lieu. Quand une femme n'est pas commune en biens avec son mari, elle devient sa creanciere de la somme qu'elle lui a apportée par

contrat de mariage, & de ſes autres repriſes, & conventions matrimoniales, ſans entrer en aucune maniere dans les engagemens de la communauté; & par ce moyen elle préjudicie aux droits des autres créanciers de ſon mari, dans le cas où il viendroit à tomber en faillite : au lieu que ſi cette femme eſt commune, elle entre dans tous les engagemens de la communauté, & lorſqu'elle renonce à cette communauté, elle perd tous les droits qu'elle y a.

4. *Et inſérée dans un Tableau.*] Il ſeroit à ſouhaiter que cette clauſe fût obſervée plus exactement qu'elle ne l'eſt dans l'uſage, & que les Greffiers, ou même les Juges ne fuſſent pas ſi négligens à en maintenir l'exécution.

5. *Expoſé en lieu public.*) Comme en la Sale d'audience, s'il y a une Juridiction Conſulaire dans le lieu, ſinon en la Chambre commune de l'Hôtel de Ville.

6. *A peine de nullité.*] C'eſt-à-dire, que faute d'avoir obſervé les formalités établies dans cet article, la clauſe qui déroge à la communauté, ſera nulle, enſorte que les créanciers du mari pourront ſoutenir contre la femme qu'elle eſt commune à leur égard, & ſe venger de la même maniere ſur les biens de la communauté, que ſi cette femme étoit commune avec ſon mari.

ARTICLE II.

Voulons le même eſtre obſervé (1) *entre les Négocians & Marchands, tant en gros qu'en détail, & Banquiers, pour les Séparations de biens d'entre mari &*

femme , *outre les autres formalitez en tel cas requises* (2).

1. *Voulons le même être observé.*) *Nam ubi eadem est ratio , idem jus esse debet.* Voyez-en la raison en la note 3 sur l'article precédent.

2. *Outre les autres formalités en tel cas requises.*] Ces formalités sont différentes, suivant les Coutumes. A Orléans les séparations de biens doivent être publiées aux Prônes des Messes de Paroisses (*a*) de la demeure de ceux entre lesquels ces séparations auront été prononcées, ensemble dans les carrefours ordinaires & places publiques de la Ville, à son de trompe, ou tambour, & cri public; & de plus elles doivent être signifiées à la diligence de ceux qui se trouveront séparés aux Notaires des lieux, ou leurs Syndics , au cas qu'ils en ayent, auxquels il est enjoint d'inscrire les noms, qualités & demeures de ceux entre lesquels lesdites séparations auront été prononcées, en un tableau qui pour cet effet sera par eux posé en leur étude en lieu apparent, à peine de répondre en leurs propres & privés noms des dommages & intérêts des parties. Il faut encore, à l'egard des séparations prononcées pour la Ville, que trois jours après la Sentence de séparation, ceux qui l'ont obtenue fassent inscrire dans un Tableau posé

(*a*) Ces publications aux Prônes ont été abolies par l'article 32 de l'Edit du mois d'Avril 1695. & par la Déclar. du 16 Décembre 1698. Au lieu de les faire aux Prônes, il faut les faire aux portes des Eglises, à l'issue de la Messe Paroissiale, ainsi qu'il est porté par ces mêmes Reglemens.

en la Sale de l'Auditoire du Châtelet, leurs noms, qualités & demeures, datte de la Sentence, & en quelle Jurisdiction elle a été rendue; le tout à peine de nullité des Sentences obtenues. Tout ceci est porté par un Réglement rendu au Bailliage d'Orléans le 5 Février 1624. qui est exactement observé.

Lorsqu'après la séparation de biens, le mari & la femme se rassemblent & mettent leurs biens en commun, l'effet de la séparation de biens cesse, & les meubles & conquêts immeubles, même ceux acquis pendant la séparation, entrent en communauté, comme s'il n'y avoit point eu en tout de séparation. (V. l'art. 199. de la Coutume d'Orléans.)

T I T R E I X.

Des Défenses & Lettres de Répi.

Il faut voir sur ce titre l'Ordonnance du mois d'Août 1669. au titre 6. des Répis, avec le Commentaire sur ce titre. L'article 14. de la Déclaration du 23. Décembre 1699. servant de Réglement-général pour les Lettres de Répi, ordonne l'exécution de ce tit. 6. de l'Ordonnance de 1669 ainsi que celle du présent titre de l'Ordonnance du Commerce.

ARTICLE I.

Aucun Négociant , Marchand , ou Banquier, *ne pourra obtenir* (1) *des Dé-fenſes générales de le contraindre* (2), *ou Lettres de Répi* (3), qu'il n'ait mis au Gr ffe de la Juriſdiction dans laquelle les Défenſes ou l'entérinement des Lettres devront eſtre pourſuivis, *de la Juriſdiction Conſulaire* (4), s'il y en a, ou de l'Hoſtel commun de la ville, *un état certifié* (5) de tous ſes effets, tant meubles qu'immeubles, & de ſes dettes; & qu'il n'ait re-préſenté à ſes Créanciers, ou à ceux qui feront par eux commis, s'ils le requierent, *ſes Livres & Regiſtres* (6), dont il ſera tenu d'attacher le Certificat ſous le con-treſcel des Lettres.

1. *Ne pourra obtenir.*] La Déclaration du 13 Juin 1716. rapportée ci-après, tit. 11. art. 3. note 1. » déclare nulles & de nul effet » toutes les Letres de repi qui pourroient » être obtenues, ſi l'état des effets & dettes » de l'impétrant n'eſt attaché ſous le con-» treſcel deſdites Lettres , avec un certificat » du Greffier de la Juriſdiction Conſulaire, » ou du Notaire, entre les mains deſquels » ledit état avec les livres & régiſtres aura » été dépoſé.

2. *Des Défenſes générales de le contraindre*] Les Défenſes générales ſont des Lettres, ou un Jugement qui s'accordent à un débiteur

pour un tems, afin de le mettre à couvert de ses créanciers, pendant lequel tems il est fait défenses d'attenter à sa personne. (V. l'Ordonnance du mois d'Août 1669. titre 6. note 1.)

3. *Ou Lettres de répi.*] Les lettres de répi sont des lettres de surséance, que le Roi accorde à des débiteurs, soit Négocians ou autres, qui par des accidens, ou des pertes considérables qu'ils ont soufflertes, se trouvent dans l'impuissane de satisfaire leurs créanciers, & n'ont besoin que de quelque délai pour pouvoir s'acquitter.

4. *De la Jurisdiction Consulaire.*] Il ne faut pas conclure de ces mots, que les Juges-Consuls puissent connoître de l'entérinement des Lettres de répi; cette connoissance n'appartient qu'aux Juges-Royaux. (V. l'Ordonnance du mois d'Août 1669. au titre des répis, art. 3.)

5. *Un état certifié, &c.*] Cet état doit contenir la qualité, la quantité, & l'espece de tous les biens meubles & immeubles que les impétrans possèdent, même ceux qu'ils ont vendus & aliénés.

L'article 1. de la Déclaration du 23. Décembre 1699. servant de Réglement général pour les lettres de répi, veut » que les Né- » gocians, Marchands, Banquiers & autres, » qui voudront obtenir des Lettres de répi, » soient tenus d'y joindre un état qu'ils cer- » tifieront véritable, de tous leurs effets, » tant meubles qu'immeubles, & de leurs dettes, qui demeurera attaché sous le contre- » scel.

L'article 2. de cette même Déclaration, porte » qu'ils seront pareillement tenus aus- » si-tôt après le sceau & expédition des Let-

» tres de répi, de remettre au Greffe, tant
» du Juge auquel l'adresse en aura été faite,
» que de la Jurisdiction Consulaire la plus pro-
» chaine, un double d'eux certifié, du même
» état de leurs effets & dettes, d'en retirer
» des certificats des Greffiers, & de faire
» donner copie, tant dudit état que desdits
» certificats, à chacun de leurs créanciers,
» dans le même tems qu'ils leur feront signi-
» fier les Lettres de répi qu'ils auront
» obtenues; à peine d'être déchûs de l'effet
» de leurs Lettres à l'égard de ceux aux-
» quels ils n'auront point fait donner copie
» desdits états & certificats.

6. *Ses Livres & Régistres*] L'art. 3. de la
Déclaration du 13 Décembre 1699. a expli-
qué cette disposition. Cet article porte » que
» si les impétrans (des Lettres de répi) sont
» Négocians, Marchands, ou Banquiers, ils
» seront tenus outre les formalités contenues
» en l'article précédent, & sous les mêmes
» peines, de remettre au Greffe du Juge à qui
» l'adresse des Lettres aura été faite, leurs
» Livres & Régistres, d'en retirer un certi-
» ficat du Greffe, & d'en faire donner co-
» pie à chacun de leurs créanciers dans le
» même tems qu'ils leur feront signifier
» leurs lettres.

Article II.

Au cas que l'Etat *se trouve fraudu-*
leux (1), *ceux qui auront obtenu* (2) des
Lettres ou des Défenses, *en seront dé-*
cheus (3), encore qu'elles ayent esté entérinées, ou accordées contradictoire-

ment ; & le Demandeur ne pourra plus
en obtenir d'autres, ni eſtre receu au bénéfice de Ceſſion.

1. *Se trouve frauduleux.*] Un état eſt frauduleux, lorſqu'il ne contient pas généralement tous les effets du débiteur, ou que le
débiteur y ſuppoſe de fauſſes créances. (V.
Infrà, tit. 12. art. 10.)

De quelque maniere que l'état ſoit certifié, rien ne peut couvrir la fraude, s'il y en
a, parce que la bonne foi qui doit régner
dans le Commerce, ne permet pas qu'un
Négociant obtienne par un mauvais arti-
fice ce qui lui ſeroit refuſé, s'il n'avoit pas
uſé de déguiſement & de tromperie.

2. *Ceux qui auront obtenu, &c.*] Soit Négocians ou autres. (Déclar. du 23 Décembre
1699. ſervant de Réglement pour les Lettres
de répi, art. 9.)

3. *En ſeront déchus.*] L'article 12. de la même Déclaration du 23. Décembre 1699.
veut » que les impétrans (des Lettres de répi)
» ne puiſſent s'en ſervir, s'ils étoient accu-
» ſés de banqueroute, & conſtitués priſon-
» niers, ou le ſcellé appoſé ſur leurs effets
» pour ce ſujet;& qu'en cas qu'avant la ſigni-
» fication des Lettres de répi ils euſſent été
» arrêtés priſonniers pour dettes civiles ſeu-
» lement, ils ne pourront être élargis en
» vertu deſdites Lettres, s'il n'eſt ainſi or-
» donné par le Juge auquel elles auront été
» adreſſées, après avoir entendu les créan-
» ciers à la requête deſquels ils auront été
» arrêtés ou recommandés.

Article III.

Les Défenses générales & les Lettres
de Répi *seront signifiées* (1) dans huitaine aux Créanciers, & autres intéressez
qui seront sur les lieux ; & n'auront effet
qu'à l'égard de ceux ausquels la signification en aura esté faite.

1. *Seront signifiées.*] L'article 4. de la Déclaration du 23. Décembre 1699. en interpré-
tant cet article, ordonne » que les Négo-
» cians, Marchands, Banquiers & autres,
» qui auront obtenu des Lettres de répi,
» seront tenus de les faire signifier dans hui-
» taine, s'ils sont domiciliés dans la ville de
» Paris, à leurs créanciers & autres intéres-
» sés demeurans dans la même ville ; & si
» les impétrans ou leurs créanciers ont leur
» domicile ailleurs, le délai de huitaine sera
» prorogé, tant pour les uns que pour les
» autres, d'un jour pour cinq lieues de dis-
» tance, sans distinction du ressort des Par-
» lemens.

Faute par les impétrans d'avoir fait cette
signification dans le délai porté par cet article 4. ils ne sont pas pour cela déchus du bénéfice des Lettres par eux obtenues ; mais
ces Lettres n'ont leur effet que du jour que la
signification en a été faite.

L'article 5. de la même Déclaration du
23. Décembre 1699. porte » que les créan-
» ciers ausquels les Lettres de répi auront
» été signifiées, pourront s'assembler & nom-
» mer entr'eux des directeurs ou Syndics,

» pour aſſiſter aux ventes que l'impétrant
» pourra faire à l'amiable de ſes effets, &
» pourſuivre conjointement avec lui le re-
» couvrement des ſommes qui lui ſont
» dues.

L'article 6. porte » qu'après que le s Actes
» de nomination de Directeurs ou Syndics
» auront été ſignifiés aux impétrans & à leurs
» débiteurs, les impétrans ne pourront diſ-
» poſer de leurs effets, & en recevoir le prix,
» ni leurs débiteurs pour les ſommes qu'ils
» doivent, autrement qu'en préſence deſdits
» Directeurs ou Syndics, ou eux duëment
» appellés ; à peine contre les impétrans d'ê-
» tre déchûs de l'effet des Lettres de répi, &
» contre les débiteurs, de nullité des paye-
» mens.

L'article 8. porte » que ceux qui auront
» obtenu des Lettres de répi, ſeront tenus,
» s'ils en ſont requis par leurs créanciers, de
» remettre au lieu & ès mains de celui dont
» ils conviendront, ou qui ſera nommé par
» le Juge auquel elles auront été adreſſées,
» les titres & pieces juſtificatives des effets
» mentionnés dans l'état qu'ils auront certi-
» fié véritable, pour y demeurer juſqu'à la
» vente ou recouvrement deſdits effets.

ARTICLE IV.

Ceux qui auront obtenu (1) *des Défen-*
ſes générales, ou des Lettres de Répi,
ne pourront payer ou préferer aucun Créan-
cier (2) *au préjudice des autres, à peine*
de déchoir des Lettres & Défenſes.

1. *Ceux qui auront obtenu, &c.*] Soit Négo-

. eians ou autres, de quelque profeſſion qu'ils
. puiſſent être. (Déclar. du 23. Decemb. 1699.
art. 9.)

2. *Ne pourront payer ou préférer aucun créan-*
cier.)Quand même ils feroient leurs plus proches parens ; parce qu'il eſt juſte que tous les
créanciers foient payés également, foit qu'ils
foient préfens ou abfens, chacun d'eux devant
participer à la mauvaiſe fortune de leur débiteur, à proportion de ce qui leur eſt dû.

Cet article eſt auſſi fagement établi pour
ôter à des créanciers qui feroient puiſſans,
le moyen de forcer leur débiteur par me-
naces ou autrement à leur faire une meil-
leure compofition qu'aux autres.

ARTICLE V.

Voulons que ceux qui auront obtenu (1)
des Lettres de Répi, ou des Défenſes géné-
rales (2), ne puiſſent eſtre éleus (3) Maires
ou Echevins des villes, Juges ou Conſuls
des Marchands, ni avoir voix active &
paſſive dans les Corps & Communautez,
ni eſtre adminiſtrateurs des Hoſpitaux, ni
parvenir aux autres fonctions publiques ;
& même qu'ils en foient exclus (4), en cas
qu'ils fuſſent actuellement en charge (5).

1. *Voulons que ceux qui auront obtenu, &c.*)
La difpofition de cet article ne regarde pas
feulement les Marchands & Negocians ;
mais elle doit auſſi s'étendre à toutes fortes
de perfonnes. (L'article 9. de la Déclaration du 23. Décembre 1699. en a une difpofition.)

2. *Des Lettres de Répi ou des Défenses géné-*
rales.) A plus forte raison cela doit il avoir
lieu à l'égard de ceux qui ont fait faillite ou
cession. L'Art. 10. de l'Edit du mois de Décembre 1701. touchant le Commerce, en :
une disposition.

Cependant ceux qui par des malheurs ou
des accidens imprévûs tombent dans cette
disgrace, & qui abandonnent de bonne foi
& sans fraude leurs biens à leurs créanciers,
n'encourent pour cela aucune note d'infamie, suivant l'Ordonnance du mois de Janvier 1629. article 144. Voici les termes de
cet article. » Déclarons que ceux, lesquels
» non par leur faute ou débauche, ains par
» malheur & inconvénient, seront tombés
» en pauvreté, & auront été contraints à cette
» cause de faire cession de biens, n'encourront
» pour cela infamie, ni aucune marque,
» sinon la publication ou l'affiche de leurs
» noms ci-dessus mentionnés ; & en sera fait
» mention par la Sentence du Juge par la-
» quelle ils seront reçûs à ladite cession de
» biens.

Il faut bien prendre garde de confondre
les Lettres de répi avec les Lettres d'Etat,
quoique la surséance ou la suspension de
toute poursuite semble être également l'objet des unes & des autres. Les Lettres d'Etat
ne s'accordent qu'à des Officiers de guerre,
ou à ceux qui sont employés hors leur rési-
dence ordinaire pour affaires importantes au
service du Roi, & elles ne déshonorent en
aucune maniere celui qui les obtient.

3. *Ne puissent être élûs.*) Parce que si ceux
qui ont fait faillite ou qui ont obtenu des
Défenses générales ou Lettres de répi, parti-
cipoient aux dignités qui ne sont déferées

qu'aux citoyens qui ont toujours vécû avec honneur, & sans faire tort à personne, ils seroient traités avec la même distinction qu'eux; ce qui ne seroit pas juste.

Lorsque ceux qui ont obtenu des Lettres de répi ou fait faillite, ont payé exactement tous leurs Créanciers, tant en principal qu'intérêts (dans le cas du moins où ces intérêts sont dûs, comme s'ils avoient été adjugés par Sentence,) & qu'ils se sont fait réhabiliter en obtenant du Roï des Lettres à cet effet, alors ils rentrent dans tous les droits des autres Citoyens, & peuvent être élûs comme eux aux fonctions & charges publiques.

Pour obtenir ces Lettres de réhabilitation, il faut que celui qui les demande attache sous le contre-scel des Lettres qu'il présentera au Sceau, 1°. Une copie de l'état par lui certifié de ses effets & dettes passives, qu'il aura mis au Greffe avant l'obtention des Lettres de répi, ou le jugement portant en sa faveur des défenses générales. 2°. Les quittances en original de ses Créanciers, si elles sont sous seing-privé, ou des copies collationnées, si elles ont été données pardevant Notaire, faisant mention entiere des payemens qu'il leur aura faits. 3°. Après que ces Lettres auront été scellées, il faudra les faire homologuer en Justice, soit au Parlement, soit pardevant le Juge Royal auquel elles seront adressées, à l'effet dequoi elles seront communiquées au Procureur Général, ou au Procureur du Roi, pour y donner leurs conclusions. Si ces Lettres sont entérinées, il faudra pour plus grande sûreté demander permission de les faire publier & afficher par-tout où besoin sera; ce qui s'accorde ordinairement par le même jugement qui entérine les Lettres.

4. *Et même qu'ils en soient exclus.*] C'est pourquoi ceux qui ont obtenu des Lettres de répi ou des défenses générales, ou qui ont eu le malheur de tomber en faillite, doivent avoir attention, s'ils sont dans quelque charge publique, comme de Conful, Echevin, Adminiftrateur, Garde ou Syndic de Communauté, Marguillier de Paroiffe, &c. de fe retirer, & de ne plus paroître dans ces places, pour n'être pas expofés à l'affront d'en être exclus.

5. *En cas qu'ils fuffent actuellement en charge.*] Par un Arrêt du Parlement de Bordeaux du 28 Février 1680. il a été fait défenses aux Négocians qui ont fait faillite, ou obtenu des Lettres de répi en fraude & par une mauvaife foi notoire & reconnue, de fréquenter la place des Marchands ; & permis aux Juges-Confuls de les en exclure jufqu'à ce qu'ils ayent juftifié de leur bonne foi, & fatisfait leurs Créanciers.

Par l'article 18. du Réglement du 2 Juin 1667. ci-deffus rapporté en la note 1. fur l'art. 7. du tit. 1. pag. 98 il eft dit que les faillis & banqueroutiers ne pourront entrer en la loge du Change, ni écrire & virer parties, fi ce n'eft après qu'ils auront entierement payé leurs Créanciers, & qu'ils en auront fait apparoir.

TITRE

TITRE X.

Des Ceſſions de biens.

LA *ceſſion de biens* eſt un abandonnement qu'un Débiteur fait de ſes biens à ſes Créanciers pour avoir la liberté de ſa perſonne , & pour éviter les pourſuites qui pourroient être faites contre lui, lorſque ſa mauvaiſe fortune le met hors d'état de payer ſes dettes.

La ceſſion de biens eſt de deux ſortes , l'une *volontaire* , & l'autre *judiciaire*. La *ceſſion volontaire* eſt celle qui ſe fait, lorſqu'un Négociant ou autre , par des pertes ou des malheurs qui lui ſont arrivés , ſe trouvant hors d'état de payer entierement ſes Créanciers, leur abandonne généralement tous ſes biens par un Acte ou Contrat qu'il paſſe avec eux à cet effet ; cette premiere eſpéce de ceſſion ſe fait ſans aucune formalité de Juſtice. La *ceſſion judiciaire* eſt un bénéfice introduit par la loi , au moyen duquel un débiteur priſonnier qui veut avoir la liberté de ſa perſonne , abandonne en Juſtice tous ſes biens à ſes Créanciers malgré les oppoſitions qu'ils peuvent former pour empêcher cette ceſſion , pourvû que ces Créanciers n'ayent point d'exceptions valables à oppoſer à leur débiteur , & qu'il ne ſoit pas convaincu de fraude. Ce bénéfice eſt tellement fondé ſur les premieres régles de l'équité, qu'il n'eſt pas permis d'y

I

renoncer , ainſi qu'il a été jugé par pluſieurs
Arrêts , & entr'autres par un du 22 Novembre 1456. rapporté par Gui Pape en ſa queſtion 211. & par un autre Arrêt du 22 Novembre 1599. ce qui réſulte d'ailleurs de la
diſpoſition de l'art. 12. du tit. 6. de l'Ordonnance du mois d'Août 1669. qui déclare
nulles toutes les renonciations qu'on pourroit faire à l'obtention des Lettres de répi
dans les Actes & Contrats paſſés par un débiteur : car cette diſpoſition doit avoir lieu
à plus forte raiſon à l'egard du bénéfice de
ceſſion,qui eſt plus favorable.

La ceſſion volontaire a lieu indiſtincte-
ment pour toutes ſortes de dettes ſans aucune
exception , parce que cette eſpéce de ceſſion
ſe faiſant de gré à gré & du conſentement
des Créanciers , il eſt libre à ceux-ci de renoncer au droit qu'ils pourroient avoir de
l'empêcher. Si néanmoins après le Contrat
paſſé avec les Créanciers , il paroiſſoit de la
fraude de la part du débiteur , ces Créanciers
ſeroient bien fondés à demander la réſolu-
tion du Contrat , & à rentrer dans tous leurs
droits , ſoit pour le faire empriſonner , ſoit
pour le pourſuivre comme Banqueroutier
frauduleux.

A l'égard de la ceſſion judiciaire , il y a
pluſieurs cas pour leſquels les Créanciers
peuvent empêcher que le débiteur qui veut
faire ceſſion , ne ſoit admis à ce bénéfice.
Ainſi ,

1°. Tous acheteurs de betail , vin , bled
& autres grains achetés en Marché public,
encore que leſdits bled & vin ne fuſſent
achetés que ſur le ſimple témoin , ne ſont
point admis au bénéfice de ceſſion.　Côu-
tume d'Orléans, article 429.V.auſſi l'Ordon-

nance du mois d'Août 1669. tit. 6. art. 11.)

Les Marchandiſes achetées ſur les Ports ſont auſſi cenſées achetées en Marché public. (Ainſi jugé au Préſidial d'Orléans , par Sentence du 30 Juillet 1703.)

Il en eſt de même des Marchandiſes vendues en foires; (V. Toubeau en ſes Inſtitutions Conſulaires , liv. 2. tit. 11. ch. 5. pag. 722.) ce qui réſulte auſſi de l'art. 11. du tit. 6. de l'Ordonnance du mois d'Août 1669.

2°. Tous acheteurs de poiſſon , tant d'eau douce que de mer; (Coutume d'Orléans , art. 428. & il a été ainſi jugé par Arrêt du 16 Juillet 1661. rapporté par Jovet.) ce qui ne doit s'entendre cependant que du poiſſon vendu en lieu public, comme ſont les Marchés, les ponts & les chauſſées des étangs au tems de la pêche. (Ainſi jugé au Bailliage d'Orléans , par Sentence du 20 Décembre 1737.)

3°. Les Courtiers & autres qui s'entremêlent moyennant ſalaire de faire vendre ou acheter des bleds , vins , chevaux ou autres Marchandiſes , ne doivent point être admis au bénéfice de ceſſion , pour la reſtitution deſdites Marchandiſes ou du prix qu'elles ont été vendues. (Coutume d'Orléans , article 429. & il a été ainſi jugé par Arrêt du Parlement de Rouen du 28 Mars 1630)

4°. Les acheteurs de biens vendus à l'encan, la ſolennité de Juſtice gardée. (Coutume d'Orléans, art. 439.)

5°. Les cautions judiciaires & autres qui contraétent en Juſtice. (Ainſi jugé par Arrêt du 15 Juillet 1571. rapporté par Carondas, liv. 6. reponſe 37.)

6° Les Fermiers des terres & métairies, lorſque la contrainte par corps a été ſtipulée par le bail ; ce qui doit s'entendre non-ſeulentent pour les fermages, moitons & fommes dûes à raifon de la Ferme, mais encore pour l'argent avancé par le Propriétaire au Fermier, à l'entrée & dans le cours du bail. (V. Louet lettre C. fommaire 57. Coquille fur la Coutume de Nivernois, ch. 32. art. 22. Papon en fes Arrêts, liv. 10. tit. 10. n. 5. Carondas en fes Réponfes, liv. 3. ch. 6. & le Prêtre en fes Arrêts, centur. 1. ch. 99. Plufieurs Arrêts l'ont ainfi jugé, & entre autres un du 31. Mai 1633. rapporté par Bardet, & un autre du 27 Mars 1648.) Au refte cela ne doit avoir lieu que dans le cas où le Fermier auroit appliqué à fon profit, & détourné les fruits provenans des héritages qu'il tient à Ferme, avant que le Propriétaire eût été payé de fes fermages, parce qu'alors ce Fermier commet une efpéce de vol.

7°. Le bénéfice de ceffion n'a pas lieu pour les dettes, dans lefquelles l'intérêt public ou celui du Roi fe trouvent engagés. Ainfi on n'eft point admis à ce bénéfice quand on eft comptable de deniers publics, & fur tout de deniers Royaux. (V. le Prêtre centur. 1. ch. 99. C'eft auffi la difpofition de l'Ordonnance des Fermes du mois de Juillet 1681. au titre commun des Fermes, article 13.) Pareillement les Gardiens, Commiffaires, Huiffiers, Receveurs des confignations, Commiffaires aux faifies réelles & autres dépofitaires de Juftice, n'y font point admis, non plus que ceux qui ont eu quelque adminiftration publique, comme d'Hôpitaux de ville, &c. (V. Carondas, liv. 6. réponfe 57.) Il en eft de même des payeurs des rentes & autres Receveurs publics, & généralement de tous ceux avec qui l'on eft dans la néceffité de contracter.

8°. Les Tuteurs pour reliqua de compte de leurs mineurs. (V. Mainard , liv. 4. ch. 17. la Rocheflavin, liv. 6. tit. 20. art. 1. ainsi jugé par Arrêt du 7 Mai 1608.)

9°. La cession n'a pas lieu pour toutes les dettes qui procédent de crime, vol ou fraude. Ainsi les Banqueroutiers frauduleux , les Stellionataires, & tous ceux qui détournent leurs biens en fraude de leurs Créanciers, ne sont point admis à ce bénéfice. (Arrêt du 28 Avril 1598. V. Peléus , liv. 8. act. For. 1. pag. 418. & Tronçon, sur l'art. 111. de la Coutume de Paris.) L'héritier qui n'a pas fait d'inventaire n'y est point admis par cette même raison, à cause de la fraude qui se présume alors. (V. Brodeau sur Louet, lettre C. sommaire 54.)

Il en est de même de ceux qui ont été condamnés en quelques réparations, dommages & intérêts en matiere criminelle. (V le Prêtre , centur. 1. ch. 99. n. 36. plusieurs Coutumes en ont des dispositions.) Les condamnés en l'amende envers le Roi pour raison de délit sont dans le même cas. (V. Papon en ses Arrêts, liv 10. tit. 10. n. 1. & 17. & le Prêtre, centur. 1. ch. 99.) Mais quand il ne s'agit que de simples dépens , même en matiere criminelle , il est permis de faire cession pour éviter la contrainte par corps. (Ainsi jugé par plusieurs Arrêts , & notamment par un du 14. Janvier 1661.)

Hors les cas ci-dessus exprimés, la cession est admise , même pour Lettres de Change , dettes de commerce , &c. & généralement pour toutes les dettes où l'on ne peut prouver aucun dol ni fraude de la part du débiteur.

Il faut aussi observer, que rien n'empêche

qu'un débiteur qui a obtenu des Lettres de répi, ne puisse faire cession après l'échéance du délaiporté par ces Lettres; (V. Carondas en ses Réponses, liv. 6. rép. 18.) ce qui résulte aussi de la disposition de l'art. 2. du tit. ci-dessus, pag. 167.

Lorsque le créancier pour une dette du nombre de celles pour lesquelles on n'est point admis au bénéfice de cession, a pris un billet ou une obligation de son débiteur en payement, alors il faut distinguer si ce créancier par l'obligation, a fait réserve de son privilége ou non. Dans le premier cas il est censé avoir renoncé à ce privilege, en ne le réservant point, & avoir suivi la foi de son débiteur; mais dans le second cas il peut user de tous ses droits. (V. Papon en ses Arrêts, liv. 10. tit. 9. art. 14.)

Ceux qui sont admis au bénéfice de cession ne peuvent plus être emprisonnés par leurs créanciers, & s'ils étoient détenus prisonniers, ils obtiennent leur élargissement. Dès l'instant même que le débiteur a présenté sa Requête en justice, & assigné ses créanciers pour être admis au bénéfice de cession, il ne peut être emprisonné.(Ordonnance du mois d'Octobre 1555. ch. 8. art. 33.)

Aussi-tôt qu'un débiteur a fait cession, tous ses biens meubles & immeubles doivent appartenir à ses créanciers, & à cet effet il doit donner un état exact de tous ceux qu'il possede, & les abandonner tous sans réserve. Quelques-uns en exceptent seulement un lit, & les autres meubles dont il est parlé dans l'Ordonnance de 1667. tit. 33. art. 14. d'autres y ajoutent les outils & instrumens avec lesquels le cessionnaire gagne sa vie; (V. Mazuer prat. tit. 29. n. 7.)

ce qui dépend des circonstances & de la
qualité du cessionnaire.

Il faut même observer, que tous les biens
que le cessionnaire peut acquérir dans la
suite depuis sa cession, sont affectés & obligés à ses créanciers jusqu'à concurrence des
sommes qui leur étoient dues au tems de la
cession ; ce qui est conforme à la disposition
de Droit en la L.4. & 7. *ff. de cessione bonorum,*
& à la L. Cod. *qui bonis cedere possunt*, qui est
reçûe parmi nous. Ainsi suivant cette maxime, lorsque celui qui a fait cession vient par
la suite à gagner du bien, il est tenu de l'a-
bandonner à mesure à ses créanciers, sous
la réserve seulement de ce qui lui est nécessaire pour vivre.

Mais si après la cession le cessionnaire a
fait avec ses créanciers un contrat d'atermoiement, par lequel ils ont consenti de lui
remettre une partie de sa dette, alors ils ne
peuvent plus agir contre lui pour se faire
payer d'une plus grande somme que celle
dont ils font convenus, à moins qu'ils ne
justifient que par la transaction il y ait eu
dol ou fraude de la part de leur débiteur.
(V. le Prêtre, Centur. 1. ch. 99.)

Quoique les personnes qui font admises
au bénéfice de cession, soit Marchands,
Négocians, Banquiers ou autres, n'encourent aucune infamie de droit, & que cela
soit même expressément porté par l'article
144. de l'Ordonnance du mois de Janvier
1629. (rapporté ci-dessus, pag. 172.) parce
que ce bénéfice n'est accordé qu'à ceux qui
font exemts de dol ou fraude, néanmoins
ils encourent une infamie de fait.

Le premier effet que produit cette infamie, est que celui qui a fait cession est inca-

pable de posséder aucune Charge ; (V. Boniface, tom. 1. liv. 1. tit. 1. n. 24.) ce qui
résulte d'ailleurs de l'article 5. du tit. 9. ci-
dessus. Le second effet est qu'il ne peut ester
en jugement en demandant, sans donner
caution de payer le jugé. (Ainsi jugé par
Arrêts du Parlement de Paris des 14. Avril
& 26. Août 1598. rapportés par Bouchel en
sa Bibliotéque, au mot *Cession* ; & par deux
autres Arrêts des 20 Septembre 1606. & 26.
Juillet 1607. rapportés par Papon en ses
Arrêts, livre 8. titre 1. aux additions, note. 1.)

Mais si le cessionnaire vient par la suite à
acquitter ses dettes & à satisfaire tous ses
créanciers, il peut se faire réhabiliter, & rentrer dans tous les droits de Citoyen, en obtenant des Lettres à cet effet. (V. ce qui a
été dit ci-dessus, tit. 9, art. 5. note 3. p. 137.
en parlant des répis.)

A R T I C L E   I.

O Utre les *formalitez* (1) ordinairement observées pour recevoir au
bénéfice de Cession de biens les Négocians & Marchands en gros & en détail,
& les Banquiers ; les Impétrans feront
tenus *de comparoir en personnes* (2) à
l'audience de la Jurisdiction Consulaire,
s'il y en a ; sinon en l'assemblée de l'Hostel commun des Villes, pour y déclarer
leur nom, surnom, qualité & demeure,
& qu'ils ont esté receus à faire Cession de

biens : Et sera leur Déclaration leue & publiée par le Greffier, & *inserée dans un tableau public* (3).

1.*Outre les formalités, &c.*] Les formalités nécessaires pour être reçu au bénéfice de cession, sont que le débiteur qui forme cette demande, doit avant tout présenter sa Requête au Juge, à l'effet d'être admis à ce bénéfice, & conclure par cette Requête à ce qu'il lui soit permis de faire assigner ses créanciers, pour voir dire qu'il lui sera donné acte de l'abandon qu'il leur fait de tous ses biens, tant meubles qu'immeubles, & en conséquence qu'il sera admis au bénéfice de cession, aux offres qu'il fait de se conformer aux formalités prescrites par l'Ordonnance; s'il est prisonnier, il doit conclure en même tems à ce qu'il soit élargi, & mis hors de prison, & à ce faire le geolier contraint.

Il n'est pas nécessaire de se constituer prisonnier pour être reçû au bénéfice de cession, quoique quelques Arrêts ayent jugé le contraire, & entr'autres un du 19. Décembre 1644. rapporté par Boniface, tome 2 liv. 4. tit. 9. ch. 4. aujourd'hui on n'exige plus cette formalité.

Si le cessionnaire possède quelques biens, soit meubles ou immeubles, il doit en donner un état exact à ses créanciers mentionnés en sa Requête; sinon il doit déclarer qu'il n'en possède aucun.

Lorsqu'il n'y a point d'opposition à la demande du débiteur, qui veut être admis au bénéfice de cession, le Juge par la Sentence qui intervient, lui donne Acte de l'abandon qu'il fait à ses Créanciers de tous ses biens,

tant meubles qu'inmeubles, ou de l'affirmation par lui faite qu'il n'en possède aucuns,
& qu'il n'en a point détourné, soit directement, soit indirectement, en fraude de ces
mêmes Créanciers ; & en conséquence le
reçoit au bénéfice de cession, à la charge de
se conformer aux formalités prescrites par
l'Ordonnance.

La cession, pour être valable, doit non-
seulement être faite en Justice, mais elle doit
encore être faite en personne l'Audience te-
nante, & non par Procureur. (Ordonnance
de Louis XII. du mois de Juin 1510. art. 70.)
Il faut aussi que la cession soit faite devant les
Juges Royaux ordinaires & non autres ; (V.
le grand Coutumier.) ce qui doit s'entendre
du Juge Royal du domicile du débiteur, qui
demande à être admis à ce bénéfice. Le débiteur doit à cet effet faire assigner pardevant
son Juge tous ses Créanciers dumoins ceux
à la Requête desquels il est emprisonné ou
recommandé ; & il est même mieux qu'il les
fasse tous assigner, autrement ce qui seroit
fait sans ces derniers, seroit nul par rapport à
eux, & il faudroit que ce débiteur fît encore
la même cérémonie par rapport à ces autres
Créanciers pour éviter l'emprisonnement de
leur part, ou pour s'en libérer.

Les Juges-Consuls ne sont point compétens pour connoître de ces sortes de matieres, soit pour recevoir au bénéfice de cession,
soit pour connoître des contestations qui
peuvent naître à ce sujet.

Lorsque le débiteur qui veut être admis à
la cession, au lieu de se pourvoir par simple
Requête devant le Juge de son domicile, se
pourvoit en Chancellerie & obtient des Lettres à cet effet, ces Lettres n'empêchent pas

que fes Créanciers qui ont des contraintes par corps contre lui , ne puiffent le faire conftituer prifonnier jufqu'à ce que les Lettres ayent été entérinées. (Ainfi jugé au Bailliage d'Orléans, par Sentence du 5 Mars 1743.)

Le Ceffionnaire qui étant prifonnier, a obtenu Sentence en fa faveur, eft obligé de la lever & de la faire fignifier au Geolier, pour pouvoir fortir de prifon , & pour la décharge du Geolier.

Anciennement celui qui avoit fait ceffion étoit obligé de porter fur la tête un bonnet vert, comme par une efpece denote d'infamie; finon il étoit permis aux Créanciers de l'emprifonner : plufieurs Arrêts l'ont ainfi jugé. Mais aujourd'hui cette formalité ne s'obferve plus , quoique la Sentence qui reçoit au bénéfice de ceffion faffe toujours mention que c'eft à la charge de porter le bonnet vert ; du moins c'eft ainfi que nous l'obfervons à Orléans. Il y a même des Provinces dans le Royaume où, fuivant l'ancien ufage , les Ceffionnaires font obligés encore aujourd'hui de porter fur la tête le bonnet vert en tout tems, comme il a été jugé au Parlement de Bordeaux, par Arrêt du 15 Mars 1706. rapporté par la Peyrere , lettre C. (V. fur cette matiere M. Louët, lettre C. fommaire 56.)

On obfervoit auffi autrefois à Paris une autre cérémonie. Le Ceffionnaire étoit conduit par un Sergent au bas du Pilori un jour de Marché , les Créanciers bien & duëment appellés , & là le Sergent en préfence du Ceffionnaire publioit à haute voix, que le particulier préfent avoit été reçû au bénéfice de ceffion, afin que perfonne n'en ignorât , & n'eût à faire aucun Commerce avec lui , dont il dreſſoit Procès-verbal ſigné de deux témoins. Cette formalité ne s'obſerve plus aujourd'hui ; le Sergent ſe contente de faire un Procès-verbal, où il fait mention qu'il a ſatisfait à l'Ordonnance.

2. *De comparoir en perſonnes*, *&c.*] Cette formalité eſt établie, afin que le Négociant ou Marchand qui a fait ceſſion ſoit connu, & que n'ayant plus de crédit, & ayant perdu toute la confiance qu'on pouvoit avoir en lui auparavant, on ne lui prête plus, & qu'on ne lui négocie des Billets que lorſqu'on veut bien courir riſque de les perdre.

3. *Et inſérée dans un tableau public.*] C'eſt-à-dire, expoſé dans un lieu public, comme eſt la Sale où ſe tient l'Audience de la Juriſdiction Conſulaire, s'il y en a une dans le lieu du domicile du ceſſionnaire, ſinon en la Sale commune où ſe tiennent les Aſſemblées de Ville.

ARTICLE II.

Les Etrangers (1) qui n'auront obtenu nos Lettres de Naturalité ou de déclaration de Naturalité, *ne ſeront receus à faire Ceſſion* (2).

1 *Les Etrangers.*] Il en eſt de même des François bannis à perpétuité du Royaume, ou qui ſont condamnés aux Galeres perpétuelles, parce qu'ils ont perdu la vie civile. (Ainſi jugé par Arrêt du dernier Février 1608. V. Brodeau ſur Louet, lettre S. ſommaire 15. & lettre C. ſommaire 53.)

2. *Ne ſeront reçûs à faire ceſſion.*] Parce qu'autrement ils pourroient faire paſſer leurs

effets dans leur pays, & négocier encore impunément en France , après avoir fruſtré leurs Créanciers à la faveur du bénéfice de ceſſion.

Les François ne ſont point auſſi admis au bénéfice de ceſſion contre lesEtrangers. C'eſt une aſſûrance réciproque pour entretenir le Commerce avec les Etrangers,qui eſt avantageuſe à l'Etat & au Public. (Ainſi jugé par pluſieurs Arrêts , & entr'autres par un du 18 Avril 1566. & par deux autres des 5. Décembre 1591. & 17 Août 1598.)

TITRE XI.

Des Faillites & Banqueroutes.

Aʀᴛɪᴄʟᴇ I.

LA Faillite ou Banqueroute (1) ſera reputée ouverte du jour(2) que le débiteur ſe ſera retiré (3) , ou que leſcellé aura eſté appoſé ſur ſes biens (4).

1. *La faillite ou banqueroute.*] Ces mots ne ſont point ſynonimes. *La Faillite* ſe fait lorſqu'un Négociant , Banquier ou autre manque à payer ſes dettes , & à ſatisfaire à ſes engagemens , à cauſe de quelque perte ou accident conſidérable qui lui eſt arrivé, ſans qu'il y ait de ſa faute en aucune maniere. La *Banqueroute* au contraire ſe dit, à proprementparler, de ceux qui par leur faute, v. g.

par des entreprifes témeraires & des engagemens indifcrets, fe font mis dans le cas de
déranger leurs affaires, & de ne point payer
leurs Créanciers.

2. *Sera réputée ouverte du jour,* &c.] Enforte que dès ce jour-là toutes les dettes du
failli deviennent exigibles, quand même les
termes des Billets, obligations & Lettres de
Change ne feroient pas encore expirés,& que
les Créanciers peuvent faire mettre le fcellé
fur fes effets.

3. *Que le débiteur fe fera retiré.*] Pourvû que
cette retraite foit pour éviter les contraintes,
& que ceux qui font dans fa maifon ceffent
de payer en fon nom. Car fi elle étoit occa-
fionnée par quelque voyage ou maladie, ou
qu'il s'abfentât pour fes affaires', ou pour
prendre des arrangemens à caufe de quelque
banqueroute où il fe trouveroit impliqué,
fans avoir eu le tems de laiffer quelqu'un
chez lui pour répondre fur fes affaires ; dans
ce cas, fi ce Marchand revenoit en fa maifon
peu de jours après, & qu'il fatisfît exactement fes Créanciers, on ne pourroît le regarder comme ayant été en faillite, quand
même le fcellé auroit été mis fur fes effets.

4. *Ou que le fcellé aura été appofé fur fes
biens.*] La faillite ou banqueroute eft auffi
réputée ouverte du jour que le débiteur eft
devenu infolvable, & a ceffé entierement de
payer fes Créanciers, ou qu'il a détourné &
changé fes effets de nature, & qu'il y a eu
contre lui plufieurs condamnations en différentes Jurifdictions ; ce qui dépend le plus
fouvent des circonftances.

Un Négociant ou autre qui a le malheur
de fe trouver dans l'impuiffance de fatisfaire
fes Créanciers, doit avant toutes chofes pren-

dre des précautions sages pour mettre sa personne & son honneur à couvert.

1°. Il doit faire demander par quelque
personne un sauf-conduit à ses Créanciers
pour 15. jours ou un mois , plus ou moins ,
afin de pouvoir venir leur rendre compte de
ses actions ; & si quelqu'un des Créanciers
refuse d'accorder ce sauf-conduit , & que la
plus grande partie y consente, il doit assigner
les refusans,pour faire ordonner que ce sauf-
conduit demeurera consenti par eux ,
& que défense leur sera faite d'attenter à sa
personne ; ce que les Juges ne peuvent
refuser,si les Créanciers des trois quarts de
ce qu'il doit y consentent , suivant la disposition de l'article 7. ci-après. Si la Sentence
ou Arrêt qui intervient sur cette Requête
adjuge les conclusions du failli, il doit la
signifier aux Créanciers refusans.

2°. Il doit écrire à tous ses Créanciers pour
leur faire part de sa déroute ,afin qu'ils puissent prendre toutes les mesures nécessaires
pour la conservation de leur dû , & qu'ils envoient des procurations ou viennent eux-
mêmes pour l'arrangement de leurs affaires.

3°. Il doit donner à ses Créanciers un état
certifié de lui de tout ce qu'il posséde & de
ce qu'il doit. (*Infrà* , art. 2.)

4°.Lorsqu'il sera près de rendre compte de
sa conduite & de ses affaires,il fera assembler
ses Créanciers , & leur présentera son bilan
ou l'état de ses biens. Il aura attention de ne
pas se trouver dans l'Assemblée sans être ac-
compagné de quelque parent ou ami , & d'y
paroître avec une contenance modeste &
humble telle qu'elle convient à sa situation ;
il est même plus convenable que ce soit la
personne qui est avec lui qui porte la parole ,

ſi ce n'eſt lorſqu'il ſera interrogé lui-même par quelque Créancier. Il doit auſſi ſupporter avec patience & ſans réplique les mauvais diſcours, & même les injures qui pourroient lui être faites, ou du moins y répondre avec douceur, & ſeulement autant qu'il le croira néceſſaire pour ſa juſtification.

5°. Il doit auſſi préſenter ſes livres & régiſtres, s'il eſt Marchand, Négociant, ou Banquier, comme il eſt porté ci-deſſous en l'art. 3.

6°. Mais une des principales attentions que doit avoir celui qui tombe en faillite, eſt de ſe conduire avec toute la probité poſſible avant, pendant & après le tems de ſa diſgrace. Outre que l'honneur exige de lui qu'il tienne cette conduite, il trouvera auſſi par ce moyen ſes Créanciers mieux diſpoſés à lui accorder des délais & à entrer avec lui dans quelque arrangement, ſoit par des remiſes ou autrement. Ainſi,

Il doit bien prendre garde d'engager imprudemment ſes amis dans ſon malheur, ſoit en empruntant d'eux de l'argent peu de jours avant ſa faillite, ſoit en les faiſant engager pour lui, afin de ſortir d'affaire avec ſes autres Créanciers. Outre que c'eſt une infidélité d'en agir ainſi, c'eſt qu'il n'y a rien qui déshonore tant un Négociant qu'une pareille conduite. Au contraire rien ne juſtifie mieux ſa bonne foi, que lorſqu'on vient à connoître après ſa faillite, qu'il a refuſé de l'argent ou des Lettres de Change, que ſes amis lui propoſoient peu de tems auparavant.

De plus, il doit éviter de faire aucun préjudice à ſes Créanciers, ſoit en détournant de l'argent ou des effets, & en les appliquant à son profit, soit en passant des ordres sur des Lettres de Change au profit de personnes interposées, pour en poursuivre & recevoir le payement sous leur nom. Il est même important pour ceux au profit de qui ces ordres sont passés, de ne point accepter ces sortes de transports ; autrement ils courent risque d'être poursuivis, comme ayant participé frauduleusement à la banqueroute du failli. (*Infrà*, art. 13.) C'est pourquoi si quelqu'un par surprise, & étant dans la bonne foi, avoit accepré un pareil transport d'une personne en faillite, il doit pour se disculper envers les Créanciers, & pour justifier, sa probité, venir leur déclarer ce qui s'est passé : par ce moyen il évitera les poursuites qui pourroient être faites contre lui.

Enfin une derniere attention que doit avoir un Négociant qui s'absente en cas de faillite pour éviter les poursuites de ses Créanciers, est d'enfermer tous ses livres, journaux & régistres dans son Cabinet, afin qu'ils puissent se trouver aisément sous le scellé, s'il étoit apposé chez lui pendant son absence, & pour empêcher par ce moyen que personne ne les détourne, & qu'il puisse par la suite les représenter à ses Créanciers.

ARTICLE II.

Ceux qui auront fait Faillite, feront tenus de donner (1) à leurs Créanciers un Estat certifié d'eux, de tout ce qu'ils possedent, & de tout ce qu'ils doivent (2).

1. *Seront tenus de donner, &c.*] V. ci-après les articles 10. & 11.

*2. Un état certifié d'eux, de tout ce qu'ils possé-
dent, & de ce qu'ils doivent.*] A peine de ne pouvoir être admis à passer avec leurs Créanciers,
aucun Contrat d'atermoiement, transaction, ou autre Acte, & de ne pouvoir obtenir aucune Sentence ou Arrêt d'homologation, ni se prévaloir d'aucun sauf-conduit qui
auroit été accordé par les Créanciers, &
aussi à peine d'être poursuivi comme Banqueroutier frauduleux. (Déclaration du 13
Juin 1716. rapportée ci-après en la note 1
sur l'art. 11. de ce titre.)

Ce n'est pas assez de donner cet état; il faut
encore en dresser le bilan, tant en débit que
crédit, pour la commodité des Créanciers,
afin qu'ils puissent voir d'un coup d'œil l'état
au vrai des affaires du failli, & ce qu'ils en
peuvent espérer. Le failli doit aussi mettre
au bas de cet état toutes les pertes qui lui
sont arrivées, tant sur mer, que par banqueroute ou autrement, afin de justifier aux
Créanciers sa conduite, & que par cette
connoissance ils puissent se prêter plus facilement à un accommodement.

Article III.

Les Négocians, Marchands & Banquiers seront encore tenus *de représenter
tous leurs Livres & Régistres* (1) *cottez &
paraphez* (2) en la forme prescrite par les
Articles 1. 2. 4. 5. 6. & 7. du Titre III.
ci-dessus, pour être remis au Greffe des
Juges & Consuls, s'il y en a, sinon de
l'Hostel commun des villes, ou ès mains
des Créanciers, à leur choix.

1. *De repréſenter tous leurs Livres & Régiſtres,*
&c.] Afin de donner par là à leurs créanciers une connoiſſance exacte de leurs affaires, & qu'ils puiſſent en conſéquence
prendre des meſures entr'eux, & éviter des
procès qui conſument le plus ſouvent les
biens du débiteur, & même quelquefois
ceux des créanciers.

L'examen de ces Livres & Régiſtres eſt
d'ailleurs néceſſaire, pour voir ſi le débiteur
n'a pas fait quelque vente de ſes immeubles,
ceſſion de dettes actives, & autres effets,
fourni des Lettres de change, ou paſſé des
ordres au profit de quelques créanciers ou
autres perſonnes en fraude, & au préjudice
des autres, peu de jours avant ſa faillite, &
qu'ils puiſſent en conſéquence faire déclarer
ces actes & tranſports nuls, ſuivant qu'il
eſt dit en l'art. 4. qui ſuit.

La Déclaration du 13 Juin 1716. ajoutant
à la diſpoſition portée en cet article, veut
» que tous Marchands, Négocians, Ban-
» quiers & autres qui ont fait faillite, ſoient
» tenus de dépoſer un état exact & détaillé,
» certifié véritable, de tous leurs effets mobi-
» liers & immobiliers, & de leur dettes,
» comme auſſi leurs Livres & Régiſtres, au
» Greffe de la Juriſdiction Conſulaire dudit
» lieu, ou la plus prochaine; & que faute
» de ce, ils ne puiſſent être reçûs à paſſer
» avec leurs créanciers aucun contrat d'a-
» termoiement, concordat, tranſaction,
» ou autre acte, ni obtenir aucune Senten-
» ce, ou Arrêt d'homologation d'iceux, ni
» ſe prévaloir d'aucun ſauf-conduit accordé
» par leurs créanciers; & veut qu'à l'avenir

» lefdits contrats & autres actes , Sentences
» & Arrêts d'homologation , & fauf-con-
» duits , foient nuls & de nul effet , & que
» lefdits débiteurs puiffent être pourfuivis
» extraordinairement comme Banquerou-
» tiers frauduleux par les Procureurs-Gé-
» néraux , ou leurs Subftituts , ou par un
» feul créancier , fans le confentement des
» autres , quand même il auroit figné lef-
» dits contrats , actes ou fauf-conduits ,
» & qu'ils auroient été homologués
» avec lui. Veut auffi que ceux qui ont pré-
» cédemment paffé quelques contrats ou
» actes avec leurs créanciers , ou qui ont
» obtenu des fauf-conduits , ne puiffent s'en
» aider & prévaloir , ni des Sentences ou
» Arrêts d'homologation intervenus en con-
» féquence ; défend à tous Juges d'y avoir
» aucun égard , fi dans quinzaine pour tout
» délai , à compter du jour de la publica-
» tion des préfentes , les débiteurs ne dépo-
» fent leurs états , Livres & Régiftres en la
» forme ci-deffus ordonnée , & fous les pei-
» nes y contenues , au cas qu'ils n'y ayent
» ci-devant fatisfait. Et pour faciliter à ceux
» qui ont fait , ou feront failite , le moyen
» de dreffer leurs états , veut S. M. qu'en
» cas d'appofition de fcellé fur leurs biens &
» effets , leurs Livres & Régiftres leur foient
» remis & délivrés , après néanmoins qu'ils
» auront été paraphés par le Juge ou autre
» Officier commis par le Juge qui appofera
» lefdits fcellés , & par un des créanciers qui
» y affifteront , & que les feuillets blancs ,
» fi aucun y a , auront été bâronnés par ledit
» Juge ou autres Officiers ; à la charge qu'au
» plus tard après l'expiration dudit délai
» de quinzaine , lefdits Livres & Régiftres ,

« » & l'état des effets actifs & paſſifs ſeront
« » dépoſés au Greffe de la Juriſdiction Con-
« » ſulaire, ou chez un Notaire, par celui qui
« » aura fait faillite, ſinon veut qu'il ſoit cen-
« » ſé & réputé Banqueroutier frauduleux,
« » & comme tel pourſuivi ſuivant qu'il a été
« » ci-devant ordonné. Déclare nulles & de
« » nul effet toutes Lettres de répi qui pour-
« » ront ci-après être obtenues, ſi ledit état des
« » effets & dettes n'eſt attaché ſous le contre-
« » ſcel, avec un certificat du Greffier de la Ju-
« » riſdiction Conſulaire, ou d'un Notaire,
« » entre les mains duquel ledit état avec les
« » Livres & Régiſtres aura été dépoſé. (*Idem*
» par la Déclaration du 5 Août 1721. & au-
» tres Déclarations poſtérieures, qui ajou-
» tent, » le tout ſans déroger aux uſages & pri-
» » vileges de la Juriſdiction de la conſerva-
» » tion de Lyon, ni à la Déclaration du 30
» » Juillet 1715. intervenue pour le Châtelet
» » de la ville de Paris.)

2. *Cottés & paraphés.*] Quand les Livres
ſont en bon ordre, & qu'il n'y a point de
preuve qu'il y en ait eu d'autres que ceux
qui paroiſſent, les créanciers doivent s'en
contenter & y ajouter foi, quoique non cottés & paraphés. (V. la note ſur l'art. 3 du tit.
3. ci-deſſus, pag. 34.)

A R T I C L E   IV.

Déclarons nuls tous tranſports, ceſſions, ventes & donations de biens meubles ou immeubles. *faits en fraude des créanciers* (1). Voulons qu'ils ſoient rapportez
à la maſſe commune des effets.

1. *Faits en fraude det Créanciers.*] Comme font ceux qui fe font fous des noms interpofés ou autrement, par des voies obliques & illégitimes.

L'Edit du mois de Mai 1609. ›› annulle ›› tous tranfports, ceffions, ventes & aliéna-›› tions faites aux enfans & héritiers pré-›› fomptifs, ou amis du débiteur, & veut ›› que s'il paroît que les tranfports, ceffions, ›› donations & ventes, foient faites & ac-›› ceptées en fraude des créanciers, les cef-›› fionnaires, donataires, & acquéreurs foient ›› punis comme complices des fraudes & ›› banqueroutes.

Lorfque les tranfports ont été faits dans les dix jours qui précedent la faillite, ils font préfumés faits en fraude du débi-teur. C'eft la difpofition de la Déclaration du 18 Novembre 1702. qui veut ›› que tou-›› tes ceffions & tranfports fur les biens des ›› Marchands qui font faillite, foient nuls & ›› de nulle valeur, s'ils ne font faits dix ›› jours au moins avant la faillite publique-›› ment connue ; comme auffi que les actes ›› & obligations qu'ils pafferont devant No-›› taires au profit de quelques-uns de leurs ›› créanciers, ou pour contracter de nouvel-›› les dettes, enfemble les Sentences qui fe-›› ront rendues contre eux, n'acquéreront ›› aucune hypotéque ni préference fur les ›› créanciers chirographaires, fi lefdits actes ›› & obligations ne font paffés, & fi lefdites ›› Sentences ne font rendues pareillement ›› dix jours au moins avant la faillite publi-›› quement connue.

— Les difpofitions de cette Déclaration qui ne concerne que les Marchands, ont été étendues à l'égard des gens d'affaires, au sujet des transports à eux faits en cas de faillite, par Arrêt de la Cour des Aydes, du 14 Mars 1710.

Il faut cependant observer, que cette Déclaration ne s'entend que des transports faits par le failli sur ses biens au profit de quelques-uns de ses créanciers, ainsi que des hypotéques qui pourroient s'obtenir contre lui ; mais un créancier qui de bonne foi & sans fraude auroit reçû de son débiteur le montant de ce qui lui est dû, ne pourroit être recherché par les autres créanciers pour rapporter ce qu'il a reçû, quand même il auroit reçû ce payement la veille de la faillite : car ce créancier ne reçoit alors que ce qui lui appartient légitimement, & on ne peut présumer aucune fraude de sa part, comme elle est présumée à l'égard des cessions & transports qui se font dans les dix jours avant la faillite. Toubeau en ses Institutions Consulaires, liv. 3. tit. 12. ch. 3. p. 730. est de ce sentiment, & il pense qu'un payement fait par le débiteur à son créancier dans les dix jours qui précedent la faillite, est bon & valable, & ne peut être attaqué par un autre créancier, pourvû qu'au tems du payement le Marchand fît encore son commerce, & que la faillite ne fût point encore ouverte. Il cite plusieurs autorités pour appuyer son sentiment, & entr'autres un Arrêt du 9 Juin 1578.

Le Reglement fait pour la ville de Lyon du 2 Juin 1667 art. 13. est favorable à cette opinion, puisqu'en déclarant nuls toutes cessions & transports faits dans les dix jours qui précedent la faillite, il en excepte les viremens de parties, qui sont des especes de

payemens. C'eſt auſſi le ſentiment de Savary
en ſes Pareres, (Parere 39. pag. 311. édition
de 1749.) où il établit comme une maxime
certaine à l'égard des Lettres & Billets de
Change, dont le payement eſt échû, qui
ont été payées en argent comptant dans le
tems qui précede de près la faillite, & même
la veille de cette faillite, que ceux qui ont
reçû ces payemens ne ſont point tenus de
les rapporter, & que ces payemens ne peuvent jamais être réputés frauduleux, ſoit à
l'égard de ceux qui reçoivent, ſoit de la part
de ceux qui payent.

Mais il n'en eſt pas de même à l'égard de
l'argent payé dans le tems qui eſt proche de
la faillite pour des Lettres, Billets, & autres dettes dont le payement ne ſeroit pas
encore échû ; parce que le payement fait en
argent avant le tems échû, dans le tems qui
avoiſine la faillite, eſt préſumé avoir été fait
de mauvaiſe foi & en fraude des autres
créanciers, & que le débiteur qui eſt ſur le
point de faire faillite, ne peut les avantager
au préjudice les uns des autres. (*Ita* Savary,
ibidem.)

Il faut auſſi obſerver que les payemens,
même des dettes échues, qui ſe font en argent
depuis la faillite ouverte, ſont nuls, & doivent être rapportés à la maſſe, parce que dès
l'inſtant de la faillite les biens du débiteur
deviennent le gage commun de tous les
créanciers.

Si le débiteur dans le tems qui eſt proche
de la faillite, c'eſt-à-dire dans les dix jours
auparavant, avoit, au lieu d'argent, fait à
quelques-uns de ſes créanciers une ceſſion
& tranſport de dettes actives, ou qu'il leur
eût fourni des Lettres de Change ou des Bil-

lets,

lets qu'il auroit paſſés à leur ordre, ou donné en payement des marchandiſes, meubles, vaiſſelle, &c. ou qu'il leur eût vendu des maiſons ou héritages pour demeurer quitte avec eux de ce qu'il leur devoit, il eſt certain que les créanciers qui auroient reçû ces effets en payement, doivent rapporter à la maſſe commune des effets du failli ce qui leur a été ainſi cédé & vendu; parce que toute ceſſion & tranſport qui ſe fait dans les dix jours qui précédent la faillite, eſt cenſée extorquée, & faite en fraude des autres créanciers.

Mais toutes les ceſſions, tranſports & ventes faites par le failli, qui ont été acceptées de bonne foi & ſans fraude de la part des ceſſionnaires & acquéreurs, ſont bons & valables, & les ceſſionnaires ou acquéreurs ne ſont point tenus de les rapporter à la maſſe commune des effets, quand même ces tranſports auroient été faits peu de tems avant la faillite.

Les ceſſions & tranſports acceptés de bonne foi & ſans fraude par les ceſſionnaires & acquéreurs, ſont 1°. Toutes ventes d'immeubles & effets mobiliers, dont le prix a été payé par l'acheteur en argent comptant ou autres effets équipollens, ſur-tout lorſque la datte de ces ventes ſe trouve conſtatée par quelque acte authentique. 2°. Toutes Lettres de Change & Billets fournis, ſoit qu'ils ſoient payables à ordre ou au porteur, dont les ordres ont été paſſés, & en général toutes ceſſions & tranſports de dettes actives dues au cédant, tant par obligations, promeſſes, qu'autrement, dont la valeur a été payée argent comptant, ou en autres effets équivalens, par ceux au profit deſquels les Lettres de Change ont été fournies, & les ordres passés, ou ausquels les cessions & transports ont été faits. 3°. Toutes marchandises, vaisselle d'argent, & autres effets donnés en gage ou nantissement, pour argent prêté, ou pour Lettres de Change & Billets fournis à ceux qui ont donné ces effets en gage, quand il y en a un acte passé devant Notaires, suivant l'article 8. du tit. 6. ci-dessus. (V. Savary, *ibidem*, pag. 311.)

Il est constant que toutes ces choses ne sont point sujettes au rapport, parce que ces ventes, cessions, transports & engagemens ont été faits de bonne foi & sans fraude de la part des acquéreurs & cessionnaires, & qu'il n'y auroit aucune raison de leur faire rapporter les choses qu'ils ont reçûes, & dont ils ont payé la valeur en argent comptant, ou en autres effets équivalens.

Néanmoins si ces ventes, cessions, transports & engagemens avoient été faits dans les dix jours qui précédent la faillite, ils doivent être déclarés nuls, aux termes de la Déclaration du Roi du 18. Novembre 1702. & il ne reste plus aux acquéreurs & cessionnaires, qu'une action pour se faire rendre l'argent & autres effets qu'ils ont donnés en payement, pour raison de quoi ils deviennent dans la classe des créanciers ordinaires, sans privilége particulier, lorsque les effets par eux donnés ne sont plus en nature.

A R T I C L E   V.

Les résolutions prises (1) *dans l'assemblée des Créanciers à la pluralité des*

voix (2) *pour le recouvrement des effets* (3)*,
ou l'acquit des dettes* (4)*,* feront exécutées par provifion *,* & nonobftant toutes
oppofitions ou appellations.

1. *Les réfolutions prifes, &c.*] V. l'article
fuivant.

Lorfqu'un débiteur vient à tomber en
faillite *,* la premiere chofe que doivent faire les créanciers *,* eft de s'affembler & de
nommer à la pluralité des voix quelques-
uns d'entr'eux des plus capables *,* pour Syndics & directeurs des affaires du failli *,* afin
d'examiner l'état de fes affaires *,* & d'en faire
leur rapport dans les affemblées qu'ils indi-
queront à cet effet; & lorfque c'eft une faillite
confidérable, il eft bon que les jours en foient
indiqués une fois par chaque femaine plus
ou moins *,* afin que perfonne n'en prétende
caufe d'ignorance *,* fans préjudice des affemblées extraordinaires *,* & que les délibérations prifes dans ces affemblées foient reçûes
par un Notaire *,* chez lequel elles fe feront.
Si parmi les créanciers, comme il arrive le
plus fouvent *,* il y en a quelques-uns d'abfens, il faut leur écrire, afin qu'ils viennent *,*
ou envoient à quelqu'un une Procuration
fpéciale pour affifter en leur nom aux affemblées *,* & confentir à tout ce qui y fera
réfolu.

Le pouvoir que donnent ordinairement
les créanciers aux Syndics ou Directeurs *,*
eft 1°. De faire lever les fcellés qui ont pû
être appofés en la maifon du failli. 2°. De
faire faire l'inventaire de tous fes biens *,*
régiftres & papiers. 3°. D'examiner l'état
que ce débiteur leur aura fourni *,* ainfi que

ses livres & régistres, pour voir s'ils sont bien en régle & conformes à l'Ordonnance. 4°. De bien faire conttater l'état des marchandises ou autres effets , qui feront réclamés par des créanciers , afin de sçavoir si ces effets sont encore en nature , & sujets au privilége de ceux qui les réclament. 5°. De faire vendre les marchandises & autres effets appartenant à ce même débiteur , & non révendiqués par des créanciers , & d'en remettre les deniers entre les mains d'un Notaire , ou autre personne nommée à cet effet par l'assemblée. 6°. De faire le recouvrement de toutes les dettes. 7°. Enfin d'examiner les contrats, transactions , obligations, promesses, billets, lettres de change, & autres pieces justificatives de ceux qui se prétendent créanciers du failli , pour du tout faire dans les assemblées un rapport fidele & exact aux créanciers.

Les Syndics, en procédant à l'inventaire des effets du failli , doivent se comporter avec toute l'intégrité & la droiture due à la confiance qu'on leur a témoignée, sans aucune acception ni faveur de personne.

Ils doivent d'abord prendre le nom de tous les créanciers opposans au scellé , au cas qu'il y en ait un , & les faire assigner pour en consentir la levée ; & pour éviter les frais de la procédure , il faudra faire ordonner en justice que tous ces créanciers opposans comparoîtront à cette levée par l'ancien Procureur des opposans.

L'inventaire étant achevé, il faudra avant de procéder à la vente des effets, que les Syndics examinent avec soin tous les livres & régistres du failli ; qu'ils voyent si ces livres sont entierement conformes à l'état par lui fourni de ſes biens, & s'il a été fait quelque vente, ceſſion, ou tranſport, du nombre de ceux dont il a été parlé ci-deſſus, pag. 196. dans les dix jours qui précédent la faillite, afin de les faire déclarer nuls. Il faudra enſuite qu'ils faſſent leur rapport du tout à la premiere aſſemblée, afin que les créanciers tous enſemble délibérent ſur le parti qu'ils croiront le plus convenable, ſoit pour laiſſer le failli en poſſeſſion de ſes biens aux conditions qu'ils jugeront à propos, ſoit pour l'en dépoſſéder, & partager entr'eux les deniers qui proviendront de la vente de ſes biens.

Il faudra enſuite examiner les droits de chacun des créanciers en particulier, voir ſi les ſommes dont ils ſe prétendent créanciers leur ſont bien & légitimement dûes, & conſidérer la nature, les droits & priviléges de ces créances. Cet examen fait, les Syndics dreſſeront un état au vrai, ou bilan en débit & crédit, de tous les effets du failli, tant actifs que paſſifs, ſoit immeubles, ſoit meubles, marchandiſes, lettres, billets, promeſſes, argent comptant, & dettes actives, en diſtinguant les bonnes dettes, des dettes douteuſes ou mauvaiſes; & ils y joindront enſuite l'état de toutes les dettes paſſives, tant les hypotéquaires & privilégiées, que les chirographaires; & ſi parmi ces dettes il y en a quelques-unes de litigieuſes, ils en feront mention. Ce bilan dreſſé, les Syndics doivent le faire voir aux créanciers dans une aſſemblée, & en faire leur rapport, en expoſant en même tems les doutes ou difficultés qu'il peut y avoir ſur la qualité des créanciers, ou autrement.

Si le débiteur par cet examen eſt trouvé

K iij

de bonne foi, & qu’il ait suffisamment de
quoi payer les créanciers, il faudra l’entendre sur les propositions qu’il pourra faire à
l’assemblée, soit pour payer ses créanciers,
soit pour sortir d’affaire avec eux. Sur quoi il
est important d’observer, que les créanciers,
dans les délibérations qui se feront à cet
effet, doivent se comporter avec beaucoup
de prudence & de retenue, sans témoigner
aucune passion ni animosité contre le failli,
mais en exposant simplement les raisons
qu’ils peuvent avoir pour défendre leurs intérêts.

Lorsqu’il y a suffisamment de quoi satisfaire les créanciers, & que le failli ne demande que du tems pour payer ce qu’il
doit, v. g. deux ou trois ans, plus ou moins,
suivant l’état de ses affaires, les choses sont
bien-tôt terminées, & on ne lui refuse pas
ordinairement ce délai ; mais quand il n’y a
pas de quoi acquitter les dettes, & qu’il y
a le tiers, ou la moitié, ou les trois quarts à
perdre, l’accommodement devient beaucoup
plus difficile ; & alors il est de la prudence
des Syndics & Directeurs d’accélérer les choses, soit pour procurer un arrangement avec
le failli, soit pour faire le recouvrement
de ses dettes & effets, qui souvent dépé-
rissent de plus en plus, & vont toujours
en diminuant, faute de faire promptement
toutes les poursuites nécessaires pour les re-
couvrer.

S’il arrive que le failli abandonne volon-
tairement tous ses biens à ses créanciers
pour demeurer quitte envers eux, ceux-ci
doivent se servir de lui pour liquider ses
affaires, faire le recouvrement de ses dettes,
& prendre avec lui tous les arrangemens né-

cessaires. Il est même de leur intérêt de lui donner quelque somme pour le dédomma-ger de ses peines , & l'aider à subsister. Faute de prendre cette précaution , il peut arriver que ce recouvrement ne se fasse qu'avec beaucoup de peine, & que les biens se rédui-sent à rien dans la suite.

2. *A la pluralité des voix.*] V. les articles suivans 6. & 7.

3. *Pour le recouvrement des effets , &c.*] Et non pour les remises & contrats d'atermoie-ment ou autres arrangemens, pour lesquels l'exécution provisoire n'a pas lieu , quoique consentis par les trois quarts des créanciers , & dont l'appel suspend l'effet.

4. *Ou l'acquit des dettes.*] La Déclaration du 11. Janvier 1716. veut » qu'aucun parti-» culier ne se puisse dire & prétendre créan-» cier , & en cette qualité assister aux assem-» blées , former opposition aux scellés & in-» ventaires , signer aucune délibération ni » aucun contrat d'atermoiement, qu'après » avoir affirmé dans l'étendue de la ville, » Prevôté, & Vicomté de Paris, pardevant » le Prevôt de Paris ou son Lieutenant , » & pardevant les Juges & Consuls dans les » autres Villes du Royaume où il y en a d'é-» tablis, que leurs créances leur sont bien & » légitimement dues en entier, & qu'ils ne » prêtent leur nom directement ni indirec-» tement au débiteur commun , le tout sans » frais. (*Idem* par la Déclaration du 5 Août 1721. & autres Déclarations posté-rieures.)

Mais la Déclaration du 13 Septembre 1739. a fixé entierement la procédure qui doit s'observer dans ce cas. Cette Déclaration veut » que dans toutes les faillites ouvertes

»ou qui s'ouvriront à l'avenir, il ne soit
»reçû l'affirmation d'aucun créancier, ni pro-
»cédé à l'homologation d'aucun contrat
»d'atermoiement, sans qu'au préalable les
»parties se soient retirées par devers les
»Juges-Consuls, ausquels les bilans, titres
»& pieces seront remis pour être vûs &
»examinés sans frais par eux, ou par des
»anciens Consuls & commerçans qu'ils
»commettront à cet effet, du nombre des-
»quels il y en aura toujours un du même
»commerce que celui qui aura fait faillite,
»& devant lesquels les créanciers de ceux
»qui seront en faillite, seront tenus, ainsi
»que le débiteur, de comparoître en per-
»sonne, ou en cas de maladie, absence,
»ou autre légitime empêchement, par un
»fondé de procuration spéciale, dont du
»tout sera dressé Procès-verbal par les Ju-
»ges-Consuls, ou ceux qui seront commis
»par eux, & la minute dudit Procès-ver-
»bal déposée au Greffe de la Jurisdiction
»Consulaire, suivant l'article 3. du tit. 11.
»de l'Ordonnance de 1673. Cette Déclaration ajoute, »que la copie de ce Procès ver-
»bal sera remise au failli, ou aux créan-
»ciers, pour être annexée à la Requête qui
»sera présentée pour l'homologation des
»contrats d'atermoiemens, & autres ac-
»tes; & que faute par les créanciers &
»débiteurs de se conformer à cette Décla-
»ration, les créanciers seront déchus de
»leurs créances, & les débiteurs poursuivis
»extraordinairement comme banquerou-
»tiers frauduleux.

A R T I C L E   VI.

Les voix des Creanciers prévaudront,
non par le nombre des perſonnes, *mais
eu égard à ce qui leur ſera deu* (1), s'il
monte aux trois quarts du total des
dettes.

1. *Mais eu égard à ce qui leur ſera dû.*] Cette
diſtinction eſt très judicieuſe, parce que
plus il eſt dû à un créancier, & plus il a intérêt de veiller à la conſervation des biens du
failli, & au recouvrement de ſes effets.

A R T I C L E   VII.

En cas d'oppoſition ou de refus (1) *de*
ſigner les délibérations *par les Creanciers* (2), dont les créances n'excéderont
le quart du total des dettes, *Voulons qu'elles ſoient homologuées* (3) *en Juſtice* (4),
*& exécutées comme s'ils avoient tous ſi-
gné* (5).

1. *En cas d'oppoſition ou de refus.*] Les créanciers oppoſans doivent néanmoins être écoutés en leurs oppoſitions, ſi elles ſont valables; comme s'ils mettent en fait que leurs
créances ſont privilegiées, que le failli a plus
de bien qu'il n'en a paru aux Syndics, que
ces Syndics ſe ſont trompés dans leur examen, qu'il y a de la fraude dans la conduite
du failli, & des créances ſimulées de ſa

part, & autres moyens semblables, qui peuvent empêcher, ou du moins différer l'homologation de la déliberation des créanciers.
(*V. Boerius quest.* 215).

2. *Par les créanciers.*] Ceux qui sont cautions de ces créanciers, peuvent les obliger
à signer & à exécuter ce qui est délibéré par
la plus grande partie des autres créanciers,
sauf aux créanciers cautionnés, en cas d'in-
suffisance, & pour le surplus de ce qui
leur est dû, à agir contre leurs cautions.
(Ainsi jugé par Arrêt du 22. Mai 1680. rapporté au Journal du Palais, t. 2. p. 155. de
l'Edition in-folio de 1701.)

3. *Voulons qu'elles soient homologuées.*] Il a été
rendu au Châtelet de Paris, sur la réquisition du Procureur du Roi, une Ordonnance en datte du 12. Mars 1678. qui régle
la maniere dont ces sortes d'homologations
doivent être poursuivies en justice. Cette
Ordonnance porte que » tous Marchands,
» Négocians, Banquiers & autres particu-
» liers qui se mêlent du Commerce, les-
» quels sans fraude ne se trouveront point
» en état de fournir les sommes dont ils sont
» redevables, soit par Lettres de Change
» ou autrement, à cause des pertes qu'ils
» auront faites, se pourvoiront pardevant
» le Prevôt de Paris, ou son Lieutenant,
» par Requête à laquelle ils attacheront
» le double des deux états qu'ils signe-
» ront & affirmeront véritables, l'un de
» la valeur de leurs effets, & l'autre de leurs
» dettes ; qu'ensuite, en vertu de l'Ordon-
» nance qui sera mise au bas de la Requête,
» ils assigneront au lendemain, devant ledit
» Prevôt ou son Lieutenant, tous leurs créan-

» ciers, pour convenir entr'eux de deux Mar-
» chands ou autres personnes à ce connoif-
» fans, qui examineront les régiftres, & fe-
» ront l'inventaire fommaire, la prifée &
» eftimation de leurs effets à l'amiable, &
» pour s'accorder enfemble des termes &
» délais des payemens & remifes, fi aucunes
» font faites, & vendre lefdits effets à l'amia-
» ble, s'il fe peut, & après avoir oui les Mar-
» chands qui auront été nommés, être pro-
» cédé à l'homologation du contrat qui aura
» été paffé, ainfi qu'il appartiendra, le tout
« fans frais ni appofition de fcellé ; fans pré-
» judice aux créanciers qui fe rendront ac-
» cufateurs comme de banqueroute fraudu-
» duleufe, & au Procureur du Roi, à pour-
» fuivre extraordinairement, & demander
» l'appofition du fcellé fur les effets de ceux
» qui fe feront abfentés, ou auront fait ban-
» queroute, diverti, caché & recelé leurs
» effets en fraude de leurs créanciers ; fur
» lefquelles demandes il fera fait droit.

Quand un contrat portant remife & atermoiement de la part des créanciers, a été
paffé en bonne forme, ou homologué en
juftice, à caufe du refus de quelques-uns
d'entr'eux, tous ces créanciers n'ont plus
d'action contre leur débiteur, quand même
il deviendroit dans la fuite riche, & en état
de payer fes dettes, pour lui faire rendre &
reftituer les fommes qu'ils lui ont remifes
par le contrat d'accord, à la différence de
celui qui a fait ceffion, (ainfi qu'il a été obfervé ci-deffus, tit. 10. en la note fur le tit.
pag. 181.) Mais quoique le débiteur avec
lequel on a ainfi paffé un contrat de remife,
ne puiffe être contraint par Juftice à payer

ces dettes en entier , lorſqu'il eſt en· état de le faire , il n'y eſt pas moins obligé par honneur , non-ſeulement à l'égard du principal , mais encore à l'égard des inté-rêts , du moins quand il y a eu des Sen-tences contre lui ; parce qu'il eſt vrai de dire que ces ſortes de remiſes qui ſe font à un débiteur en faillite , ſont plutôt forcées que volontaires , & ne ſe font que pour s'accommoder aux circonſtances,& parceque les créanciers ne pouvoient faire autrement ; mais que dans la vérité la condition d'ac-quitter dans la ſuite de la part du failli le ſurplus de ſes dettes , s'il ſe trouve en état de le faire , eſt toujours ſous-entendue.

Il y a même des cas où les créanciers peu-vent revenir contre les contrats & tranſac-tions qu'ils ont paſſés avec leur débiteur ; comme s'il y a eu de la fraude de la part de ce débiteur , ſoit en cachant une partie de ſes biens ou autrement , ou s'il n'a point exé-cuté les conditions de la tranſaction.

4. *En juſtice.*] Les Juges-Conſuls ſont in-compétens pour connoître de ces ſortes d'homologations ; elles doivent être pour-ſuivies devant les Juges ordinaires. (Ainſi jugé par pluſieurs Arrêts , & notamment par un du 7. Août 1698. & un autre du 27. Mars 1702. rapportés au Journal des Au-diences , tome 5.)

Il faut cependant obſerver à l'égard de ces homologations , & même des faillites & banqueroutes , qu'il y a eu un tems où la conroiſſance en a été attribuée aux Juges-Conſuls. La premiere Déclaration qui leur a attribué cette connoiſſance , eſt du 10 Juin 1715. & elle ne leur accordoit ce droit que juſqu'au premier Janvier 1716,

Une autre Déclaration du 7. Décembre
1715. a prorogé cette connoissance en faveur
des Juges-Consuls jusqu'au 1. Juillet 1716.
sans préjudice néanmoins des poursuites criminelles contre les banqueroutiers frauduleux ou leurs complices, comme il est porté
particulierement en une autre Déclaration
du 11. Janvier 1716.

Depuis cette Déclaration du 7. Décembre 1715. il y en a eu plusieurs autres qui
ont prorogé cette attribution d'année en année, jusqu'en l'année 1732. où il y a eu une
derniere Déclaration en datte du 5 Août de
la même année, qui a accordé ce droit aux
Consuls jusqu'au 1. Septembre 1733. Aux
termes de ces Déclarations, il appartenoit
aux Juges-Consuls d'apposer le scellé sur les
effets du failli, & de commettre telles personnes qu'ils jugeroient à propos pour les apposer sur ceux qui étoient hors la ville de la
demeure de ce failli, de procéder à la con-
fection d'inventaire desdits effets, & de faire
rapporter à leur Greffe les Procès-verbaux
d'apposition, levée de scellé & d'inventaire,
comme aussi d'ordonner la vente & recouvrement des effets, de connoître des saisies
mobiliaires, oppositions, revendications,
contributions, & géneralement de toutes.
autres contestations formées en conséquence
des faillites & banqueroutes.

Depuis l'année 1733. l'attribution ayant
discontinué d'être accordée aux Juges-Consuls, les choses sont rentrées dans l'ancien
état, & la connoissance des faillites & banqueroutes, ainsi que des différens nés à ce
sujet, a continué d'appartenir, comme par le
passé, aux Juges ordinaires. Il y a même eu
depuis ce tems-là un Arrêt du Parlement du

31. Août 1744. rendu en faveur des Officiers de la Prevôté d'Orléans contre les
Juges-Consuls de la même ville, qui fait
défenses à ces derniers d'en connoître.

5. *Comme s'ils avoient tous signé.*] Quoiqu'il soit dur à des créanciers de faire des
remises malgré eux, néanmoins rien n'est
plus sage que la disposition portée en cet article , parce qu'il arrive souvent qu'il se
trouve des créanciers de mauvaise humeur ,
qui sans aucune raison refusent de se prêter
à des accommodemens avantageux, & qu'il
ne seroit pas juste que les autres en souffris-
sent.

A R T I C L E   VIII.

N'entendons néantmoins déroger *aux
Privileges sur les meubles* (1) , ni aux Privileges & hypotheques sur les immeubles,
qui seront conservez ; sans que ceux qui
auront privilege ou hypotheque , *puissent
estre tenus d'entrer en aucune composition* (2) , remise ou atermoyement , à
cause des sommes pour lesquelles ils auront
privilege ou hypotheque.

1. *Aux privileges sur les meubles.*] Comme
dans le cas où il s'agit de marchandises qui
sont encore en nature , & qui sont réclamées
par celui qui les a vendues , de loyers
pour lesquels le proprietaire de la maison est
privilégié sur les effets qui l'exploitent, des
effets donnés en gages à des créanciers pour
argent prêté par des actes passés devant No-

ꝫ taires, & ainſi des autres privileges. (V. ce
⁹ qui a été dit dans les notes ſur l'art. 44ʒ. de
ſl la nouvelle Coutume d'Orléans, imprimée
ꝫ en 1740. in-12. pag. 389. & ſuiv.)

L'article 12. du Reglement du 2 Juin
1667. rendu pour la ville de Lyon, porte
» que lorſqu'il arrivera une faillite dans
» ladite ville, les créanciers du failli,
» qui ſe trouveront être de certaines
» Provinces du Royaume, ou des Pays
» étrangers, dans leſquels ſous prétexte
» de ſaiſie & tranſport, & en vertu de
» leurs prétendus privileges ou coutumes,
» ils s'attribuent une préference ſur les
» effets de leurs débiteurs faillis préju-
» diciable aux autres créanciers abſens &
» éloignés, ils y feront traités de la même
» maniere, & n'entreront en repartement
» des effets du débiteur failli, qu'après que
» les autres auront été entierement ſatisfaits,
» ſans que cette pratique puiſſe avoir lieu
» pour les autres régnicoles & étrangers,
» leſquels étant reconnus pour légitimes
» créanciers, feront admis audit reparte-
» ment de bonne foi & avec équité, ſuivant
» l'uſage ordinaire de ladite ville, & de la
» Juriſdiction de la Conſervation des Privi-
» leges de ſes foires.

Ce Reglement rendu pour la ville de
Lyon peut ſervir à cet égard de loi pour les
autres villes du Royaume.

Le privilege dont il eſt parlé dans cet article 8. regarde certaines villes d'Arrêt, où
ſelon la Coutume, les habitans ont le privilege d'arrêter les effets de leurs débiteurs.

2. *Puiſſent être tenus d'entrer en aucune com-*
poſition.] Quoique les créanciers privilegiés
ne ſoient point obligés d'entrer dans aucune

composition avec les autres créanciers, aux termes de cet article, néanmoins il est quelquefois nécessaire pour leur propre intérêt d'y entrer & de contribuer à la remise, pour prévenir les frais qui pourroient être faits de la part des creanciers chicaneurs & injustes, qui par de mauvais procédés pourroient consommer la plus grande partie des biens du débiteur.

ARTICLE IX.

Les deniers comptans (1) & ceux qui procederont de la vente des meubles & des effets mobiliers, seront mis ès mains de ceux qui seront nommez par les Créanciers à la pluralité des voix; *& ne pourront estre vendiquez par les Receveurs des Consignations* (2). Greffiers, Notaires, Huissiers, Sergens, ou autres personnes publiques; ni pris sur iceux aucun droit par eux ou les dépositaires, à peine de concussion.

1. *Les deniers comptans.*] La disposition portée en cet article a lieu à l'égard des faillites, qui ne font point suivies d'accommodement ni de transaction: car quand les créanc ers s'accommodent avec le failli, ils le laissent en possession de ses effets, sans les faire vendre.

2. *Et ne pourront être vendiqués par les receveurs des Consignations.*] Il ne paroît pas que les nouveaux Reglemens rendus touchant les Receveurs des Consignations, ayent dérogé à cette disposition.

ARTICLE X.

Déclarons Banqueroutiers frauduleux (1) *ceux qui auront diverti leurs effets* (2). *suppofé des Créanciers* (3), ou déclaré plus qu'il n'eſtoit deu aux véritables Créanciers.

1. *Déclarons banqueroutiers frauduleux.*] V. *infrà*, art. 11. note 4. pag. 218.

2. *Ceux qui auront diverti leurs effets.*] Ce divertiſſement d'effets s'entend en général des meubles, marchandifes, cédules, promeſſes, obligations, contrats, lettres & billets de change, billets au porteur ou à ordre; & généralement de tout ce qui appartient à celui qui tombe en faillite, & de tout ce qui pourroit être faifi & adjugé aux créanciers.

3. *Suppofé des créanciers.*] Car cette fuppofition de créanciers induit en erreur les créanciers légitimes, & les engage à confentir à des remifes & accommodemens, qu'ils n'auroient pas accordés, s'ils euſſent connu que le débiteur devoit moins. Ainfi il eſt jufte que les banqueroutiers qui ufent de ces fortes de fraudes foient punis.

Il a été rendu à ce fujet une Déclaration, en datte du 11. Janvier 1716. qui ordonne » que tous ceux qui ont fait faillite, ou la » feront ci-après, ne puiſſent tirer au- » cun avantage d'aucune déliberation ou » contrat figné par la plus grande par- » tie de leurs créanciers, que S. M. déclare » nuls & de nul effet, même à l'égard des

» créanciers qui les auront signées, s'ils sont
» accusés d'avoir dans l'état de leurs dettes,
» ou autrement, employé ou fait paroître
« des créances feintes ou simulées, ou d'en
» avoir fait revivre d'acquittées, ou d'avoir
» supposé des transports, ventes & dona-
» tions de leurs effets, en fraude de leurs
» créanciers. Veut qu'ils puissent être pour-
» suivis extraordinairement comme ban-
» queroutiers frauduleux, pardevant les
» Juges-Royaux ordinaires, ou autres Juges
» qui en doivent connoître, à la Requête
» de leurs créanciers, qui auront affirmé
» leur créance en la forme ci - dessus
» expliquée, (en la note 4. sur l'art. 5. de ce
» tit. pag. 205.) pourvû que leurs créan-
» ces composent le quart du total des dettes,
» & que lesdits banqueroutiers soient punis
» de mort, suivant l'art. 12. du tit. 11. de
» l'Ordonnance de 1673. Défend à toutes
» personnes de prêter leurs noms pour aider
» ou favoriser les banqueroutes frauduleu-
» ses, en divertissant les effets, acceptant
» des transpors, ventes ou donations simu-
» lées, & qu'ils sçauront être en fraude des
» créanciers, en se déclarant créanciers ne
» l'étant pas, ou pour plus grande somme
» que celle qui leur est dûe, ou en quelque
» forte ou maniere que ce puisse être. Veut
» aussi que ceux desdits prétendus créanciers
» qui contreviendront aux défenses portées
» par ladite Déclaration, soient condam-
» nés aux Galeres à perpétuité, ou à tems,
» suivant l'exigence des cas, outre les peines
» pécuniaires contenues en ladite Ordon-
» nance de 1673 ; & que les femmes soient,
» outre lesdites peines exprimées par ladite
» Ordonnance, condamnées au bannissement

» perpétuel , ou à tems. (*Idem* par la Déclaration du 5. Aout 1721. & autres postérieu-
res.)

A R T I C L E XI.

Les Négocians & les Marchands tant
en gros qu'en détail, & les Banquiers ,
qui lors de leur Faillite *ne represen-*
teront pas leurs Regiſtres (1) & Journaux *, ſignez & paraphez* (2) comme nous
avons ordonné ci - deſſus *, pourront eſtre*
réputez (3) *Banqueroutiers frauduleux* (4).

1. *Ne repréſenteront pas leurs Régiſtres , &c.*]
V. la Déclaration du 13. Juin 1716. rapportée ci deſſus , pag. 193. qui explique la diſpoſition portée en cet article.

Afin de ne pas tomber dans le cas de la peine
qui eſt ici portée , il faut que ceux qui ont
le malheur de tomber en faillite , & qui ſont
obligés de s'abſenter pendant quelque tems
pour éviter les pourſuites de leurs créanciers , ayent attention , ainſi qu'on l'a déja
obſervé, de renfermer tous leurs Régiſtres
dans leur cabinet ou autre endroit de la mai-
ſon , afin qu'on ne les détourne point , &
qu'ils puiſſent ſe trouver aiſément , ſi le
ſcellé eſt appoſé ſur leurs effets.

2. *Signés & paraphés.*] V. l'art. 3. du tit. 3.
ci-deſſus avec la note , pag. 34.)

3. *Pourront être réputés.*] Ce mot *pourront*
fait voir que ſi un Marchand ou Banquier,
lors de ſa faillite, ne repréſente pas ſes Régiſtres & Journaux ſignés & paraphés , il
pourra être pourſuivi comme banquerou-

tier frauduleux, mais l'Ordonnance ne le
déclare point tel, comme dans l'article
précedent, & elle laisse cela à la prudence
des Juges, ce qui dépend des circonstances.
C'est pourquoi un Négociant qui auroit
été assez négligent pour ne pas tenir des
livres, ou du moins qui les auroit tenus
sur des feuilles volantes, ne seroit pas réputé banqueroutier frauduleux dès qu'il
représenteroit ces feuilles volantes, surtout
si le commerce qu'il faisoit étoit peu considérable ; mais s'il étoit prouvé qu'il a eu des
livres en forme, & qu'il refuse de les représenter à ses créanciers, alors il est présumé être en fraude, & avoir dessein de
tromper ; & il pourra être poursuivi comme banqueroutier frauduleux.

4. *Banqueroutiers frauduleux.*] Les Banqueroutiers frauduleux sont ceux qui détournent ou enlevent leurs effets, ou les mettent
à couvert sous des noms interposés, par de
fausses ventes, ou par des cessions ou transports simulés ; ceux qui emportent ou ca-
chent leurs Régistres & papiers, pour ôter
à leurs créanciers la connoissance de leurs
effets, & de l'état de leurs affaires ; & aussi
ceux qui sont dans le cas de l'article précédent.

Article XII.

Les banqueroutiers frauduleux (1) *se-*
ront poursuivis extraordinairement (2) *&*
punis de mort (3).

1. *Les banqueroutiers frauduleux.*] V. la note
4. sur l'art. précedent.

2. *Seront poursuivis extraordinairement.*]
C'eſt-à dire, criminellement, par voie de
plainte, information, décret, interrogatoire, récolement, & confrontation.

La Déclaration du Roi du 5. Août 1721.
regle la maniere dont on doit faire cette
pourſuite. Cette Déclaration veut, » que
» juſqu'au premier Juillet ſuivant aucune
» plainte ne puiſſe être rendue, ni Requê-
« te donnée à fin criminelle contre ceux qui
» auront fait faillite, & défend expreſſé-
» ment aux Juges royaux ordinaires, & au-
» tres Officiers de Juſtice, de les recevoir,
» ſi elles ne ſont accompagnées de délibéra-
» tions & du contentement des créanciers,
» dont les creances excedent la moitié de la
» totalité des dettes. Cette diſpoſition a depuis été continuée d'année en année par des
Déclarations poſtérieures juſqu'en l'année
1732. depuis lequel tems elle a ceſſé d'être
renouvellée.

Il paroît que les conditions requiſes par
ces Déclarations pour pouvoir faire des
pourſuites criminelles contre les banqueroutiers, n'ont été établies que par rapport aux
circonſtances du tems, & aux révolutions arrivées par la variation des monnoies, &
par les billets de banque qui avoient rendu
alors les banqueroutes fréquentes, & quelquefois inévitables; ce qui avoit engagé le
Roi à établir des regles ſages, pour ne pas
rendre trop fréquentes ni faciles les pourſuites qui auroient pû être faites contre ceux
qui tomboient dans ce tems là en faillite.
Mais aujourd'hui que les circonſtances ſont
changées, & que les choſes ſont revenues
dans leur ancien état, on ne peut douter
que dans le cas d'une banqueroute fraudu-

leufe , les Procureurs du Roi ou Fifcaux ne puiffent rendre plainte , & en pourfuivre les auteurs comme de tout autre crime , fans avoir befoin pour cela d'une délibération préalable confentie par plus de la moitié des créanciers du failli.

3. *Et punis de mort.*] Cette peine eft conforme aux anciennes Ordonnances. (V. l'art. 143. de l'Ordonnance d'Orléans ; l'art. 205. de celle de Blois ; l'Ordonnance de 1609. & l'art. 135. de l'Ordonnance du mois de Janvier 1629.) Il y a même des exemples de cette efpece de condamnation prononcée par des Jugemens , & entr'autres par un Arrêt du 3 Septembre 1637. & par une Sentence du Châtelet de Paris du 12 Septembre 1682. rendue par contumace contre le nommé Louis Durand , Banquier de la même Ville.

Mais la Jurifprudence des Arrêts a adouci cette rigueur. La peine ordinaire qui fe prononce aujourd'hui , eft celle de l'amende honorable , du pilori ou carcan , des galeres ou banniffement , à tems ou à perpétuité , fuivant les circonftances. Ces peines même ne s'infligent que lorfque l'accufé eft atteint & convaincu d'une fraude manifefte , & qui mérite la vengeance publique. Il y a eu de nos jours plufieurs exemples de pareilles condamnations prononcées contre des banqueroutiers frauduleux , & entr'autres une condamnation de Galeres à perpétuité prononcée par Arrêt du 30 Mai 1673. contre le nommé le Mercier , Marchand à Paris ; & par un autre Arrêt du 26 Janvier 1702. rendu contre le nommé François Fabre.

Article XIII.

Ceux qui auront *aidé ou favorifé* (1) la Banqueroute frauduleufe, *en divertiffant les effets* (2), acceptant des tranfports, ventes ou donations fimulées, *& qu'ils fçauront eftre en fraude des Creanciers* (3), ou fe déclarant créanciers ne l'etant pas (4), ou pour plus grande fomme que celle qui leur eftoit deue, feront condamnez en quinze cens livres d'amende, & au double de ce qu'ils auront diverti ou trop demandé, *au profit des Créanciers* (5).

1. *Aidé ou favorifé.*] Ceux qui favorifent les banqueroutes frauduleufes, font auffi féverement punis que les banqueroutiers même. Par l'Arrêt du 30 Mai 1673. cité en la note derniere fur l'article précedent, le nommé Jean Defve, Procureur au Châtelet de Paris, qui avoit favorifé la banqueroute de le Mercier, fut condamné comme lui à la même peine du pilori & des Galeres.

2. *En divertiffant les effets.*] Les receleurs d'effets, qui ont connoiffance de la fraude des banqueroutiers, méritent auffi d'être punis des mêmes peines que ceux qui ont fait une banqueroute frauduleufe.

3. *Et qu'ils fçauront être en fraude des créanciers.*] Car celui qui accepteroit de bonne foi, & fans fraude, un tranfport qui lui feroit fait par un Négociant peu de jours avant

fa banqueroute, fans fçavoir fa mauvaife intention, & feulement pour lui faire plaifir, comme à un ami, ne feroit pas dans le cas de cet article, & ne meriteroit aucune peine, même pécuniaire.

4. *Ou fe déclarant créanciers ne l'étant pas.*]La Déclaration du 11. Janvier 1716. & les autres rapportées ci deffus, p. 215. établiffent la peine des Galeres, à perpétuité ou à tems, fuivant l'exigence du cas, contre ceux qui fe prétendent fauffement créanciers des perfonnes qui tombent en faillite, outre les peines pécuniaires contenues en cet article.

5. *Sur la fin de l'article.*] Outre les quatre cas de complicité préfumée en cet article en matiere de banqueroute, on peut encore regarder comme complices de banqueroutes frauduleufes, ceux qui favorifent l'évafion des banqueroutiers, ou qui empêchent qu'ils ne foient arrêtés. Par l'Arrêt du 26. Janvier 1701. cité en l'article précédent, note 3. le nommé Cherubin qui avoit facilité l'évafion de Fabre, qu'il fçavoit être criminel, fut condamné au banniffement.

TITRE

TITRE XII.

De la Jurifdiction des Confuls.

LA Jurifdiction des Juges-Confuls a été établie par un motif d'intérêt public, pour abréger & terminer promptement les procès, qui furviennent entre les Marchands & Négocians, & pour juger fommairement, & à peu de frais, les conteftations qui peuvent naître entr'eux pour le fait de leur commerce, fans être affujettis aux formalités & aux rigueurs de l'Ordonnance. Les Rois, par cette fage précaution, n'ont pas voulu que les Négocians fuffent diftraits de leur commerce, comme il arriveroit fouvent par les longueurs inévitables, qui fe rencontrent & s'éprouvent tous les jours en la plûpart des autres Jurifdictions dans la pourfuite des procès ordinaires.

Comme les Négocians habiles & inftruits dans leur art ont acquis par l'habitude & l'ufage du commerce une connoiffance fuffifante pour juger les differens qui concernent le négoce & la marchandife, l'Ordonnance a crû devoir ôter la connoiffance de ces différens aux Juges ordinaires, & en confier la décifion aux Negocians mêmes, ou du moins aux plus habiles & plus capables d'entr'eux, choifis à cet effet dans chaque Ville par le corps des Négocians ; & elle leur a donné la qualité de Juges-Confuls.

L

La première création & inftitution de ces Juges a été faite pour la ville de Paris, par Edit du Roi Charles IX. du mois de Novembre 1563. (car on ne parle point ici de la Jurifdiction qui avoit été établie à Lyon dès l'année 1461. fous le titre de Confervation) Cet Edit établit un Juge & quatre Confuls en la ville de Paris, & ordonne qu'ils feront élus par un certain nombre de notables Bourgeois Marchands de la même Ville, qui s'affembleront tous les ans à cet effet, & que les Juges ainfi élus prêteront ferment au Parlement, comme les autres Juges ordinaires.

Depuis cette création, les Rois ont établi des Confulats en plufieurs villes du Royaume, par différens Edits rendus en divers tems, jufqu'en l'année 1710. qu'il en fut créé vingt nouveaux, par Edit du mois de Mars de la même année; en forte qu'il y a aujourd'hui en France foixante-quinze Confulats.

Pour le foulagement des Juges-Confuls qui feroient élus dans ces Jurifdictions, Sa Majefté a ordonné par fa Déclaration du 16 Décembre 1566. que dans les Villes où il n'y a point de Parlemens, ils prêteront ferment devant les Baillis & Sénéchaux des lieux où ils font établis, ou devant leurs Lieutenans en cas d'abfence, fans pouvoir être contraints d'aller prêter ferment aux Cours Souveraines.

Au refte, il faut obferver que les Juges-Confuls ne doivent point être regardés comme Juges Royaux. Ils font électifs, & n'ont point de provifions du Roi; ce qui fait le véritable caractére diftinctif entre les Juges Royaux, & ceux qui ne le font pas. (V. le Procès-verbal des Conférences tenues lors

de la rédaction de l'Ordonnance du mois
d'Avril 1667. pag. 292).

Aʀᴛɪᴄʟᴇ I.

DEclarons communs *pour tous les Sié-*
ges des Juges & Confuls (1), l'Edit
de leur établiffement dans noftre bonne
Ville de Paris , *du mois de Novembre*
1563 (2), & tous autres Edits & Déclarations touchant la Jurifdiction Confulaire, enregiftrez en nos Cours de Parlement.

1. *Pour tous les Siéges des Juges & Confuls.*]
Ces Siéges ont été établis dans les principales Villes de Commerce du Royaume en
différens tems. Celui d'Orleans a été établi en 1563. par Edit du mois de Fevrier.
(Voyez ci-après , à la fin de ce titre , la table des différentes Jurifdictions Confulaires du Royaume, par ordre alphabétique ,
avec les années de leur établiffement , & le
nom des Parlemens où elles reffortiffent,)

2. *Du mois de Novembre* 1563.] V. cet Edit
ci-après à la fin du préfent titre.

L'article 3. de cet Edit établit la compétence des Juges-Confuls. Cet article porte ,
» qu'ils connoîtront *de tous procès & diffé-*
» *rens qui font mûs entre Marchands* (a) , *pour*
» *fait de Marchandifes feulement* (b) , leurs
» veuves Marchandes publiques , leurs Fa-
» cteurs , Serviteurs & Commettans , tous
» Marchands, foit que lefdits différens pro-
» cedent d'obligations , cédules , récépiffés ,
» lettres de change ou crédit, réponfes, affû-

» rances , tranfports de dettes , & nova-
» tions d'icelles, comptes , calculs ou erreur
» en iceux , compagnies , fociétés ou affo-
» ciations,

(a) *Entre Marchands.*] On doit mettre de ce nombre tous ceux qui s'immifcent dans le négoce , & qui achettent des Marchandi-fes pour les revendre & y gagner , quand même ils n'auroient été ni Apprentifs , ni Maîtres , & quand même ils exerceroient des profeffions différentes de celle du Com-merce. Les Banquiers, les Mineurs qui font le Commerce , & les Marchandes publi-ques , font auffi pour raifon de leur né-goce jufticiables des Juges-Confuls.

Boerius en fon Commentaire fur la Cou-tume de Bourges, au titre 1. de l'état & qua-lité des perfonnes , §. 5. au mot *Marchande publique* , fait une obfervation qui eft très-jufte, pour la diftinction qu'il y a entre Mar-chand & Artifan. Il dit que le premier achette & revend, fans que la Marchandife change de nature ; au lieu que l'Artifan achete les chofes,& les revend,après les avoir changées de nature ou de forme , comme celui qui achette du bois & en fait une ta-ble , &c.

Par cette raifon quoique les Manufactu-riers , fur tout les Entrepreneurs de Ma-nufactures , foient par leur état au deffus des Artifans , ils doivent néanmoins être mis plutôt dans la claffe de ces derniers , que dans celle des Marchands & Négo-cians. Et au contraire , les Frippiers & Re-vendeurs de meubles , & autres qui reven-dent en détail , quoique d'un ordre inférieur à celui des Marchands ordinaires , doivent néanmoins être rangés dans la claffe de ces derniers.

. . Mais ce feroit un abus directement contraire à l'efprit de la Loi , de vouloir mettre les Laboureurs & les Vignerons dans la claffe des Artifans ; ce qui réfulte clairement de la difpofition de l'article 10. ci-après , qui diftingue ces fortes de perfonnes des Marchands & Artifans , & même les met dans la même claffe que les Bourgeois , quant à la Jurifdiction où ils peuvent fe pourvoir contre un Marchand ou Artifan , à fin de revendre.

On ne doit pas non plus regarder comme un négoce les contrats qui fe font entre un Propriétaire de Ferme & fon Laboureur ou Vigneron , ni en général entre toutes autres perfonnes , pour raifon des baux à chetel , quoique Toubeau en fes Inftitut. Conful. liv. 1. tit. 17. chap. 7. pag. 318. foit d'un avis contraire , fur le fondement que c'eft une efpéce de fociété de commerce. Mais pour faire voir combien cette opinion eft peu fondée , il faut obferver qu'il y a trois fortes de chetels ; le premier qu'on appelle *chetel-vif* , le fecond appellé *chetel-mort* , & le troifiéme auquel on donne improprement le nom de *chetel* : or il eft aifé de prouver que ni l'un ni l'autre de ces chetels ne peut jamais être confidéré comme une matiére qui foit de la compétence des Juges-Confuls.

1°. On entend par *chetel-vif* , un contrat ou convention qui fe fait entre le Propriétaire d'une Ferme & un Laboureur ou Fermier , par lequel le Propriétaire donne à bail à ce Fermier, pour un certain nombre d'années, une certaine quantité de beftiaux deftinés à l'exploitation de cette terre , v. g. jufqu'à la concurrence de 3000 l. à condition 1°. que les fumiers de ces beftiaux feront employés à l'entretien de la terre ; 2°. que le produit ou croît qui proviendra des mêmes bestiaux, se partagera par moitié entre le Propriétaire & le Fermier ; 3°. que le Fermier ou Laboureur, à la fin de son bail, rendra au Maître de la Ferme en bestiaux ou autrement, suivant l'estimation qui en sera faite de concert, les mille écus de bestiaux qui ont été avancés à ce Fermier, avec la moitié du profit, au cas que le troupeau soit augmenté, ou sous la déduction de la moitié de la perte, au cas que le troupeau soit diminué.

Cette première espéce de chetel se fait encore d'une autre maniére. C'est lorsque le Maître & le Laboureur fournissent chacun la moitié des bestiaux au commencement du bail ; au lieu que dans l'exemple précédent, c'est le Maître qui fait les avances de la moitié du Fermier, & c'est en cela seul que ce chetel différe du premier. Mais aussi dans cette seconde espéce, après le bail fini, le Fermier n'a rien à rendre au Maître ; & ils doivent l'un & l'autre partager le troupeau par moitié en l'état qu'il se trouve, soit qu'il y ait du profit ou de la perte. Au surplus, les autres conditions sont ici les mêmes que dans l'autre espéce. On appelle le premier de ces chetels, *chetel affranchi*, & l'autre, *chetel non affranchi.*

2°. On entend par *chetel-mort*, un contrat par lequel un Propriétaire de Ferme, en affermant sa terre, donne à bail à un Fermier une certaine quantité de bestiaux, v. g. jusqu'à la concurrence de mille écus, nécessaires pour l'exploitation de sa Ferme, à la charge 1°. que le Fermier lui rendra, à la fin de son bail, la même somme en argent ou en bestiaux, suivant l'estimation qui en sera faite entr'eux , foit que le troupeau foit augmenté ou diminué ; 2ª. à condition que le produit ou croît de ces beftiaux appartiendra en entier au Fermier ; 3°. que les fumiers feront employés à l'entretien de la terre.

3°. Enfin la troifiéme efpéce de chetel , qu'on appelle improprement de ce nom , eft lorfqu'une perfonne donne à bail à un Laboureur ou à un Vigneron, des vaches, &c. à la charge par ce Laboureur de les nourrir , & d'en donner le produit ou croît au Bailleur , pour laquelle nourriture le Preneur au a le lait provenant de ces beftiaux , qui venant à périr, périffent pour le compte du Bailleur.

Ceci pofé , il eft aifé de voir que dans les deux premiéres fortes de chetels, les beftiaux étant achetés pour l'exploitation de la terre , font une fuite & un acceffoire de cette exploitation ; & que par conféquent ils ne peuvent être confidérés comme une Société de négoce , qui foit de la compétence des Juges-Confuls , ainfi qu'il réfulte des termes de l'article 4. de ce titre; (V. *infrà* cet art. avec les not. pag. 237.) & comme il eft porté expreffément par l'Arrêt du 24 Janvier 1733. rapporté ci-après en la note 4. fur le même article , pag. 240.

Cependant fi un Particulier qui n'auroit point de terres à faire valoir , faifoit une pareille Société avec un Laboureur , telle qu'elle eft marquée ci-deffus à l'égard du chetel-vif, on pourroit prétendre avec quelque fondement , que l'affaire feroit de la compétence des Juges-Confuls ; mais ce cas ne peut guéres arriver.

A l'égard de la troifiéme efpéce de chetel , elle eſt encore moins de la compétence des Juges-Conſuls : car ce n'eſt point ici une ſociété , mais uniquement un bail à nourriture , qui au lieu de ſe payer en argent par le Maître des beſtiaux , ſe paye d'une autre maniére , en abandonnant le lait qui provient de ces beſtiaux à celui qui les nourrit.

Les Bourgeois & autres qui ne ſont ni Marchands ni Artiſans, même les Officiers qui ſe mêlent d'achetter & revendre , ſont réputés Marchands, quoiqu'ils n'ayent ni boutique , ni magaſin , ni régiſtres , & ſont en cette partie ſujets à la Juriſdiction Conſulaire , quoiqu'ils ne faſſent le commerce qu'en paſſant. Cette queſtion s'étant préſentée il y a quelques années au Préſidial d'Orleans , au ſujet d'un billet ſubi pour une ſociété paſſée entre un Huiſſier-Garde-Forêt & trois autres Particuliers, pour achetter enſemble une partie de bled aſſez conſidérable , les Parties ont été renvoyées au Conſulat d'Orleans , par Sentence rendue au Préſidial le dix Février 1744. quoique le Garde-Forêt s'oppoſât au renvoi , comme ayant ſes cauſes commiſes au Préſidial , ſuivant l'Ordonnance des Eaux & Forêts de 1669. Il a été ainſi jugé par pluſieurs Arrêts , & entr'autres par un Arrêt du Parlement du 16 Juillet 1650, rendu contre un Procureur, par un autre du 5 Février 1664. & par un Arrêt du Grand Conſeil du premier Février 1661. rendu contre un Greffier. Une Déclar. du Roi du 28 Avril 1565. rendue pour la Ville de Bordeaux en a une diſpoſition préciſe. Cette Déclaration veut, que les Officiers des Compagnies qui font trafic & commerce de marchandiſes , ſoient convenus ,

appellés & jugés par les Juges-Consuls,
nonobstant les fins d'incompétence & de
renvoi requis en vertu de leurs priviléges,
qui entr'autres choses demeurent en leur
entier.

Un Ecclésiastique qui feroit le commerce,
seroit même sujet à cette Jurisdiction. (Ainsi
jugé par Arrêt du 9 Août 1607. rapporté
par Chenu en ses Questions , centurie 2.
question 13.)

Une autre Déclaration rendue en faveur
de la Conservation de Lyon , porte que ceux
qui dans les cédules, obligations ou contrats
qu'ils passent, prennent la qualité de Marchands fréquentans les Foires de Lyon ,
& qui s'obligent ou promettent de payer
auxdites Foires , ne peuvent s'aider de leur
Committimus pour se soustraire à la Jurisdiction de ladite Conservation, à peine de nullité des procédures. Cette Déclaration est du
18 Février 1578.

Le Reglement du Conseil du 23 Décembre 1578. rendu en faveur de la même Ville
veut aussi , que tous ceux qui achettent des
Marchandises pour les revendre , ou qui
portent bilan , & tiennent livres de Marchands, ou qui stipulent des payemens
en tems de foires , soient justiciables des
Juges-Conservateurs des foires de ladite
Ville.

Bouvot en ses Arrêts, tome 2. au mot
Juge Consul, prétend aussi en général, que les
Juges-Consuls peuvent connoître des causes
de Marchandises , dès qu'un homme a pris
la qualité de Marchand , quoiqu'il ne le
soit pas , & qu'il ne peut décliner cette
Jurisdiction à cause de son dol : il ajoute que
cela a été ainsi jugé par Arrêt du 8 Août
1616.

Enfin l'article premier du Reglement du 3 Août 1669. rendu entre les Juges-Conservateurs des Privileges des foires de la ville de Lyon, & les Officiers du Préfidial de la même Ville, porte que lefdits Juges-Confervateurs connoîtront de toutes affaires entre Marchands & Négocians en gros ou en détail, Manufacturiers des chofes fervant au négoce & autres, de quelque qualité & condition qu'ils foient, pourvû que l'une des parties foit Marchand ou Négociant, & que ce foit pour fait de négoce, marchandife ou manufacture. Mais il paroît que cette difpofition doit être reftreinte au cas de l'article 10 du préfent titre. (V. cet article 10. ci-après avec les notes, pag. 249).

On prétend même que ceux qui fe rendent cautions de Marchands dans un fait de marchandifes, quoiqu'ils ne foient ni Négocians ni Marchands, deviennent pour raifon de cet engagement jufticiables de la Jurifdiction Confulaire. Une Sentence rendue au Confulat de Paris le 16 Mars 1676. a condamné en pareil cas un Bourgeois de la même Ville, qui s'étoit rendu caution d'une vente faite à crédit par un Marchand à un autre Marchand; & fur l'appel de cette Sentence au Parlement, elle y a été confirmée par Arrêt du 7 Juillet fuivant.

(b) *Pour fait de Marchandifes feulement.*] Ces mots font voir qu'il ne fuffit pas d'être Marchand ou Négociant, pour être jufticiable des Juges-Confuls : car cette Jurifdiction eft réelle, & non perfonnelle; mais il faut encore qu'il s'agiffe de fait de marchandife & revente. Ainfi,

Quand il s'agit de conteftations entre

Marchands pour ventes de chofes qui font
à leur ufage , les Juges-Confuls n'en peu-
veut connoître; (V. Toubeau en fes Inftitutions Confulaires , liv. 1. tit. 17. chap. 2.)
ce qui réfulte auffi des termes de l'article
7. ci après , pag. 247.

Par une Déclaration du 2 Octobre 1610.
il eft fait défenfes aux Juges-Confuls de
connoître des différends pour promeffes ,
cédules & obligations en deniers de pur
prêt , qui ne feront cenfées pour ventes de
marchandifes ; mais par une autre Déclaration du 4 Octobre 1611. rendue en interprétation de la précédente , il eft dit qu'ils
connoîtront des différends entre Marchands,
même pour argent prêté & baillé à recou-
vrer l'un à l'autre , par obligations , cédules, miffives, lettres de change, & pour claufe
de marchandifes feulement.

Ces derniers mots, *pour caufe de marchandifes* , font voir qu'il n'eft pas néceffaire à
la vérité que dans les billets , cédules , &c.
il foit fait mention que ces billets font pour
caufe de marchandifes , & que cette claufe
eft toujours préfumée entre Marchands &
Négocians ; mais fi par les termes du billet
ou de l'obligation il paroît que c'eft pour
une autre caufe que pour fait de marchandifes , & même de celles dont l'un & l'autre font commerce , alors l'affaire n'eft plus
de la compétence des Juges-Confuls. C'eft
ainfi que les deux Déclarations qu'on vient
de rapporter doivent être conciliées.

L'Arrêt de la Cour du 24 Janvier 1733.
rendu en forme de Reglement entre les Officiers du Préfidial d'Angoulême , & les Juges-Confuls de la même Ville , porte 〞que
〞 lefdits Juges-Confuls ne connoîtront d'au-

» cunes obligations entre Marchands & Né-
» gocians, fi elles ne font cenfées pour fait
» de marchandifes. Mais il paroît que cette
difpofition doit être entendue avec la diftinction qui vient d'être faite.

Article II.

Les Juges & Confuls connoiftront *de
tous Billets de Change* (1) faits entre Négocians & Marchands, *ou dont ils devront la valeur* (2) *, & entre toutes perfonnes* (3) *, pour Lettres de Change ou
remifes d'argent faites de place en place* (4)*.*

1. *De tous Billets de Change.*] V. ce que
c'eft que Billet de Change, ci-deffus tit. 5.
art. 27. pag. 124.

2. *Ou dont ils devront la valeur.*] Toubeau
en fes Inftitutions Confulaires, liv. 1. tit. 17.
chap. 2. pag 306. dit que l'efprit de cet article eft, que les Juges-Confuls connoiffent
entre Marchands, non-feulement des Billets de Change, mais même de tous autres
dont ils devront la valeur. Il paroît bien
plus naturel de rapporter ces termes, *ou dont
ils devront la valeur*, aux mots *Négocians &
Marchands* qui précédent immédiatement.
Ainfi le vrai fens de cet article eft, que les Juges-Confuls peuvent connoître, non-feulement des Billets de Change entre Marchands & Négocians, c'eft-à dire, entre celui qui a fourni le Billet de Change, & celui à qui il a été fourni, mais encore toutes
les fois qu'un Négociant doit la valeur du

Billet de Change , v. g. quand il l'a en-
doffé.

3. *Et entre toutes perfonnes.*] Même Nobles,
Officiers & Eccléfiaftiques ; parce que ces
perfonnes ont dérogé à leur qualité, en fu-
biffant un pareil engagement , & que ces
Lettres font une efpéce de négoce. (Ainfi
jugé par un Arrêt confirmatif d'une Sentence du Confulat de Paris, du onze Septembre mil fix cens quatre-vingt-deux , contre
M. le Marquis de Choifnel, & par un autre
de l'année 1704. rendu contre un Confeiller
au Châtelet de Paris.)

4. *Pour Lettres de Change ou remifes d'ar-*
gent faites de place en place.] V. ci-deffus
tit. 7. art. 1. pag. 151.

Ainfi il faut que la Lettre de Change foit
tirée d'une place fur une autre place, comme
de Paris fur Lyon ; autrement fi elle étoit
tirée d'une place fur la même place, & que
ce fût entr'autres perfonnes que Négocians ,
elle ne feroit plus de la compétence des Juges-Confuls, parce que ce ne feroit point
alors une Lettre de Change, à proprement
parler , mais un fimple mandement. Il y
a des exemples de caufes de cette efpéce, qui
ont été renvoyées du Confulat de Paris au
Châtelet de la même Ville.

A R T I C L E   III.

Leur défendons neantmoins de con-
noiftre *des Billets de Change* (1) entre Particuliers, *autres que Négocians* (2)
& Marchands , *ou dont ils ne devront*
point la valeur (3). Voulons que les Par-

ties fe pourvoyent pardevant les Juges ordinaires , ainfi que pour de fimples promeffes.

1. *Des Billets de Change.*] A plus forte rai-fon cela a-t-il lieu à l'égard des autres billets.

2. *Autres que Négocians.*] Ainfi jugé au profit de M. le Marquis d'Eftaing, par Arrêt du 6 Juillet 1741. qui caffe une Sentence des Juges-Confuls de Paris, comme incom-pétens pour connoître de ces fortes de billets.

L'Arrêt du Parlement de Paris du 24 Janvier 1732. rendu entre les Officiers du Pré-fidial d'Angoulême, & les Juges-Confuls de la même Ville, dont il a déja été parlé, fait défenfes auxdits Juges-Confuls de con-noître des billets à ordre caufés pour valeur reçûe, finon dans le cas où celui qui a fouf-crit le billet fera Marchand , & que celui qui s'en trouvera porteur, & du nom du-quel l'ordre fera rempli , fe trouvera auffi Marchand ; mais fi celui qui a foufcrit le billet n'eft pas Marchand, ou qu'étant Mar-chand , celui qui fe trouvera porteur du-dit billet, ou au nom duquel l'ordre fe trou-vera rempli, ne foit pas Marchand, la con-noiffance en appartiendra aux Juges ordi-naires.

3. *Ou dont ils ne devront point la valeur.*] C'eft-à-dire, qu'il eft défendu aux Juges-Confuls de connoître des Billets de Change, lorfque ce n'eft point un Négociant qui en doit la valeur ; ce qui eft conforme à l'Arrêt du Parlement qui vient d'être cité.

Article IV.

Les Juges & Consuls connoîtront *des différends pour ventes* (1) *faites par des Marchands, Artisans & Gens de Metier* (2) *, afin de revendre* (3) *ou de travailler de leur profession* (4) : comme à Tailleurs d'habits, pour étoffes, passemens & autres fournitures ; Boulangers & Pastissiers, pour bled & farine ; Maçons, pour pierre, moëllon & plastre ; Charpentiers, Menuisiers, Charrons, Tonneliers & Tourneurs, pour bois ; Serruriers, Mareschaux, Taillandiers & Armuriers, pour fer ; Plombiers & Fonteniers, pour plomb ; *& autres semblables* (5).

1. *Des différends pour ventes.*] Ces termes comprennent généralement toutes les contestations qui peuvent naître au sujet des ventes faites entre Marchands & Artisans, afin de revendre ou de travailler de leur profession.

2. *Faites par des Marchands, Artisans & Gens de Métier.*] C'est-à-dire, faites par des Marchands à autres Marchands, ou Artisans & Gens de Métier ; ce qui doit s'entendre aussi des ventes qui seroient faites ar des Artisans & Gens de Métier à d'autres Artisans ou Marchands, afin de revendre ou de travailler de leur profession.

3. *Afin de revendre.*] Comme dans le cas de marchandiſes vendues par des Marchands ou Artiſans à des Merciers ou autres , pour les revendre; v. g. des étoffes vendues à des Manufacturiers , à des Marchands de drap, des ouvrages de bonneterie vendus par des ouvriers en bas à des Marchands Bonnetiers , &c. Il en eſt de même des marchandiſes vendues par des Marchands à des Tailleurs , Frippiers & autres.

4. *Ou de travailler de leur profeſſion.*] C'eſtà-dire , pour ventes de marchandiſes qui doivent être converties en ouvrages de leur profeſſion , ainſi que les exemples rapportés dans cet art. 4. le prouvent évidemment. La raiſon en eſt que ces ouvrages venant à être vendus par ces ouvriers, c'eſt une eſpéce de revente qu'ils font des choſes qui leur ont été vendues, avec cette différence ſeulement qu'elles ont changé de nature.

D'où il ſuit que les ventes faites par des Marchands à des Artiſans , de choſes qui ne doivent point être employées ou converties en ouvrages de leur profeſſion , ne ſont point de la compétence des Juges-Conſuls , quand même les choſes vendues ſeroient pour l'uſage de la profeſſion des ouvriers qui les achettent.

Ainſi une vente de pierres ou de bois faite à un Meûnier pour la conſtruction d'un moulin , n'eſt point de la compétence des Juges-Conſuls , parce que ces pierres ou ces bois ne ſont point deſtinés pour être employés aux ouvrages qui ſont de la profeſſion de ce Meûnier , quoique ces choſes lui ſoient fournies pour l'uſage de ſon moulin ; & il en eſt de même des meules , ferrures & autres fournitures ſemblables : au trement il faudroit dire que la vente même d'un moulin faite par un Meûnier ou autre personne à un autre Meûnier, ou celle d'un étail faite par un Boucher à un autre Boucher, seroit de la compétence des Juges-Consuls ; ce qui est absurde.

Par la même raison, la vente d'un métier à bas faite à un Bonnetier, est une vente ordinaire faite pour l'usage de l'ouvrier seulement, & non afin de revendre ; & par conséquent, elle n'est point de la compétence des Juges-Consuls, comme le seroient des ventes de laines faites au même ouvrier, parce qu'alors ces laines sont destinées à être converties en ouvrages de sa profession.

De même les ventes d'outils & autres instrumens de travail, faites par des Marchands à des Artisans & Gens de métier, ne sont pas de la compétence des Jurisdictions Consulaires.

La régle qu'on vient d'établir, a lieu à plus forte raison, lorsque les choses vendues sont pour l'usage particulier de l'acheteur, quand même cet acheteur seroit un Marchand ou un Artisan ; & il faut aussi se pourvoir dans ces cas devant les Juges ordinaires : comme si un Mercier achettoit d'un Frippier ou d'un Tailleur un habit pour son usage, ou si un Epicier achettoit d'un Marchand du drap pour s'habiller ; ou pour habiller sa femme & ses enfans. Car le Mercier & l'Epicier ne doivent plus être considérés ici comme Marchands, & c'est la même chose que si le Marchand de drap, le Frippier ou le Tailleur avoient vendu leur étoffe ou habit à un particulier qui ne seroit pas Marchand ; ce qui résulte clairement de la disposition de l'article 6. pag. 246. ci-après.

La disposition rapportée en cet article 4.

a depuis été confirmée par plusieurs Arrêts. Celui du 23 Février 1695. rendu pour Chartres, où les Juges-Consuls d'Orleans étoient Parties intervenantes, porte que les Juges-Consuls ne pourront connoître que des causes de Marchand à Marchand, pour fait de marchandises seulement, & entre Marchands, Artisans & Gens de Métier, pour ventes faites de marchandises afin de revendre ou employer dans le travail, ou aux ouvrages de leur art & profession: leur fait défenses de prendre aucune connoissance des contestations qui seront formées contre des Laboureurs, Vignerons & autres personnes, pour raison de ce qu'ils auront achetté pour leur usage, & non pour revendre.

Par un autre Arrêt du 24 Janvier 1733. rendu pour Angoulême, ci-dessus cité, il est dit que les Juges-Consuls ne pourront connoître des ventes de bled, vins, foins, pailles, bestiaux, fûtailles, marchés de Maçons, Charpentiers, Serruriers & autres Ouvriers, si lesdites ventes & marchés ne sont faits par des Marchands, Négocians & Gens de Métier, afin de revendre ou de travailler de leur profession; comme aussi il leur est fait défenses de connoître des contestations qui seront formées contre des Marchands, Laboureurs, Vignerons & toutes autres personnes, pour raison de ventes de fruits, chevaux, bestiaux, & toutes autres choses qu'ils auront achettées, dont ils ne feront trafic, qu'ils ne revendront point en gros ou en détail, & dont ils se servent pour l'exploitation de leurs Fermes seulement.

Ainsi c'est vouloir forcer le sens de la Loi, que de dire que des vaisseaux ou fûtailles vendus par des Marchands ou Tonneliers à

des Vignerons pour y mettre du vin, font
une matiere de la compétence des Juges-
Confuls, fur le fondement que le Vigneron
en vendant fon vin, revend les vaiffeaux qui
lui ont été vendus : car il eft évident que la
vente de ces vaiffeaux eft acceffoire à la vente
du vin, & que dans cette vente du vin il n'eft
queftion en aucune maniere du prix des
vaiffeaux qui le contiennent. Il en feroit
autrement, fi ces vaiffeaux avoient été vendus
à des Tonneliers ou autres , qui font profeffion de les revendre en nature.

On trouve à la vérité dans un petit Recueil de Reglemens touchant la Jurifdiction Confulaire d'Orléans *in* 8°. imprimé
fans permiffion ni nom d'Imprimeur , page
111. une obfervation de l'Auteur de ce Recueil, par laquelle il prétend que les Juges-
Confuls font compétens pour connoître des
différens qui naiffent touchant la vente qui
fe fait aux Vignerons des marchandifes de
poinçons , & où il cite à ce fujet un Arrêt
du Grand-Confeil du 11 Fevrier 1681 ,
qu'il dit avoir été rendu en faveur des Juges-
Confuls d'Orléans , pour les autorifer &
maintenir dans cette connoiffance , fur une
efpéce qu'il cite ; il ajoute enfuite que cela
a été ainfi jugé par un Arrêt du Parlement de Paris. Mais outre que le premier de
ces Réglemens n'eft rapporté que par extrait,
& que l'autre n'eft pas même datté , on ne
peut guere douter que ces Arrêts , s'ils exif-
tent, n'ayent été rendus par des circonftances particulieres , puifque leur difpofition
fe trouve entiérement oppofée aux vrais
principes, à la difpofition particuliere de
l'Ordonnance du Commerce, & à l'Arrêt
qu'on vient de rapporter.

D'ailleurs fi le fentiment établi par l'Auteur du Recueil dont on vient de parler, avoit lieu pour des poinçons vendus à des Vignerons, il en devroit être de même à l'égard des Bourgeois, puifque les uns & les autres font à cet égard dans la même claffe, & qu'il n'y a aucune raifon de les diftinguer: or on n'a jamais prétendu qu'un Bourgeois fût jufticiable des Juges Confuls, pour raifon des poinçons qu'il achette pour y mettre la récolte de fes vins qu'il vend enfuite; ainfi on doit dire la même chofe des Vignerons.

Il fuit auffi de ce qui vient d'être établi, que les Juges-Confuls ne peuvent connoître des ventes de chevaux faites par des Marchands à des Laboureurs, qui les achettent pour l'exploitation de leurs Fermes, & qui n'en font pas commerce, quand même ces Laboureurs les revendroient par la fuite, parce que ces chevaux feroient ou trop vieux ou hors d'état de fervir. Car cette revente qui fe fait alors, n'eft point pour en faire un commerce ordinaire, ni pour y gagner, puifqu'au contraire dans ces fortes de reventes il y a prefque toujours de la perte pour celui qui revend; mais c'eft une fuite du droit attaché à la poffeffion ; & il en eft de même ici, comme quand un Gentilhomme ou un Bourgeois, après avoir eu un cheval à fon ufage, le revend, ou parce qu'il n'en a plus befoin, ou parce que ce cheval eft hors d'état de fervice.

On doit dire la même chofe à l'égard des Bœufs, Vaches, Moutons, & autres Beftiaux qu'un Laboureur achette pour l'exploitation de la Ferme qu'il occupe, quoiqu'il vende par la fuite les Agneaux & Veaux qui en proviennent, & que même

il revende les Bœufs & les Moutons, lorfqu'ils deviennent inutiles & hors d'état de
fervice ; parce que ces chofes font des fui-
tes & des dépendadces de l'exploitation de la
Ferme occupée par ce Laboureur , & que les
Beftiaux qu'il achette font néceffaires
pour la faire valoir ; que le produit, ou croît
de ces Beftiaux, fait partie des fruits de cette
Ferme , & que lorfqu'il revend ceux qu'il
a achettés, ce n'eft point pour en faire commerce, mais parce qu'ils ceffent d'être utiles
pour l'exploitation de la terre qu'il fait
valoir.

A plus forte raifon les ventes d'échallas
faites par des Marchands à des Vignerons
pour l'exploitation de leurs vignes , ne font
point de la compétence des Juges-Confuls.

Ni pareillement les ventes de fumier faites
à des Vignerons, Laboureurs & Jardiniers ,
pour engraiffer leurs terres.

5. *Et autres femblables.*] Comme entre un
Libraire & un Relieur , entre un Mercier &
les Ouvriers qui travaillent pour lui dans
les chofes dont ce Mercier fait commerce.
Il en eft de même entre un Marchand & un
Artifan pour raifon des fournitures & matieres qui fervent immédiatement à l'état
de ce dernier , & qui font l'objet même
de fa profeffion: par exemple, entre un Char-
ron & un Voiturier , pour charrettes à lui
vendues & fournies ; ou entre un Charpentier & un Marinier, pour ventes de bateaux,
& ainfi des autres. Mais il en feroit autrement des fournitures faites à un Jardi-
nier, Laboureur ou Vigneron , pour raifon
des terres qu'ils font valoir ; parce que ces
derniers ne font pas confidérés comme Artifans , & que ces fortes de ventes qui leur

font ainſi faites, ne ſont que pour raiſon de l'exploitation des terres qu'ils font valoir. C'eſt une ſuite de ce qui a été établi ci-deſſus.

On pourroit demander ici, ſi les ventes de chevaux faites par un Maquignon à un Loueur de chevaux ſont de la compétence des Juges-Conſuls. Il paroît qu'oui, parce qu'un Loueur de chevaux ne les achette point pour ſon uſage, mais a raiſon de ſon état qui conſiſte à les louer.

On doit dire la même choſe des ventes de meubles, faites par des Marchands à d'autres perſonnes, dont la profeſſion eſt de louer ces meubles.

ARTICLE V.

Connoiſtront auſſi des gages, ſalaires, & penſions des Commiſſionnaires (1) Facteurs (2) ou ſerviteurs (3) des Marchands (4), pour le fait du Trafic ſeulement (5).

1. *Des Commiſſionnaires.*] Le Commiſſionnaire eſt celui, qui eſt chargé d'une Commiſſion qui lui eſt donnée par un Marchand ou Banquier, ſoit pour acheter, recevoir, faire charger, ou vendre des Marchandiſes pour le compte de ce Marchand, ſoit pour faire accepter pour lui les lettres de change, recevoir le payement de Billets, payer des ſommes en ſon nom, & autres cas ſemblables. Le Marchand qui donne la Commiſſion, ſe nomme le commettant.

2. *Facteurs.*] C'eſt ce que les Latins appelloient *inſtitores* ou *exercitatores* ; on les ap-

pelle auffi Commis. Ce font tous ceux qui
font prépo.és par un Marchand, Négociant ou Banquier , pour la conduite de fon
Commerce ou de fa Banque. Les Facteurs
font diftingués des Mandataires, en ce que
les Facteurs ont des gages, & que les Mandataires n'en ont point. Les Facteurs engagent leurs Maîtres, & s'obligent envers
eux pour raifon des fonctions auxquelles
ils font prépofés, de la même maniere que
le maître lui-même pourroit s'obliger envers les autres, ou obliger envers lui.

3. *Ou Serviteurs.*] Il en eft de même des
Voituriers prépofés par les Marchands,
mais feulement pour raifon des voitures de
marchandifes & denrées dont ces Marchands font commerce. (Réglement du
Confeil du 13 Août 1669. rendu pour les
Juges de la Confervation de Lyon , article 3.)

La Déclaration du 24 Avril 1703. renduë
touchant le Commerce & la Navigation
de la Riviere de Loire, article 24 , porte
» que les différens qui naîtront entre les
» Marchands & les Voituriers , pour raifon
» de la voiture des Marchandifes,& pour les
» dommages & intérêts qui peuvent arriver
» dans l'étenduë de la Riviere de Loire, font
» de la compétence des Juges Confuls, pri-
» vativement à tous autres Juges.

Mais il n'en eft pas de même des Mef-
fagers publics & des Fermiers de ces Meffa-
geries , au fujet des Marchandifes par eux
voiturées: par exemple , fi un Marchand
d'Orléans envoyoit à un autre Marchand de
Paris des Marchandifes par le Caroffe d'Orléans à Paris, les conteftations qui pourroient arriver au fujet de ces voitures où le

Meſſager ſeroit intéreſſé, ne pourroient être portées devant les Juges-Conſuls, mais par-devant les autres Juges à qui la connoiſſance en eſt attribuée par les Réglemens.

4. *Des Marchands.*] Il en eſt de même des Facteurs ou Serviteurs des Manufacturiers & Artiſans, qui ſont ici ſous-entendus.

Mais les Juges-Conſuls ne peuvent connoître de gages, ſalaires & marchés des ſerviteurs & gens de métier pour raiſon de leurs ouvrages ; v. g. entre un Architecte ou Entrepreneur, & un Maçon ou Charpentier & autres Ouvriers, pour raiſon des ouvrages par eux faits, dans le cas même où ces derniers fourniroient les matériaux. (Ainſi jugé par Arrêt du 28 Avril 1575. pour Angers.) La Déclaration du 2 Octobre 1610. le défend expreſſément aux Juges-Conſuls, à peine de nullité, & permet en cas de contravention de les prendre à partie.

5. *Pour le fait de leur trafic ſeulement.*] V. ci-deſſus art. 4. note 4. pag. 236.

A R T I C L E   VI.

Ne pourront les Juges & Conſuls connoîſtre des conteſtations *pour nourritures, entretiens, & emmeublemens* (1), meſme entre Marchands, ſi ce n'eſt qu'ils en faſſent profeſſion.

1. *Pour nourritures, entretiens, & emmeublemens.*] Par exemple, ſi un Aubergiſte fournit des nourritures à un Marchand ou Artiſan ; un Cabaretier, du vin ; un Frippier, un ameublement, par vente ou louage ; &
qu'il

qu'il survienne à ce sujet quelque contestation , les Juges-Consuls n'en pourront connoître, parce que ce n'est point un trafic dont
le Marchand ou Artisan se mêle. Mais si le
Marchand ou Artisan qui a ainsi achetté du
vin , ou loué des meubles , étoit un Auber-
giste ou Cabaretier , alors l'affaire seroit
Consulaire.

Article VII.

Les Juges & Consuls *connoistront des
differends* (1) *à cause des assurances,
grosses aventures* (2), promesses , obligations, & contracts, concernant le Commerce de la Mer , le fret & le naulage
des Vaisseaux.

1. *Connoîtront des différens , &c.*] Cet Article a été révoqué par l'article 2. du tit. 2.
du liv. 1. de l'Ordon. de la Marine du mois
d'Août 1681. qui attribue aux Juges des
Amirautés la connoissance de toutes actions
qui procédent de Charte-parties , affrette-
mens ou anolissemens, connoissemens ou polices de chargement, fret ou nolis, engagement & loyer de matelots , & des vic-
tuailles qui leur seront fournies pour leur
nourriture par ordre du Maître pendant
l'équipement des Vaisseaux , ensemble des
polices d'assurances, obligations à la grosse
aventure ou à retour de voyage , & généralement de tous contrats concernant le
commerce de la Mer , nonobstant toutes
soumissions & privileges à ce contraires.

2. *A cause des assurances , grosses aventures.*
V. ci-dessus tit. 7. art. 2. aux notes, pag. 158.
& suivantes.

M

Article VIII.

Connoîtront aussi du Commerce fait *pendant les Foires* (1) tenuës ès lieux de leur établissement, si l'attribution n'en est faite aux Juges-Conservateurs du privilege des Foires.

1. *Pendant les Foires.*] Il ne faut pas confondre les affaires du Commerce qui se fait pendant le tems des Foires, avec ce qui regarde les franchises & priviléges de ces mêmes Foires. La connoissance & manutention de ces priviléges appartient aux Juges qui en sont les Conservateurs; comme à Paris, la conservation des Priviléges de la Foire St. Germain appartient au Lieutenant Civil. Mais à l'égard des contestations pour raison du Commerce qui se fait pendant le tems de ces mêmes Foires, la connoissance en appartient aux Juges-Consuls des lieux où elles sont établies, à moins que l'attribution n'en ait été faite aux Juges-Conservateurs des Priviléges de ces Foires; comme à Lyon, où cette connoissance appartient au Prevôt des Marchands & Echevins en leur qualité de Juges-Conservateurs des Foires de la même Ville, suivant l'article premier du Réglement du Conseil du 3 Août 1669.

Article IX.

Connoîtront pareillement de l'exécu-

tion de nos Lettres, *lorfqu'elles feront incidentes* (1) aux affaires de leur compétence, pourveu qu'il ne s'agiffe pas *de
l'eftat ou qualité des-perfonnes* (2).

1. *Lorfqu'elles feront incidentes.*] Comme fi
un Marchand a fait un marché avec un Voiturier pour une entreprife dans lequel ce
Voiturier a été furpris & lezé & que celui-
ci veuille fe pourvoir par lettres de refcifion
contre ce marché pour le faire déclarer nul,
les Lettres de refcifion qu'il obtiendra à
cet effet, doivent être adreffées aux Juges-
Confuls, qui font en droit de connoître incidemment de ces lettres.

2. *De l'état ou qualité des perfonnes.*] Comme s'il s'agiffoit de Lettres d'émancipation
obtenues par un mineur, de Lettres de bénéfice d'inventaire, & autres de cette
efpéce.

Aʀᴛɪᴄʟᴇ X.

Les gens d'Eglife, Gentilshommes &
Bourgeois, Laboureurs, Vignerons, &
autres, *pourront faire affigner* (1) pour
ventes de bleds, vins, beftiaux, & autres denrées *procedant de leur crû* (2),
ou pardevant les Juges ordinaires, ou
pardevant les Juges & Confuls, fi les
ventes ont efté faites à des Marchands, ou
Artifans faifant profeffion de revendre.

1. *Pourront faire affigner.*] Mais les Ec-
M ij

clefiaftiques, Gentilhommes, Bourgeois, Laboureurs, Vignerons, &c. ne peuvent être affignés par les Marchands pour raifon de ces ventes, que pardevant les Juges ordinaires.

2. *Procédant de leur crû.*] Ainfi un particulier qui recueille du bled, du vin, des beftiaux, ou autres denrée de fon crû, v. g. un Laboureur qui vend des Bœufs ou des Moutons à un Boucher, a le choix d'affigner le Marchand à qui il les a vendus & qui fait profeffion de revendre, devant le Juge ordinaire du domicile de ce Marchand, ou devant les Juges-Confuls. Mais fi la vente a été faite par un particulier qui achette des chofes qui ne procédent point de fon crû, pour en faire trafic, & qui les vend à un Marchand ou Artifan faifant profeffion de revendre, les Juges-Confuls alors en connoîtront.

ARTICLE XI.

Ne fera étably dans la Jurifdiction Confulaire *aucun Procureur* (1) *Syndic* (2) *ni autre Officier* (3), s'il n'eft ordonné par l'Edit de creation du Siege, ou autre Edit deuëment regiftré.

1. *Aucun Procureur.*] Quoi qu'il n'y ait point de Procureurs en titre d'Office dans les Jurifdictions Confulaires, néanmoins il y a des perfonnes prépofées pour défendre & plaider les Caufes des Particuliers, qui ne peuvent ou ne veulent pas plaider par eux-mêmes; ces perfonnes font choifies par les Juges-Confuls, & prêtent ferment devant eux.

2. *Syndic.*] Dans plusieurs Jurisdictions Consulaires il y a un Procureur Syndic , qui doit être gradué, & auquel on renvoie toutes les Causes où il y a des questions de droit, pour être ensuite jugées sur son rapport.

3. *Ni autre Officier.*] Les Greffiers ont été érigés en titre d'Office dans les différens Consulats du Royaume , dès le mois de Septembre de l'année 1571. Par un Edit du mois de Mars 1711, ces Offices ont été supprimés, & il en a été créé un nouveau en chacune Jurisdiction Consulaire, pour expédier , signer & sceller les Sentences, Jugemens, Procès-verbaux & autres Actes qui peuvent intervenir & être rendus dans ces Jurisdictions , recevoir les présentations & délivrer les actes d'affirmation de voyage aux Parties, avec les mêmes droits qu'ils percevoient auparavant. Ces droits ont été réglés pour tous les Consulats du Royaume par une Déclaration du Roi du 18 Juin 1715 rapportée par Neron , tom. 2. pag. 498. édition de 1720.

Voici la Table des Droits qui doivent se lever aux termes de cette Déclaration.

TABLE des Droits des Greffes des Jurisdictions Consulaires.

Pour la présentation du Demandeur, a cinq sols.

Pour la présentation du Défendeur , a cinq sols.

Pour le droit d'appel de Cause attribué à l'Office de premier Huissier , deux sols six deniers.

Pour les Sentences & autres expéditions du Greffe, deux fols du rôle de quinze à seize lignes à la page & trois mots à la ligne.

Pour le droit du contrôle des dépens taxés par les Sentences ou par exécutoire, six deniers pour livre.

Pour le droit de Garde des Archives réuni à l'Office de Contrôleur des dépens, six deniers pour livre des dépens taxés.

Pour le droit de Syndic des Procureurs pareillement réuni à l'Office de Contrôleur des dépens, un fol pour livre des dépens taxés.

Pour le feel de chacune Sentence portant condamnation de cent livres & au-deffus, vingt fols.

Pour le feel des Sentences au-deffous de cent livres jufqu'à cinquante livres, dix fols.

Pour celles au-deffous de cinquante livres, six fols.

Pour le Contrôleur des Greffes, six deniers pour livre de tous les droits du Greffe.

A l'égard des Huiffiers, le Roi Henri IV. par Edit du mois de Mai 1595 avoit créé en titre d'Office en chacune des Jurifdictions Confulaires deux Offices d'Huiffiers Audienciers ; (V. Confer. des Ord. tom. 3. liv. 12. tit. 15. §. 41. pag. 722.) & depuis par Edit du mois de Juin 1708, il y en a encore eu de créés dans les mêmes Siéges, qui ont été fixés à deux pour chacun de ces Siéges par une Déclaration poftérieure du 20 Décembre 1712. avec le droit de fignifier feuls, & à l'exclufion de tous autres Huiffiers, dans les Jurifdictions Confulaires de leur établiffement les défauts, Sentences de réception de caution, & autres actes, fentences ou jugemens qui

n'ont pas befoin d'être revêtus du fceau ;
comme auffi avec le droit de pouvoir faire
toutes fortes d'exploits en toutes matieres
concurremment avec les autres Huiffiers,
fans aucune exception ni réferve.

Cette même Declaration de 1712, permet à tous Huiffiers & Sergens royaux,
d'exploiter dans les Jurifdictions Confulaires, à la réferve des cas ci-deffus exceptés.

A R T I C L E XII.

Les procédures de la Jurifdiction Confulaire feront faites fuivant les formes prefcrites par le Titre feiziefme *de notre Or-*
donnance du mois d'Avril mil fix cens foi-
xante fept. (1)

1. *De notre Ordonnance du mois d'Avril* 1667.]
Ces Procédures doivent être fommaires, &
le miniftere des Avocats & des Procureurs
n'y eft pas néceffaire. (Ord. de 1667. tit.
16. art. 2.) Voici un abregé de cette Procédure.

De la Procédure Confulaire.

1°. Lorfqu'on veut faire affigner quelqu'un pardevant les Juges-Confuls, pour
favoir le payement d'un billet ou d'une promeffe ordinaire fous feing privé, on doit
avant tout faire contrôler ce billet ou cette
promeffe, ainfi qu'on y eft obligé dans les
autres Jurifdictions. L'article 96. du Tarif
du Contrôle des Actes de Notaires du 29

Septembre 1722. n'excepte de cette néceſſité
du Contrôle que les Lettres de Change
& Billets à ordre ou au porteur entre gens
d'affaires , Marchands & Négocians ,
les Billets de Marchand à Marchand
cauſés pour fournitures de Marchandiſes
de leur commerce réciproquement , & les
extraits des Livres entre Marchands pour
fourniture de Marchandiſes concernant leur
négoce ſeulement.

2°. Les Huiſſiers doivent avoir attention
de ne pas donner les aſſignations aux Marchands, lorſqu'ils ſont aſſemblés en la bourſe
ou place commune ; cela leur eſt expreſſément défendu par l'article 17 de l'Edit du
mois de Novembre 1563 portant création
de Juges-Conſuls dans la Ville de Paris,
rendu commun pour tout le Royaume par
l'art. 1. du préſent Titre. (V. cet Edit à la
fin de ce titre, ci-après.)

3°. Lorſqu'on veut aſſigner pour obtenir
ſentence contre pluſieurs Marchands ou autres débiteurs de billets ſolidaires, les Huiſſiers
doivent auſſi avoir attention de ne donner
les aſſignations qu'à la perſonne ou domicile d'un de ceux qui ont ſigné ces billets,
& ce tant pour lui, que pour ceux qui ont
ſigné avec lui ou endoſſé leſdits billets ; &
il en eſt de même pour les autres procédures, ſans que pour quelque prétexte que ce
ſoit, il en puiſſe être uſé autrement par les
Huiſſiers ou Sergens qui ſe trouveront chargés de faire ces pourſuites, à peine de concuſſion & de cinq cens livres d'amende. (Arrêt du Conſeil du 13 Juillet 1709.) Ce
même Arrêt porte, que les Sentences qui ſeront ainſi prononcées, ſeront exécutées contre tous les particuliers qui auront ſigné ou

endossé lesdits billets, après que commandement leur en aura été fait à chacun en particulier, en conséquence desdites Sentences & au pied de la copie d'icelles. Le motif de cet Arrêt, ainsi qu'il est dit dans le préambule, est pour éviter la multiplicité des frais de la part des Huissiers, qui auparavant assignoient tous ceux qui avoient signé ou endossé des billets solidaires, par autant d'exploits ; ce qui souvent faisoit monter les frais aussi hauts que le principal, lorsqu'il y avoit un grand nombre de débiteurs solidaires,& alloit à la charge de ces derniers sans aucune utilité pour le créancier.

4°. Ceux qui sont assignés devant les Juges-Consuls, sont tenus de comparoître en personne à la premiere Audience,pour être entendus par leur bouche, (Ord. du mois d'Avril 1667. tit. 16. art. 1.)

A l'égard des délais requis sur ces assignations, ils doivent être différens,suivant les différens éloignemens du domicile du défendeur. Ceux qui demeurent dans la Ville ou Fauxbourgs du lieu où ils sont assignés, doivent comparoître à la premiere Audience; mais à l'égard des autres il faut observer la distance des endroits, à raison de dix lieuës par jour. (V. la même Ordon. de 1667. tit. 11. art. 1,& tit. 8. art. 2.)

5°. En cas de maladie, absence, ou autre légitime empêchement, les Parties pourront envoyer un mémoire contenant les moyens de leurs demandes ou défenses, signé de leur main, ou par un de leurs parens, voisins, ou amis ayant de ce charge ou procuration spéciale, dont il fera apparoir. (Ord. de 1667. tit. 16. art. 2.) Il n'est pas nécessaire que cette procuration soit passée devant Notaires.

6°. Lorsqu'on veut obtenir une Sentence de condamnation en vertu d'une cédule, billet ou promesse sous seing privé, on n'est pas obligé de faire reconnoître d'abord en Justice cette promesse ou billet, ainsi qu'on y est obligé dans les autres Jurisdictions, aux termes de l'Edit du mois de Décembre 1684. La Déclaration du 15 Mai 1703. dispense de cette formalité les Jurisdictions Consulaires, sinon dans le cas où le défenseur dénieroit la vérité de la promesse ou billet, ou soutiendroit qu'ils sont signés d'une autre main que la sienne; auquel cas les Juges-Consuls seront tenus de renvoyer les Parties pardevant les Juges ordinaires, pour procéder à la vérification de ces piéces & reconnoissance de ces écritures en la maniere portée par le même Edit de 1684.

7°. La cause doit être vuidée sur le champ sans ministere d'Avocat ni de Procureur. (Ord. de 1667. tit. 16. art. 2.) A moins que les Parties ne jugent à propos de se servir de ceux qui sont préposés par les Juges-Consuls pour plaider & défendre les droits des Parties. (V. la note 1. sur l'art. 11. ci-dessus pag. 250.)

8°. Néanmoins s'il est nécessaire de voir les piéces, les Juges-Consuls peuvent nommer en présence des Parties ou de ceux qui sont chargés de leurs mémoires, un des anciens Consuls, ou autre Marchand non suspect, pour les examiner, & sur son rapport donner sentence, qui sera prononcée en la prochaine audience. (Même Ord. de 1667. tit. 16. art. 3.)

9ª. Lorsqu'une des Parties ne comparoît point en personne, les Juges-Consuls peuvent aussi , s'ils jugent qu'il soit nécessaire d'entendre cette Partie , ordonner qu'elle sera ouie par sa bouche en l'Audience , en lui donnant un délai compétent ; ou si elle étoit malade , commettre l'un d'eux pour prendre l'interrogatoire, que le Greffier sera tenu de rédiger par écrit. (*Ibidem*, article 4.)

10°. Si l'une des Parties sur l'assignation fait défaut & ne comparoît pas , il doit être donné contre elle défaut ou congé en portant profit. (*Ibidem*, art. 5.) C'est-à-dire, que si c'est le Demandeur qui fait défaut , l'autre Partie obtiendra congé avec dépens; & au contraire si c'est le défendeur qui ne comparoît pas , il sera donné défaut contre lui , & pour le profit les conclusions seront adjugées au demandeur avec dépens , si elles sont trouvées justes. (Même Ord. de 1667. tit. 5. art. 3. V. aussi la note 3. sur l'art. 14 ci après, pag. 261.)

11°. L'article 6. du tit. 16. de la même Ordonnance de 1667. porte, que les défauts & congés ainsi prononcés pourront être rabattus en l'Audience suivante, pourvû que le défaillant ait sommé par acte celui qui a obtenu le défaut ou congé, de comparoître en l'Audience , & qu'il ait offert par le même acte de plaider sur le champ.

12°. Lorsque les Parties sont contraires en faits, & que la preuve en est recevable par témoins , les Juges-Consuls doivent leur accccorder un délai compétent pour faire comparoître respectivement leurs témoins. (Même Ordon. de 1667. tit. 16. art. 7.) Sur quoi il est bon d'observer, qu'il n'est pas nécessaire d'assigner ces témoins , &

qu'il fuffit que les Parties les faffent comparoître de gré à gré.

Il ne faut pas croire, comme plufieurs
fe l'imaginent, que l'Ordonnance admette
la preuve par témoins dans les Jurifdictions
Confulaires pour toutes fortes de cas indiftinctement ; ce qui réfulte affez des termes de cet article. Cette preuve ne doit y
être admife, que lorfqu'elle eft aidée de quelques adminicules, & felon la qualité des affaires & des perfonnes. (V. le Procès-verbal des Conférences tenues lors de la rédaction de l'Ordonnance de 1667. pag. 267.)

13°. Les témoins doivent être ouis fommairement en l'Audience, après que les Parties auront propofé verbalement leurs re-
proches, ou qu'elles auront été fommées de
le faire , pour enfuite être la Caufe jugée
en la même Audience, ou au Confeil fur la
lecture des piéces. (Même Ord. de 1667. tit.
16. art 7.)

14°. En cas que les témoins de l'une des
Parties ne comparoiffent point, cette Partie doit demeurer forclofe & déchûe de les
faire ouir; fi ce n'eft que les Juges-Confuls,
eu égard à la qualité de l'affaire , trouvent à
propos de donner un nouveau délai pour
amener les témoins , auquel cas les témoins
doivent être ouis fecrettement en la Chambre du Confeil. (*Ibid.* art. 8.)

15°. Les dépofitions des témoins ouis en
l'Audience doivent être rédigées par écrit ,
& s'ils font ouis en la Chambre du Confeil ,
elles doivent être fignées du témoin , finon
il doit être fait mention de la caufe pour
laquelle il n'a point figné. (*Ibid.* art. 9.)

16°. Les Juges-Confuls , dans leurs Sentences , doivent faire mention des déclina-

" toires qui feront propofés. (*Ibid.* art. 10.)
Cette difpofition eft fagement établie, parce
que quand une Partie qui a propofé un déclinatoire en cette Jurifdiction, & qui en
a été déboutée, appelle du déni de renvoi, ou comme de Juge incompétent, &
qu'elle veut obtenir un Arrêt de défenses,
le Parlement voit par la Sentence fi le déclinatoire étoit bien ou mal fondé, & s'il
y a lieu en recevant l'appel d'accorder ces défenfes.

ARTICLE XIII.

Les Juges & Confuls dans les matieres de leur compétence, *pourront juger nonobftant tout déclinatoire* (1), appel
d'incompétence, prife à partie, renvoy requis & fignifié, *mefme en vertu de nos
Lettres de* Committimus (2) aux Reque-
ftes de noftre Hoftel ou du Palais ; *le
privilege des Univerfitez* (3), des Lettres de Garde-gardienne, *& tous autres* (4).

1. *Pourront juger nonobftant tout déclinatoire.*]
Ils peuvent même prononcer, par un feul
& même jugement, fur le déclinatoire &
fur le fond. (Ainfi jugé par Arrêt du Confeil
du 7 Mars 1718. fuivi de Lettres Patentes
rendues en conféquence, enregiftrées au Parlement de Touloufe, par Arrêt du 2 Avril
de la même année.)
2. *Même en vertu des Lettres de* Committimus, *&c.*] Ceci eft conforme à la Déclaration du Roi du 28 Avril 1565. rendue

en interprétation de l'Edit de création des Juges-Consuls de Paris, qui porte » que » les Marchands & autres faisant trafic de » marchandises, seront assignés & jugés au » Consulat, nonobstant les fins d'incompé-» tence & de renvoi qu'ils pourroient ac-» quérir, en vertu de Lettres de *Committi-» mus*, pardevant les Requêtes de l'Hôtel ou » Requêtes du Palais à Paris, & autres Pri-» viléges. (Ainsi jugé par plusieurs Arrêts, & notamment par deux Arrêts des 5 Avril & 30 Juin 1629. & par un autre du 18 Décembre 1666).

2. *Le privilége des Universités.*] Ainsi jugé par deux Arrêts du Parlement de Paris des 23 Février 1644. & 6 Septembre 1646.

3. *Et tous autres.*] C'est pourquoi ceux qui ont leurs causes commises, v. g. en la Prevôté de l'Hôtel, ne peuvent user de leurs Priviléges en matiére Consulaire. (Ainsi jugé par Arrêt du Conseil du 30 Juin 1644. & par un Arrêt du Grand-Conseil du 4 Juillet 1645.)

De même ceux qui, suivant le Privilége de leurs Provinces, ne doivent point être distraits pour être traduits en d'autres Jurisdictions, comme sont ceux de la Province de Franche-Comté, ne peuvent jouir de ce Privilége, quand ils sont assignés en la Jurisdiction Consulaire. (Ainsi jugé par Arrêt du Conseil du 12 Mai 1698. en faveur du nommé François Camusat, Marchand à Troies, contre le nommé Jacques Fremiot, Marchand à Besançon.)

Le privilége du Scel attributif de jurisdiction dans les Villes qui jouissent de ce droit, comme Paris & Orleans, cesse aussi d'avoir lieu en matiére Consulaire. (Décla-

ration du 28 Avril 1565. Arrêt de réglement du 7 Août 1698. rendu entre le Châtelet de Paris, & les Juges-Confuls de la même
Ville.)

Les Marchands, Bourgeois de Paris, jouiffent du privilége particulier de ne pouvoir
être traduits, fur toutes fortes de demandes
concernant le commerce, pardevant d'autres
Juges que les Juges-Confuls de Paris. (Ainfi
jugé par Arrêt du Confeil du 18 Août 1704.
rapporté par Augeard en fon Recueil d'Arrêts, tom. 3.)

Article XIV.

Seront tenus neantmoins, fi la connoiffance ne leur appartient pas, *de déferer au déclinatoire* (1), à l'appel d'incompétence, *à la prife à partie* (2), &
au renvoy (3).

1. *De déférer au déclinatoire.*] Et à cet effet
ils doivent faire mention des déclinatoires
dans leurs Sentences. (Ord. de 1667. tit. 16.
n. 10.)

2. *A la prife à partie.*] Ces prifes à partie
ne font plus fi fréquentes, depuis qu'il eft
néceffaire d'obtenir un Arrêt, pour pouvoir
prendre un Juge à partie. (V. le Commentaire nouveau fur l'Ordonnance du mois
d'Avril 1667. tit. 25. art. 4. note 2. pag. 392.)

3. *Et au renvoi*] Les Juges-Confuls doivent être exacts à renvoyer les affaires, qui
ne font point de leur compétence, pardevant les Juges qui en doivent connoître, à
peine d'interdiction de leurs fonctions, &

de trois mille livres d'amende.

Ainsi quand un Officier ou Bourgeois est assigné en sommation au Consulat, v. g. au sujet d'un cheval par lui vendu à un Marchand, & revendu par ce dernier à un Maquignon qui a fait assigner ce Marchand au même Consulat, l'Officier ou Bourgeois sur la demande en sommation peut demander son renvoi devant son Juge, comme n'étant pas justiciable de la Jurisdiction Consulaire; & les Juges-Consuls ne peuvent alors se dispenser de renvoyer sur la demande en garantie devant le Juge de cet Officier ou Bourgeois qui demande ainsi son renvoi, & ils doivent connoître seulement de la demande originaire entre le Marchand & le Maquignon. On ne peut opposer ici la disposition portée en l'art. 8. du tit. 8. de l'Ordonnance de 1667. où il est dit, » que ceux qui seront » assignés en garantie, seront tenus de pro- » céder en la Jurisdiction où la demande » originaire sera pendante : car cet article n'a lieu que pour les Jurisdictions ordinaires, & qui sont de droit commun, mais non pour les Jurisdictions extraordinaires, telle qu'est celle des Juges-Consuls, & ne peut par conséquent préjudicier aux droits de ceux qui ne sont point soumis à leur Jurisdiction, tels que les Officiers, les Ecclésiastiques, les Bourgeois, &c. ce qui résulte d'ailleurs des termes mêmes de l'article où il est dit ensuite : » Si ce » n'est que le garant soit privilégié.

Il est même défendu aux Juges-Consuls, de juger par défaut dans ces sortes d'affaires, qui ne sont point de leur compétence. (Ainsi jugé par Arrêt du Conseil du premier Juillet 1724.). Ce même Arrêt leur enjoint

à cet effet de ne prononcer aucun défaut
fans avoir examiné la demande, afin de renvoyer devant les Juges qui en doivent connoître, celles qui par la qualité des parties,
ou la nature de la demande, ne font point
Confulaires, & débouter le Demandeur fur
fa propre Requête, ainfi qu'il fe pratique au
Châtelet de Paris, lorfque la demande paroît dépourvûe de titres, & abfolument mal
fondée.

Il eft même défendu aux Juges-Confuls,
de connoître des caufes qui ne font pas de
leur compétence, dans les cas où les deux
Parties confentiroient de procéder devant
eux, & ils doivent alors renvoyer d'office ces
Parties pardevant les Juges qui en doivent
connoître. (Ainfi jugé par Arrêts des 15
Mars 1564. 3 Avril & 29 Juillet 1565. rapportés par Chenu en fon Recueil de Réglemens, tom. 1. tit. 22. chap. 122. pag. 394.
de l'édition de 1630. Autre Arrêt du 23 Février 1695. rendu pour Orleans, & quelques
autres villes du Royaume. Autre du 7 Août
1698. rapporté au Journal des Audiences,
tom. 5. de l'ancienne édition.)

Les Juges-Confuls ne peuvent auffi évoquer une Inftance pendante devant un autre Juge, quoique la Caufe portée devant
cet autre Juge foit de leur compétence, &
dût être portée en leur Jurifdiction, fauf
à eux à la revendiquer, & en demander le
renvoi; (Ainfi jugé par Arrêt du 27 Février 1564. rapporté par Chenu en l'endroit
qu'on vient de citer.) Ce qui eft une fuite
de la régle générale, que les Juges, quels
qu'ils foient, ne peuvent évoquer les Caufes
pendantes en d'autres Jurifdictions, à moins

que ces Jurisdictions ne leur soient subor-
données.

ARTICLE XV.

Declarons nulles toutes Ordonnances,
Commissions, Mandemens pour faire assigner, & les Assignations données en conséquence pardevant nos Juges, & ceux
des Seigneurs, *en révocation* (1) de celles qui auront esté données pardevant les
Juges & Consuls. Défendons, à peine de
nullité, *de casser ou surseoir* (2) les procédures *& les poursuites en exécution de
leurs Sentences* (3), *ni faire défenses de
proceder pardevant eux* (4). Voulons
qu'en vertu de nostre presente Ordonn-
nance, elles soient executées, & que les
Parties qui auront presenté leurs reque-
stes pour faire casser, révoquer, surseoir ou
défendre l'execution de leurs Jugemens ;
les Procureurs qui les auront signées,
& les Huissiers ou Sergens qui les auront signifiées, soient condamnez chacun en cinquante livres d'amende, moitié au profit de la Partie, moitié au
profit dès Pauvres ; qui ne pourront estre
remifes ni moderées : au payement des-
quelles la Partie, les Procureurs & les
Sergens feront contraints solidairement.

1. *En révocation*, *&c.*] L'Arrêt de réglement du 7 Août 1698. rendu entre les Ju-

ges ordinaires & les Juges Confuls, rapporté au cinquiéme tome du Journal des
Audiences. » Fait défenfes au Prévôt de Pa-
» ris & à tous autres Juges de révoquer,
» même fur la réquifition des Subftituts du
» Procureur Gé éral , les affignations don-
» nées devant les Juges-Confuls, de caffer
» & annuller leurs Sentences , d'en fur-
» feoir , arrêter ou empêcher en quelque
» maniére que ce foit l'exécution , de faire
» élargir les prifonniers arrêtés ou recom-
» mandés en vertu de leurs Jugemens, & de
» prononcer aucune condamnation d'amen-
» de pour diftraction de Jurifdiction ,
» tant contre les Parties que contre les
» Huifliers, Sergens & tous autres qui au-
» ront donné ou fait donner des affigna-
» tions pardevant lefdits Juges-Confuls, fans
» préjudice aux Parties de fe pourvoir en
» la Cour par appel, pour leur être fait droit
» fur le renvoi par elles requis, & au Sub-
» ftitut du Procureur Général d'y intervenir,
» pour la confervation de la Jurifdiction ,
» ainfi qu'il verra bon être.

2. *De caffer ou furfeoir.*] La même chofe
avoit été jugée auparavant par plufieurs
Arrêts, & entr'autres par ceux du 19 Mars
1610. rendu pour Senlis ; du 10 Mai 1653.
rendu pour Angers ; du 8 Avril 1659. rendu
pour Paris ; & du 13 Juillet 1665. rendu en
faveur des Juges-Confuls d'Orleans.

3. *Et les pourfuites en exécution de leurs Sen-*
tences.] Ni pareillement d'élargir les prifonniers, emprifonnés en vertu des Sentences
des Juges-Confuls ; (Arrêt du 9 Août 1599.
rendu pour Angers. Autre du Parlement de
Bretagne du 13 Juillet 1659. rendu pour S.

Malo. Autre Arrêt du 7 Août 1698. ci-deſſus
rapporté.) ce qui ſe trouve même établi
expreſſément par une Déclaration du Roi du
16 Janvier 1612.

Lorſque les Juges - Conſuls ont excédé
leur pouvoir, & connu de matiéres qui n'é-
toient pas de leur compétence , il n'y a
d'autre voie pour ſe pourvoir contre leurs
Sentences, que celle de l'appel au Parlement,
tant comme de Juge incompétent qu'autrement; & on ne peut même empêcher l'exécution proviſoire de ces Sentences , qu'en
obtenant un Arrêt de défenſes , qui ne doit
s'accorder que ſur des moyens apparens d'incompétence.

4. *Ni faire défenſes de procéder pardevant
eux.*] Cette diſpoſition eſt conforme à celle
de la Déclaration du Roi du 4 Octobre
1611.

Les Juges ordinaires ne peuvent pareillement prononcer aucune condamnation d'a-
mende, ſoit contre les Parties, ſoit contre les
Huiſſiers , pour diſtraction de Juriſdiction,
& pour avoir aſſigné devant les Juges-Conſuls. (Arrêt du Conſeil du 9 Juin 1670.
rendu en faveur des Juges-Conſuls d'Angers,
de Poitiers , &c. Arrêt du Parlement du 7
Août 1698. ci-deſſus rapporté.)

En général , il eſt défendu aux Juges ordinaires de faire aucunes entrepriſes ſur la
Juriſdiction des Juges-Conſuls. (Lettres Patentes du 22 Février 1566. rendues pour la
ville de Rouen. Autres du 19 Décembre
1582. & 6 Janvier 1587. pour Reims. Déclaration du Roi du 4 Octobre 1611 .)

Ainſi ils ne peuvent connoître des affaires Conſulaires , dans le cas où la connoiſſance en appartient aux Juges - Conſuls ,

fous les peines portées par les Ordonnances & Arrêts. (Même Déclaration du 4
Octobre 1611. Arrêt du 17 Juillet 1699.
rendu en faveur des Juges-Confuls de Compiegne.) Il eft même défendu aux Procureurs
de fe charger de pareilles Caufes. (Déclaration du 28 Avril 1565. Lettres Patentes
du 22 Février 1566. pour Rouen. Autres
du 8 Mars 1571. pour Orleans , & quelques
autres Villes. Arrêt du 6 Maï 1608. rendu
pour Chartres.)

Les Juges ordinaires peuvent encore moins
évoquer ces caufes, lorfqu'elles font pendantes pardevant les Juges - Confuls , fauf à les
revendiquer , & à fe pourvoir par appel au
Parlement , en cas de déni de renvoi. (Arrêt du Confeil du 3 Décembre 1618. rendu
pour la ville de Reims.)

Enfin fuivant les Lettres Patentes du 8
Mars 1571. données en faveur des Juges-
Confuls d'Orleans , d'Angers & de Bourges , il eft dit que les Prevôts , Lieutenans
& Baillis , à la premiére remontrance qui
leur fera faite du fait dont la connoiffance
appartient aux Juges-Confuls , renverront
les Parties pardevant eux pour y procéder,
fans en retenir la connoiffance , foit par requête ou par appel. La même chofe a été
jugée par Arrêt du 29 Mars 1575. rapporté
par Chenu en fes Reglemens au titre des
Prevôts , & par un autre du 2 Septembre 1650. rendu en faveur des Juges-Confuls
de Chartres.

Lorfqu'il arrive des conflits de Jurifdiction entre les Juges ordinaires & les Juges-Confuls, dans les cas où ces derniers jugent en dernier reffort , il faut fe pourvoir
en reglement de Juges au Grand-Confeil ;

il y 'en a plusieurs exemples. (Arrêt du
Grand-Conseil du 16 Janvier 1713. qui le
juge ainsi. Autre Arrêt du Grand-Conseil
du 5 Septembre 1693. rendu en faveur des
Juges-Consuls de Bourges. V. aussi l'Ordonnance du mois d'Août 1669. tit. 3. art. 6.
avec les notes.)

A R T I C L E X V I.

Les Veuves & Heritiers (1) des Marchands , Negocians & autres , contre
lesquels on pourroit se pourvoir pardevant les Juges & Consuls , y seront assi-
gnez , ou en reprise , ou par nouvelle
action. *Et en cas que la qualité, ou de
Commune* (2) *, ou d'Heritier pur &
simple , ou par Benefice d'inventaire ,
soit contestée, ou qu'il s'agisse de douaire ,
ou de legs universel , ou particulier , les
Parties seront renvoyées pardevant les Juges ordinaires pour les regler : & après
le Jugement de la qualité , douaire ou
legs , elles seront renvoyées pardevant
les Juges & Consuls.*

1. *Les veuves & héritiers.*) C'est-à-dire ,
les veuves & héritiers qui continuent le
commerce après la mort du défunt ; autrement cette veuve & ces héritiers ne sont
pas sujets à la Jurisdiction Consulaire, ainsi
qu'il a été jugé par Arrêt du 20 Avril 1573.
& par un autre du mois de Mars 1574. rapporté par Neron sur l'art. 3. de l'Edit des

Confuls, du mois de Novembre 1563. çe
qui eft conforme à la difpofition dudit art. 3.
qui ne parle que des veuves & marchandes publiques: Néanmoins s'il s'agit d'une
dette qui procéde du fait du défunt, & qui
foit Confulaire, il faudra affigner la veuve
& héritiers pardevant les Juges-Confuls.
C'eft ainfi que le penfe Chenu en fon Recueil de Reglemens, tom. 1. tit. 22. pag. 397.

Au refte, il faut obferver que dans le cas
où cette veuve & ces héritiers viendroient
à être condamnés, on ne peut prononcer
contre eux la condamnation par corps, cette
contrainte étant purement perfonnelle, &
ne paffant point contre l'héritier de l'obligé.
(Ainfi jugé par plufieurs Arrêts, & notamment par un du 19 Mai 1567.) Les Juges Confuls de Paris en ont même fait un
Reglement exprès : ce Reglement eft du 3
Juillet 1617. V. auffi l'art. 12. de l'Edit du mois
de Novembre 1563. portant établiffement
des Confuls en la ville de Paris, où il eft
dit, que *les exécutions commencées contre les con-*
damnés feront parachevées contre leurs héritiers,
& fur leurs biens feulement.

2. *Et en cas que la qualité, ou de com-*
mune, &c.] V. l'art. 9. ci-deffus, pag. 249.

Aʀᴛɪᴄʟᴇ XVII.

Dans les matieres attribuées aux Juges & Confuls, le Creancier pourra faire
donner l'affignation à fon choix, ou au
lieu du domicile du debiteur, *ou au lieu*
auquel la promeffe a efte faite, & la mar-
chandife fournie (1), *ou au lieu auquel*

le payement doit eftre fait (2).

1. *Ou au lieu auquel la promeſſe a été faite ;
& la marchandiſe fournie.*] Le lieu où la promeſſe a été faite, & la marchandiſe fournie, étant le lieu où le débiteur a contracté,
il eſt juſte qu'il puiſſe y être aſſigné ; ce qui
eſt conforme à la diſpoſition de Droit en la
Loi *Si longiùs*, §. *finali*, *ff. de Judiciis.*

Au reſte, la conjonctive *&* qui eſt ici ap-
poſée, fait voir qu'il faut l'une & l'autre de
ces conditions ; c'eſt-à-dire, que la promeſſe
ait été faite, & la marchandiſe fournie dans
le lieu : car ſi la promeſſe a été faite en un
lieu, & la marchandiſe fournie en un autre, alors on ne pourroit faire aſſigner le
débiteur au lieu où la promeſſe a été faite,
ou au lieu où la marchandiſe a été fournie ;
mais il faut néceſſairement que ces deux choſes concourent.

Quand un marché ſe fait par lettres entre deux Négocians, comme cela arrive le
plus ſouvent, le lieu où la promeſſe a été
faite, eſt celui du domicile du Marchand
qui accepte le marché, parce que c'eſt cette
acceptation qui accomplit la convention.

En matiére de Lettres de change, on ne
peut faire aſſigner que pardevant le Juge du
domicile du débiteur, ou bien au lieu auquel le payement doit être fait.

2. *Ou au lieu auquel le payement doit être
fait.*] Parce que c'eſt celui où le débiteur
s'eſt obligé de payer, & que c'eſt là que
le contrat a ſon exécution & ſa perfection.
(V. la Loi 19. §. 4. *ff. de Judiciis*, & Godefroi ſur la Loi 20. du même titre, note 11.
V. auſſi la Loi 1. *ff. de eo quod certo loco* ; &
L. unic. Cod. ubi conven. qui certo loco.

Hors

Hors les trois cas expofés en cet article, il n'eft pas permis aux Juges-Confuls de connoître des caufes entre Marchands qui ne font pas leurs jufticiables : au contraire dans l'un de ces trois mêmes cas, ils en peuvent connoître, non-feulement dans la Ville où leur Jurifdiction eft établie, mais indiftinctement dans toute l'étendue du Bailliage de leur reffort, lorfque le lieu dont il eft fait mention dans cet article s'y trouve fitué. On jugeoit autrefois à la verité que le detroit de ces Juges ne s'étendoit point dans les Juftices Seigneuriales, quoique dépendantes de leur reffort; & on trouve quelques Arrêts qui l'ont ainfi jugé, fur le fondement qu'en France les Juftices font Patrimoniales. (V. Mornac fur la Loi 8. *Cod. de Epifcopali aud.)* Mais depuis les nouveaux Arrêts ont jugé tout le contraire, & ont déclaré les Juges-Confuls compétens pour connoître des caufes qui leur font attribuées, dans toute l'étendue du Bailliage ou Sénéchauffée Royale du lieu de leur établiffement, même dans l'étendue des Juftices Seigneuriales de leur reffort. (Ainfi jugé par Arrêt du 28 Mars 1620. rendu en la Chambre de l'Edit, pour la ville de Tours. Autre Arrêt du 19 Janvier 1631. pour Angers. Autre du 8 Mars 1642 pour Reims. Autre du 6 Août 1651. pour Angers. Autre du 12 Mai 1657. pour Chalons. Arrêt du Confeil du 9 Juin 1670 rendu au profit des Juges Confuls de Poitiers, Bourges, &c. Autre Arrêt du Confeil du 29 Octobre 1670. contre les Officiers du Préfidial de Bordeaux. Autre Arrêt de la Cour du 27 Juin 1704. rendu pour Angoulême.)

Les Juges-Confuls connoiffent même des

affaires qui sont de leur compétence, dans toute l'étendue des Siéges particuliers du Bailliage, ou de la Sénéchauffée Royale où ils sont établis. Ainsi à Orleans ils connoissent des affaires Consulaires, non-seulement dans l'étendue des Justices Royales & Seigneuriales du Siége principal du Bailliage d'Orleans ; mais aussi dans toute l'étendue des Siéges Royaux particuliers dépendans du même Bailliage, comme sont les Siéges de Beaugenci, Yenville, Neuville, Yevre-le-Chatel, Vitry & Bois-commun, auxquels on doit même ajouter les Siéges de Lorris & de Château-Regnard, comme étant des anciens ressorts du Bailliage d'Orleans.

Mais hors le ressort du Bailliage ou de la Sénéchauffée Royale du lieu de leur établissement, les Juges-Consuls sont incompétens pour connoître des matiéres Consulaires. (Ainsi jugé par Arrêt du 30 Juillet 1613. contre les Juges-Consuls d'Orleans, pour la ville de Châteaudun, qui est hors le ressort du Bailliage d'Orleans. V. Mornac sur la Loi 8. *Cod. de Episcop. aud.* & il a été ainsi jugé par Arrêt du 7 Mai 1597. rendu contre les Juges-Consuls de Chartres, rapporté par Loiseau, Traité des Seigneuries, chap. 14. n. 68. Autre Arrêt du 18 Mars 1659. contre les Juges-Consuls d'Auxerre, rapporté au Journal des Audiences. Autre du 14 Février 1703. rendu contre les Juges-Consuls de Compiegne. Autre du 27 Juin 1704. tous les deux rapportés au même Journal. Autre du 20 Juin 1722. rendu contre les Juges-Consuls de Reims, qui leur fait défenses de connoître des causes des Marchands, qui ne sont point do-

miciliés dans le reſſort du Bailliage de Reims,
ſi ce n'eſt dans les cas portés par l'art.
17. du tit. 12. de l'Ordonnance du Commerce. Autre Arrêt du 24 Janvier 1733.
rendu pour la ville d'Angoulême, qui renferme une diſpoſition toute ſemblable.)

ARTICLE XVIII.

Les Aſſignations *pour le Commerce ma-*
ritime (1), ſeront données pardevant les
Juges & Conſuls du lieu où le contract
aura eſté paſſé. Declarons nulles celles
qui ſeront données pardevant les Juges
& Conſuls du lieu d'où le vaiſſeau ſera
parti, ou de celuy où il aura fait naufrage.

1. *Pour le Commerce maritime.*] V. l'art. 7.
ci-deſſus avec les notes, pag. 247.

ADDITION

Au Titre de la compétence des Juges-Consuls, où il est parlé de leurs pouvoir, fonctions, devoirs, droits & prérogatives.

§. I.

Des matiéres dont les Juges-Consuls ne peuvent connoître.

1°. Les Juges Consuls sont incompétens pour connoître des faillites & banqueroutes, ainsi que des contrats d'atermoiement, si ce n'est dans le cas marqué ci-après n°. 17. pag. 280. (V. ce qui a été dit ci-dessus en la note 4. sur l'article 7. du tit. 11. pag. 210.)

2°. Ils ne peuvent pareillement connoître de l'entérinement des Lettres de répi, quoiqu'obtenues par un Banquier ou Négociant. (V. l'Ord. du mois d'Août 1669. tit. 6. art. 3.)

3°. Les cessions de biens qui se font en justice, ne peuvent aussi être faites pardevant les Juges-Consuls; mais elles doivent être faites devant le Juge Royal ordinaire du domicile du cessionnaire; (V. ci-dessus tit. 10 art. 1. note L. pag. 184.) ce qui a lieu même à l'égard de ceux , qui étant emprifonnés en vertu de Sentences Confulaires , demandent à être admis au bénéfice de ceffion : car cette demande doit auffi être donnée devant les Juges ordinaires. (Arrêt du 10 Mai 1653. rendu pour Orléans , rapporté dans le recueil de la Jurifdiction Confulaire de la même Ville, pag. 97.)

4°. Les Juges-Confuls font incompétens pour connoitre des queftions d'état, quoi qu'incidentes aux affaires portées devant eux. (V. ci-deffus tit. 12. art. 9 & 16.)

5°. Ils ne peuvent connoître de l'exécution de leurs Sentences ; mais cette connoiffance appartient aux Juges ordinaires. L'Edit de création des Confuls de Paris, du mois de Novembre 1563. rendu commun pour tout le Royaume , porte »que les faifies, » établiffemens de Commiffaires, & ventes » de biens ou fruits, feront faites en vertu » des jugemens & fentences des Juges-Con- » fuls, mais que les criées & interpofition » de décret fe feront par autorité des Juges » ordinaires des lieux. »

Une Ordonnance du Châtelet de Paris, du 23 Avril 1698. établit auffi comme une maxime certaine, que les faifies réelles, priorités d'hypotheque, les préférences fur les faifies entre créanciers , les ouvertures de portes , le choix ou refus des gardiens, les permiffions d'emprifonner les Fêtes & Dimanches, ne font point de la compétence des Juges-Confuls ; & qu'il en eft de même s'il s'agit de faire rendre compte à l'Huiffier ou au Commiffaire , de la vente des chofes faifies: il faut dans tous ces cas fe pourvoir devant les Juges ordinaires. Depuis il y a eu un Arrêt de la Cour, du 13 Juillet 1728.

N iij

rendu fur les conclufions de M. le Procureur Général, qui fait défenfes aux Juges-Confuls d'Orléans de connoître des conteftations qui ne font pas de leur compétence, & notamment de celles qui peuvent naître entre créanciers, à l'occafion de faifies faites en exécution de leurs Sentences, ordres & diftributions de deniers, & tous autres qui ne leur font point attribués par l'Ordonnance.

A l'égard des autres conteftations, qui peuvent naître entre le faififfant & le débiteur faifi à l'occafion des faifies faites en vertu des Sentences Confulaires, les Juges-Confuls en peuvent connoître, foit que la faifie ait été faite fur le débiteur même, foit qu'elle ait été faite entre les mains d'un tiers. Mais fi le tiers entre les mains de qui la faifie & arrêt eft faite, prétend ne rien devoir, ou qu'il fe trouve des oppofans qui ne foient point créanciers pour fait de Marchandifes, & dont la créance ne foit pas de la Jurifdiction Confulaire, en ce cas les Parties doivent fe pourvoir devant les Juges ordinaires. (Arrêt de Reglement du 24 Janvier 1733. rendu pour Angoulême.)

§. I I.

Des Incidens.

6°. Lorfque dans une inftance principale pourfuivie pardevant les Juges-Confuls, il furvient quelque demande propofée pour exception de la part du défendeur, qui ne foit pas de la compétence des Juges-Confuls, ces derniers n'en peuvent connoître

même incidemment , fur-tout dans le cas
où cette demande incidente ne feroit pas
liquide, & pour laquelle la compenfation
ne fe feroit pas de plein droit ; il faudra
alors juger la demande principale féparé-
ment , & renvoyer la demande incidente
pardevant les Juges qui en doivent connoître. Mais fi la demande propofée pour exception étoit claire & liquide, & qu'elle fervît
de défenfes contre la demande principale ,
à laquelle elle feroit tellement connexe ,
qu'elle éteignît & fît tomber la demande
principale , alors rien n'empêcheroit que les
Confuls n'en puffent connoître.

7°. Les Juges-Confuls ne peuvent connoître des infcriptions de faux , même in-
cident, qui peuvent furvenir dans le cours
d'une inftance contre un billet ou autre
acte produit par quelqu'une des Parties.
C'eft une fuite de ce qui eft porté en la Déclaration du 15 Mai 1703. ci-deffus citée
pag. 256. n. 6°. qui enjoint aux Juges-Confuls de renvoyer pour les vérifications d'é-
critures pardevant les Juges ordinaires ;
ce qui réfulte d'ailleurs de l'art. 20 du tit. 1.
de l'Ordonnance Criminelle du mois d'Août
1670.

8°. Ils ne peuvent connoître pareillement
des rébellions incidentes à l'exécution de
leurs jugemens. (V. Toubeau en fes Inftitutions Confulaires, liv. 1. tit. 17. ch. 9. pag.
333 ; ce qui d'ailleurs eft porté expreffément par le même art. 20. du tit. 1. de l'Ord.
de 1670.)

9°. A plus forte raifon ne peuvent-ils
connoître des délits , qui fe commettent incidemment aux inftances pendantes pardevant eux , ou en exécution de leurs juge-

mens. (Arrêt du 8 Août 1702. rapporté au Journal des Aud. tom. 5. qui fait défenses aux Juges-Consuls d'Amiens de connoître des ffaires criminelles, & de faire aucune Procédure extraordinaire pour raison de recelés & divertissemens, fausses déclarations, simulation de créances, & autres accusations incidentes aux causes portées en la Jurisdiction Consulaire, ni de commettre à cette fin l'un d'entr'eux, pour faire les fonctions de Procureur du Roi ; enjoint auxdits Consuls dans ces cas & autres, qui ne sont de leur compétence, de laisser les Parties à se pourvoir pardevant les Juges qui en doivent connoître, à peine de nullité des jugemens, &c.)

§. III.

Des Actes de puissance publique, & de Jurisdiction volontaire.

10°. On a toujours douté si les Juges-Consuls pouvoient permettre de saisir & arrêter sur Requête dans les cas où il y a lieu d'accorder ces sortes de permissions, comme quand une Partie est fondée en billet ou promesse, & dans les autres cas marqués par les Coutumes, Ordonnances & Reglemens. Cette question paroît avoir été décidée en faveur des Jurisdictions Consulaires par Arrêt du Parlement du 12 Décembre 1715. rendu au profit du nommé Jean Glucq, Teinturier des Gobelins ; mais comme cet Arrêt a été rendu dans un tems où la connoissance des faillites & banqueroutes, & de tout ce qui y étoit accessoire, comme les scellés, &c. étoit attribuée aux Juge-Consuls, & que cette attribution leur a été ôtée depuis, il semble qu'on n'en peut rien conclure, s'il n'y avoit que cette seule autorité. Cette question vient d'être décidée récemment en faveur des Juge-Consuls contre les Officiers du Châtelet de Paris par Arrêt du 19 Septembre 1755. Cet Arrêt maintient les Juge-Consuls de Paris dans le droit & la possession d'accorder sur requête des permissions de saisir dans les affaires de leur compétence, mais seulement entre les mains de Marchands & Justiciables de la Jurisdiction des Juge-Consuls, avec charge à eux, en cas que les Marchands & Justiciables de leur Jurisdiction se trouvassent devoir pour toutes autres causes que celles du commerce, de renvoyer devant les Juges ordinaires. Voyez aussi Toubeau en ses Institutions Consulaires, livre 1. titre 11. page 75. où il rapporte un Arrêt du Parlement du 7 Septembre 1639. rendu contre le Prevôt de Paris en faveur des Juge-Consuls, qui autorise ces derniers à donner ces sortes de permissions.

11°. Mais ils ne peuvent donner permission de faire ouverture des portes, ni de s'assister de main-forte, ni d'emprisonner les jours de Fêtes & de Dimanches, &c. cela n'appartient qu'aux Juges ordinaires. (Ordonnance du Châtelet de Paris, du 23 Avril 1668. ci-dessus citée.)

12°. Les Juge-Consuls ne peuvent faire aucun Reglement concernant leur Jurisdiction; (Arrêt de Réglement du Parlement de Paris, du 10 Juillet 1665. art. 6. Dolive, liv. 1. ch. 38.) si ce n'est pour ce qui regarde les jours & heures des Audiences , & la Police de leur Siége : car cette connoissance appartient à tout Juge sans exception. (V. Loiseau , Traité des Seigneuries , ch. 9. n. 7 & 8. & la Rocheflavin en son Traité des Parlemens , liv. 13. chap. 23. art. 7.)

13°. Ils peuvent mulcter & punir par amende , pour irrévérence & manque de respect commis en leur présence , & quand ils sont dans leurs fonctions ; ils sont même dans l'usage de faire payer sur le champ & sans déport l'amende aux délinquans. (Voyez Bouvot au mot *Irrévérence*, tome 2.)

14°. Quand il s'agit de faire quelque enquête, ou de constater la preuve de quelque fait par un Procès - verbal , les Juge - Consuls peuvent commettre sur les lieux pour informer , comme tous les autres Juges.

15°. Quoique les Juge-Consuls taxent ordinairement les dépens faits en leur Jurisdiction, néanmoins il a été jugé par Arrêt du 29 Février 1708. rapporté au Journal des Audiences, que la taxe des frais d'Huissier pour Exploits faits en la Jurisdiction Consulaire, pouvoit être faite par le Juge ordinaire.

16°. Les Sentences arbitrales entre Marchands & autres Associés, pour raison de négoce, marchandise ou banque, doivent être homologuées dans les Jurisdictions Consulaires, s'il y en a ; ce qui a pareillement lieu à l'égard des veuves, héritiers & ayans cause des Associés. (Voyez ci-dessus, titre 4. articles 13 & 14.)

17°. Les Juge - Consuls peuvent connoître des homologations de contrats & transactions faites entre Marchands, si elles sont faites pour raison de marchandises ; mais si dans ces transactions il intervenoit quelque Partie qui ne fût pas Marchand, ou que les parties contractantes traitaffent de quelque chofe qui ne concernât pas le commerce, alors l'homologation en doit être pourfuivie devant les Juges ordinaires, lefquels en ce cas connoitront des mêmes tranfactions ; ce qui a pareillement lieu dans le cas où ces tranfactions contiendroient des articles concernant le négoce, & d'autres qui ne le concernent pas. (Arrêt de Reglement du 24 Janvier 1733. rendu pour Angoulême.)

Il en eft de même de l'homologation des contrats d'atermoiement entre un failli & fes créanciers, s'ils font tous Marchands ou Négocians ; cette homologation pourra auffi être faite dans les Jurifdictions Confulaires : tel eft le fentiment de M. l'Avocat Général Dagueffeau, dans le préambule de l'Arrét de Reglement du 7 Août 1698. rendu entre les Juges-Confuls de Paris, & le Châtelet de la même Ville. Mais fi parmi les Créanciers il y en a un feul qui ne foit pas Marchand, ou jufticiable des Juges-Confuls, alors l'homologation doit être pourfuivie devant les Juges ordinaires.

180. Quand il s'agit de faire déclarer exécutoire contre une veuve ou des héritiers une Sentence rendue par des Juges-Confuls fans autre condamnation, il paroît auffi que cette demande doit être donnée devant les Juges ordinaires ; parce que les Juges-Confuls *nudam habent notionem*, & que ce n'eft qu'acceffoirement, & par une attribution particuliere, que leurs Sentences emportent exécution contre ceux qui étoient parties en l'inftance pourfuivie & jugée par eux.

§. I V.

De l'Autorité & pouvoir des Juges-Consuls dans leurs Jugemens.

19°. Les Juges-Consuls jugent en dernier reffort jufqu'à la fomme de cinq cens livres ; (Edit de création des Juges-Consuls de Paris, rendu commun pour tout le Royaume, & rapporté ci-apiès. Déclaration du 28 Avril 1565. rendue en interprétation du même Edit.) ce qui a lieu non-feulement pour le principal, mais encore pour les dépens, fuivant l'ufage des Jurifdictions Confulaires.

20°. Ils jugent par provifion, & nonobftant oppofitions ou appellations quelconques, toutes les caufes de leur compétence qui font au-deffus de cinq cens livres, à quelque fomme qu'elles montent. (Même Edit, art. 11.) Mais cette exécution provifoire n'a lieu que pour le principal, & non pour les dépens.

Dans les cas où les Juges-Consuls ne jugent pas en dernier reffort, l'appel de leurs Sentences fe porte nuëment aux Parlemens dont ils dépendent.

A l'égard de l'appel des Sentences par eux rendues fur des déclinatoires propofés, même dans le cas où ils jugent en dernier reffort, cet appel fe porte toujours au Parlement. Ainfi quand on a décliné leur Jurifdiction, du moins fur un fondement apparent, il eft facile d'obtenir un Arrêt de défenfes pour empêcher l'exécution de la Sentence, même dans le cas où il s'agit d'une somme au-deſſous de cinq cens livres.

21º. Les Juges Conſuls peuvent prononcer des condamnations par corps à l'égard des Marchands , Banquiers , Négocians ou autres qui ont ſigné des lettres ou billets de change, ou qui les ont endoſſés ; ils peuvent auſſi condamner par corps les Marchands & Négocians qui ont ſigné des billets (même autres que ceux de change.) pour valeur reçue comptant ou en Marchandiſe, ſoit que ces billets doivent être acquittés à un particulier y nommé , ou à ſon ordre , ou au porteur, & généralement pour toutes dettes entre Marchands pour fait de Marchandiſes dont ils ſe mêlent. (V. ci-deſſus tit. 7. art. 1. & Ord. de 1667. tit. 34. art. 4) Mais il faut pour que cette condamnation par corps ait lieu , qu'elle ſoit prononcée par la Sentence ; autrement elle ne pourroit avoir ſon exécution.

Ils pouvoient auſſi condamner par corps pour l'exécution des contrats maritimes, groſſes aventures, charte parties, ventes & achats de vaiſſeaux , & auſſi pour le fret & le naulage, lorſque ces choſes étoient de leur compétence. (V. *ſuprà*, tit. 7. art. 2.)

Mais hors ces cas, les Juges-Conſuls ne peuvent prononcer la condamnation par corps, même dans les affaires dont la connoiſſance leur eſt attribuée , v. g. au cas de l'article 5. du tit 12. ci-deſſus , & autres ſemblables. (Arrêt du 24 Janvier 1733. rendu pour Angoulême.)

22º. Les Juges Conſuls, en condamnant un particulier débiteur au payement de ce qu'il doit , peuvent comme tous les autres Juges, par des circonſtances particulieres & des raiſons d'équité , accorder juſqu'à trois mois de délai au débiteur pour faire le payement de la somme à laquelle il a été condamné. (Ordon. du mois d'Août 1669. Titre des répis , art. 1.) Mais ils ne doivent user de cette faculté qu'avec beaucoup de réserve , & jamais au-delà du terme auquel le débiteur lui-même s'est obligé de payer , quand il y a une promesse ou billet , si ce n'est pour d'importantes considérations.

23°. Leurs Sentences emportent hypotheque sur les biens des condamnés, & sont exécutoires dans tout le Royaume, sans qu'il soit besoin de demander aucun *visa* ni *pareatis* aux Juges des lieux. (Edit. de Nov. 1563. art. 8.)

Ainsi on peut en vertu de ces Sentences saisir les biens meubles & immeubles du condamné , & procéder par voie d'emprisonnement de sa personne, si la condamnation est par corps , & cela sans qu'il soit besoin de prendre aucune permission du Juge ordinaire ; mais s'il s'agit de passer outre aux criées & interpositions de décret, elles doivent se faire par l'autorité des Juges Royaux des lieux , ainsi qu'on l'a observé. (Même Edit, articles 10 , 12 , & 13. Arrêt du 10 Juin 1667.)

Les Sentences Consulaires emportent aussi intérêt contre le condamné suivant l'art. 11. du même Edit de Nov. 1563 ; mais ces intérêts qui étoient alors au denier douze , sont aujourd'hui au denier vingt depuis l'Edit du mois de Décembre 1665.

24°. Les Sentences des Juges-Consuls peuvent être exécutées par tous Huissiers Royaux indistinctement. (Arrêt du Conseil du 8 Mars 1625. rendu contre les Sergens à verge & à cheval au Châtelet de Paris.)

25°. Les Sentences Consulaires, même définitives, peuvent s'expédier en papier , à la réserve de ce qui s'observe dans les autres Justices. (Déclar. du 19 Juin 1691. art. 7. V. aussi l'Edit des Consuls de Paris du mois de Nov. 1563. ci après , art. 18.)

26°. Celui qui a présidé, doit avoir soin à l'issue de l'Audience ou dans le même jour de voir les Sentences que le Greffier a rédigées, & il doit signer le Régistre plumitif & parapher chaque Sentence.(Ord. de 1667. tit. 16. art. 5. Arrêt du Conseil du 21 Juin 1695.)

§ V.

Devoirs des Juges - Consuls dans leurs fonctions.

27°. Les Juges-Consuls étant destinés à rendre la Justice, doivent étudier les Reglemens nécessaires à leur état , & principalement l'Ordonnance du Commerce de 1673 & le titre 6. de l'Ord. du mois d'Av. 1667. En effet quoiqu'ils jugent ordinairement *ex æquo & bono* , néanmoins ils sont obligés de se conformer aux loix qui leur sont prescrites dans l'administration de la Justice,& pour cette raison ils doivent en faire une étude particuliere : car quelque bon sens qu'ait d'ailleurs un Négociant,il ne peut suppléer par lui même à ces connoissances, quand il seroit d'ailleurs très-habile en fait de négoce. L'Ord. de Blois art. 147. & la Déclar. du 2 Octobre 1610. obligent en termes exprès les Juges-Consuls de se conformer aux Loix & Ordonnances du Royaume , à peine d'être pris à partie ;

à quoi paroissent aussi conformes les articles 6 & 8 du tit. 1. de l'Ord. de 1667.

28°. Les Juges-Consuls doivent être assi-
dus, & vaquer diligemment à leurs fonctions
pendant le tems de leur exercice. (Edit de
création des Consuls de Paris du mois de
Nov. 1563. art 7.)

29°. Ils doivent juger sommairement &
sur le champ, & éviter les délais & procédures inutiles : car le principal caractere &
avantage de la Jurisdiction Consulaire, est
de rendre une justice prompte.

30°. L'article 11. du tit. 16. de l'Ord. du
mois d'Avril 1667. leur fait défenses de
prendre des épices, salaires, droits de rapport & du Conseil, même pour les inter-
rogatoires des Parties, audition de témoins
ou autrement, en quelque cas ou sous quelque prétexte que ce soit, à peine de concussion & de restitution du quadruple ; ce
qui est conforme à l'article 7. de l'Edit des
Consuls de Paris du mois de Novembre
1563.

31°. Les Juges-Consuls doivent être au
moins trois pour juger; (Même Edit de
1563. art. 8.) & s'ils ne sont pas en nombre
suffisant, ils peuvent appeller des anciens
pour juger avec eux.

Mais ces anciens Consuls ne peuvent s'im-
miscer aux jugemens des Procès, que quand
ils ont été appellés à cet effet par ceux qui
sont en charge. (Ainsi réglé par une Déclaration du Roi du 15 Décembre 1722. &
par une autre du 26 Juin 1723.)

32°. Ils ne peuvent rendre aucun jugement en leurs maisons, & ils doivent juger
en la sale ordinaire de leur Audience, ou

chambre du Conseil, & lieu public destiné à cet effet. (Ainsi jugé par Arrêt du 16 Mars 1658. rendu contre les Juges-Consuls de la Ville d'Amiens, qui leur fait défenses de donner des Audiences dans leurs maisons particulieres.)

Mais ils peuvent faire en leur Hôtel tout ce qui est d'instruction, à l'exemple des autres Juges ; comme s'il s'agit de répondre des Requêtes , recevoir une caution , &c.

33°. Ils ne peuvent aussi rendre aucune Sentence, les jours de Fête , ni autre jour ferié, non plus que les autres Juges. (V. Papon en ses Arrêts, liv. 4. tit. 13. art. 5.)

34°. Les Juges-Consuls ne jugent jamais qu'en premiere instance, & ne peuvent être Juges d'appel en aucun cas.

35°. En cas de récusations contre quelqu'un des Juges-Consuls, il faut suivre ce qui est ordonné par l'article 25. du tit. 24. de l'Ord. du mois d'Avril 1667 ; c'est-à-dire, qu'elles doivent se juger par les autres Juges Consuls au nombre de trois, sinon le nombre en sera suppléé par des anciens Consuls en charge. (Ainsi jugé par Arrêt du Parlement de Bretagne du 31 Août 1621.)

§. V I.

Des qualités & de l'âge des Juges-Consuls.

36°. Les Juges - Consuls doivent être François. (Edit de Novembre 1563. art. 1.)

37°. Ils doivent être Catholiques , cette qualité étant aujourd'hui nécessaire à tous les Juges du Royaume depuis la révocation de l'Edit de Nantes.

38º. Ils doivent être Négocians ou Marchands, (Même Edit de Novembre 1563. art. 1.) & même d'un commerce honorable.

39º. Ils doivent être résidens dans la ville où ils font établis Juges-Confuls. (Même Edit du mois de Novembre 1663. art. 1.)

40º. Il faut avoir 40 ans pour pouvoir être élû Juge ou Préfident des Confuls, & 27 ans pour être Conful, fuivant un Arrêt du Conſeil du 9 Septembre 1673.

§. VII.

Des Priviléges, droits, & exemptions des Juges-Confuls.

41º. Les Juges-Confuls pendant le tems de leur exercice doivent être exempts de toutes fonctions & charges publiques. (Lettres Patentes du mois de Février 1566. rendues pour Bordeaux.)

42º. Les Chefs des Jurifdictions Confulaires font exempts de logement de gens de guerre, & de guet & garde. (Edit du mois de Décembre 1701. touchant le commerce en gros, art. 9.)

43º. Les Marchands, Négocians & Banquiers qui ont été Confuls, ou Echevins, ou Adminiſtrateurs d'Hôpitaux, précédent les Procureurs, même ceux des Parlemens qui n'ont été élûs auxdites charges, en toutes aſſemblées publiques & particulieres. Ainſi jugé par pluſieurs Arrêts, & notamment par un Arrêt du 11 Avril 1603. du Parlement de Bordeaux, rapporté par Chenu en ſes Reglemens, tome 2. pag. 1143. Autre du Parle-

ᵗ ment de Toulouse du 25 Fév. 1611. rendu pour
 la Ville de Montpellier, & rapporté par Des-
 corbiac en son recueil d'Arrêts tit. 19. ch. 5.
 pag. 688. Arrêts du Conseil des 22 Décemb.
 1621 , 5 Juillet 1644 , & 27 Février 1654.
 tous les trois rendus pour la Ville d'Auxerre, & rapportés par Toubeau en ses Institutions Consulaires liv. 1. tit. 7. pag. 53.

Edit du mois de Novembre 1563 , portant
établissement de Juges-Consuls en la ville
de Paris , & rendu commun pour
toutes les Jurisdictions du Royaume
par l'article 1. du titre 1. de l'Or-
donnance du Commerce du mois de Mars
1673.

CHARLES, par la grace de Dieu , Roi
de France : A tous présens & avenir :
Salut. Sçavoir faisons, que sur la Requête
& remontrance à nous faites en notre Conseil de la part des Marchands de notre bonne
ville de Paris , & pour le bien public & ab-
bréviation de tous Procès & différens entre
Marchands qui doivent négocier ensemble
de bonne foi, sans être astreints aux subti-
lités des Loix & Ordonnances : avons par
l'avis de notre très-honorée Dame & mere,
des Princes de notre sang, Seigneurs & gens
de notredit Conseil, statué , ordonné , &
permis ce qui s'ensuit.

ARTICLE I.

Premierement, avons permis & enjoint aux Prevôt des Marchands & Echevins de notredite ville de Paris, nommer & élire en l'Assemblée de cent notables Bourgeois de ladite Ville, qui seront pour cet effet appellés & convoqués trois jours après la publication des Présentes, cinq Marchands du nombre desdits cent, ou autres absens, pourvû qu'ils soient natifs & originaires de notre Royaume, Marchands & demeurans en notredite Ville de Paris; le premier desquels nous avons nommé Juge des Marchands, & les quatre autres Consuls desdits Marchands, qui feront le serment devant le Prévôt des Marchands : la charge desquels cinq ne durera qu'un an, sans que pour quelque cause & occasion que ce soit, l'un d'eux puisse être continué.

ARTICLE II.

Ordonnons & permettons ausdits cinq Juge & Consuls, assembler & appeller trois jours avant la fin de leur année jusqu'au nombre de soixante Marchands, Bourgeois de ladite Ville, qui en éliront trente d'entr'eux, lesquels sans partir du lieu, & sans discontinuer, procéderont avec lesdits Juge & Consuls, en l'instant & le jour même, à peine de nullité, à l'élection de cinq nouveaux Juge & Consuls des Marchands, qui feront le serment devant les anciens : & sera la forme susdite gardée & observée dorénavant en l'élection desdits Juge & Consuls, nonobstant oppositions ou appellations

quelconques, dont nous réfervons à notre
Perſonne & notre Conſeil la connoiſſance,
icelle interdiſant à nos Cours de Parlemens
& Prevôt de Paris.

Article III.

Connoîtront leſdits Juge & Conſuls des
Marchands de tous procès & différens qui
feront ci-après mus entre Marchands, pour
fait de marchandiſes ſeulement, leurs veuves Marchandes publiques, leurs facteurs,
ſerviteurs & commettans, tous Marchands,
ſoit que leſdits différens procédent d'obligations, cédules, récépiſſés, lettres de change
ou crédit, réponſes, aſſûrances, tranſports
de dettes & novations d'icelles, calculs ou
erreur en iceux, compagnies, ſociétes ou
aſſociations ja faites, ou qui ſe feront ci-
après. Deſquelles matiéres & différens nous
avons, de nos pleine puiſſance & autorité
royale, attribué & commis la connoiſſance,
jugement & déciſion auxdits Juges Conſuls,
& aux trois d'eux, privativement à tous nos
Juges, appellé avec eux, ſi la matiére y eſt
ſujette, & en ſont requis par les Parties,
tel nombre de perſonnes de conſeil qu'ils
aviſeront, exceptés toutefois & réſervés les
procès de la qualité ſuſdite ja intentés &
pendans pardevant nos Juges, auxquels néanmoins enjoignons les renvoyer pardevant
leſdits Juge & Conſuls des Marchands, ſi les
Parties le requiérent & conſentent.

Et avons dès à préſent déclaré nuls tous
tranſports de cédules, obligations & dettes qui feront faits par leſdits Marchands &
perſonnes privilégiées, ou autre quelconque

non fujette à la Jurifdiction defdits Juge & Confuls.

Article IV.

Et pour couper chemin à toute longueur, & ôter l'occafion de fuir & plaider, voulons & ordonnons que tous ajournemens foient libellés, & qu'ils contiennent demande certaine ; & feront tenues les Parties comparoir en perfonne à la premiére affignation, pour être ouies par leur bouche, s'ils n'ont légitime excufe de maladie ou abfence : efquels cas enverront par écrit leur réponfe fignée de leur main propre, ou audit cas de maladie, de l'un de leurs parens, voifins ou amis ayant de ce charge & procuration fpéciale, dont il fera apparoir à ladite affignation, le tout fans aucun miniftére d'Avocat ou Procureur.

Article V.

Si les Parties font contraires, & non d'accord de leurs faits, délai compétent leur fera préfix à la premiére comparution dans lequel ils produiront leurs témoins, qui feront ouis fommairement ; & fur leur dépofition le différend fera jugé fur le champ, fi faire fe peut, dont nous chargeons l'honneur & confcience defdits Juge & Confuls.

Article VI.

Ne pourront lefdits Juge & Confuls, en quelque caufe que ce foit, octroyer qu'un feul délai qui fera par eux arbitré, felon la

diſtance des lieux & la qualité de la matiére , ſoit pour produire piéces ou témoins; & icelui échû & paſſé, procéderont
au jugement du différend entre les Parties,
ſommairement & ſans figure de procès.

Aʀᴛɪᴄʟᴇ VII.

Enjoignons auxdits Juge & Conſuls vaquer diligemment à leur charge durant le
tems d'icelle, ſans prendre directement ou
indirectement, en quelque maniére que ce
ſoit , aucune choſe, ni préſent ou don, ſous
couleur d'épices, ou autrement, à peine do
concuſſion.

Aʀᴛɪᴄʟᴇ VIII.

Voulons & nous plaît que des mandemens , ſentences ou jugemens qui ſeront
donnés par leſdits Juge & Conſuls des Marchands, ou les trois d'eux, comme deſſus,
ſur différens mus entre Marchands, & pour
fait de marchandiſe, l'appel ne ſoit reçû,
pourvû que la demande & condamnation
n'excede la ſomme de cinq cens livres tournois , pour une fois payer. Et avons dès à
préſent déclaré non-recevables les appellations qui ſeroient interjettées deſdits jugemens , leſquels ſeront exécutés en nos
Royaume, pays & terres de notre obéiſ-
ſance, par le premier de nos Juges des lieux,
Huiſſiers ou Sergens ſur ce requis : auxquels & chacun d'eux enjoignons de ce faire,
à peine de privation de leurs offices, ſans
qu'il ſoit beſoin de demander aucun pla-
cet, viſa ni *pareatis.*

Avons auſſi dès à préſent déclaré nuls tous reliefs d'appel ou commiſſions, qui ſeroient obtenues au contraire pour faire appeller les Parties, intimer ou ajourner leſdits Juge & Conſuls, & défendons très-expreſſément à toutes nos Cours Souveraines & Chancelleries de les bailler.

Article IX.

Es cas qui excederont ladite ſomme de cinq cens livres tournois, ſera paſſé outre à l'entiére exécution des Sentences deſdits Juge & Conſuls, nonobſtant oppoſitions ou appellations quelconques, & ſans préjudice d'icelles, que nous entendons être relevées & reſſortir en notre Cour de Parlement à Paris, & non ailleurs.

Article X.

Les condamnés à garnir par proviſion ou diffinitivement, ſeront contraints par corps à payer les ſommes liquidées par leſdites ſentences & jugemens qui n'excederont cinq cens livres tournois, ſans qu'ils ſoient reçus en nos Chancelleries à demander Lettres de répi; & néanmoins pourra le créditeur faire exécuter ſon débiteur condamné en ſes biens meubles, & ſaiſir les immeubles.

Article XI.

Contre leſdits condamnés Marchands ne ſeront adjugés des dommages & intérêts requis pour le retardement du payement,

qu'à

qu'a raiſon du denier douze , à compter
du jour du premier ajournement , ſuivant
nos Ordonnances faites à Orleans. (*L'Edit*
de Décembre 1665. fixe ces intérêts au denier
vingt.)

Article XII.

Les ſaiſies , établiſſement de commiſſai-
res , & ventes de biens ou fruits , feront faits
en vertu deſdites ſentences & jugemens. Et
s'il faut paſſer outre , les criées & interpo-
ſition de décret ſe feront par autorité de
nos Juges ordinaires des lieux , auxquels
très - expreſſément enjoignons , & chacun
d'eux en ſon détroit , de tenir la main à la
perfection deſdites criées , adjudication des
héritages ſaiſis , & l'entiére exécution des
ſentences & jugemens, qui feront donnés par
leſdits Juge & Conſuls des Marchands, ſans
y uſer d'aucûne remiſe ou longueur, à peine
de tous dépens, dommages & intérêts.

Les exécutions commencées contre les
condamnés par leſdits Juge & Conſuls, feront parachevées contre leurs héritiers , &
ſur les biens ſeulement.

Article XIII.

Mandons & commandons aux geoliers &
gardes de nos priſons ordinaires , & de tous
Hauts-Juſticiers, recevoir les priſonniers qui
leur feront baillés en garde par nos Huiſſiers
ou Sergens , en exécutant les commiſſions
ou jugemens deſdits Juge & Conſuls des
Marchands, dont ils feront reſponſables par
corps, & tout ainſi que ſi le priſonnier avoit
été amené par autorité de l'un de nos Juges.

O

Article XIV.

Pour faciliter la commodité de convenir
de négocier ensemble, avons permis & permettons aux Marchands, Bourgeois de notre ville de Paris, natifs & originaires de
notre Royaume, pays & terres de notre
obéissance, d'imposer & lever sur eux telle
somme de deniers qu'ils aviseront nécessaires pour l'achat ou louage d'une maison ou
lieu, qui sera appellé la Place commune des
Marchands, laquelle nous avons dès à présent établie à l'instar & tout ainsi que les
places appellées le Change de notre ville de
Lyon, & Bourse de nos villes de Toulouse
& Rouen, avec tels & semblables priviléges, franchises & libertés dont jouissent
les Marchands fréquentans les foires de
Lyon, & places de Toulouse & Rouen.

Article XV.

Et pour arbitrer & accorder ladite somme,
laquelle sera employée à l'effet que dessus,
& non ailleurs, les Prevôt des Marchands
& Echevins de notre ville de Paris assem-
bleront en l'Hôtel de ladite Ville jusques
au nombre de cinquante Marchands & notables Bourgeois, qui en députeront dix d'entre eux, avec pouvoir de faire les cottisa-
tions & département de la somme qui aura
été, comme dit est, accordée en l'assemblée
desdits cinquante Marchands.

Article XVI.

Voulons & ordonnons, que ceux qui se

ront refulans de payer leur taxe ou quote-
part, dans trois jours après la fignification
ou demande d'icelle, y foient contraints par
vente de leurs marchandifes, & autres biens
meubles, & ce par le premier notre Huiſſier
ou Sergent fur ce requis.

Article XVII.

Défendons à tous nos Huiſſiers ou Ser-
gens faire aucun exploit de juſtice ou ajournement en matiére civile , aux heures du
jour que les Marchands feront aſſemblés
en ladite Place commune, qui fera de neuf
à onze heures du matin, & de quatre jufqu'à ſix heures de relevée.

Article XVIII.

Permettons auxdits Juges - Confuls de
choifir & nommer pour leur Scribe & Greffier, telle perſonne d'expérience, Marchand
ou autre qu'ils aviferont, lequel fera toutes expéditions en bon papier, fans ufer de
parchemin : & lui défendons trés - étroitement de prendre pour fes falaires & vacations autre chofe qu'un fols tournois pour
feuillet , à peine de punition corporelle,
& d'en répondre par lefdits Juge & Confuls
en leur propre & privé nom, en cas de diſſimulation & connivence.

Si donnons en mandement, &c. Donné à
Paris au mois de Novembre , l'an de grace
1563. & de notre regne le troifiéme.

*Régiſtré au Parlement le 18 Janvier 1563.
(vieux ſtyle.)*

FIN.

TABLE ALPHABETIQUE

de toutes les Jurisdictions Consulaires du Royaume, avec l'année de leur établissement, & le nom des Parlemens où elles ressortissent.

ABBEVILLE. (en 1567.) du Parlement de Paris.

AGDE. (en 1710.) du Parlement de Toulouse.

ALBY (en 1710.) du P. de Toulouse.

ALENÇON. (en 1710.) du P. de Rouen.

AMIENS. (en 1567.) du P. de Paris.

ANGERS. (en 1563.) du P. de Paris.

ANGOULEME. (en 1710.) du P. de Paris.

ARLES. (en 1710.) du P. d'Aix.

AUTUN. (en   ) du P. de Dijon.

AUXERRE. (en 1563.) du P. de Paris.

BAYEUX. (en 1710.) du P. de Rouen.

BAYONNE. (en 1701.) du P. de Bourdeaux.

BEAUVAIS. (en 1564) du P. de Paris.

BOURDEAUX (en 1563.) du P. de Bourdeaux.

BOURGES. (en 1564.) du P. de Paris.

BRIOUDE. (en 1704.) du P. de Paris.

CAEN. (en 1710.) du P. de Rouen.

CALAIS. (en 1565.) du P. de Paris.

CHALONS-sur-Marne. (en 1564.) du P. de Paris.

CHALONS-sur-Saone. (en 1565.) du P. de Dijon.

CHARTRES. (en 1566.) du P. de Paris.

CHATELLERAULT. (en   ) du P. de Paris.

CLERMONT-FERRAND. (en 1565.) du P. de Paris.

COMPIEGNE. (en 1565.) du P. de Paris.
DIEPPE. (en 1563.) du P. de Rouen.
DIJON. (en 1563.) du P. de Dijon.
DUNKERQUE. (en 1563. 1618. & 1700.)
du P. de Douai.
FONTENAI-le-Comte. (en 1566.) du
P. de Paris.
GRENOBLE. (en 1710.) du P. de Gre-
noble.
LANGRES. (en 1711.) du P. de Paris.
LAON. (en 1568.) du P. de Paris.
LA ROCHELLE. (en 1565.) du P. de
Paris.
LAVAL. (en 1567.) du P. de Paris.
LE MANS. (en 1710.) du P. de Paris.
LILLE. (en 1715.) du P. de Douai.
LIMOGES. (en 1602.) du P. de Bordeaux.
LYON. (avant 1349.) du P. de Paris.
MARSEILLE. (en 1565.) du P. d'Aix.
MONTAUBAN. (en 1710.) du P. de Tou-
louse.
MONTPELLIER. (en 1691.) du P. de
Toulouse.
MORLAIX. (en 1711.) du P. de Rennes.
NANTES. (en 1564.) du P. de Rennes.
NARBONNE. (en 1710.) du P. de Tou-
louse.
NEVERS. (en 1710.) du P. de Paris.
NIORT. (en 1565.) du P. de Paris.
NISMES. (en 1710.) du P. de Toulouse.
ORLEANS. (en 1563.) du P. de Paris.
PARIS. (en 1563.) du P. de Paris.
PAU. (en   ) du P. de Pau.
PERPIGNAN, un Consulat pour la Ma-
rine.
POITIERS. (en 1566.) du P. de Paris.
REIMS. (en 1564.) du P. de Paris.
RENNES. (en 1710.) du P. de Rennes.

RIOM. (en 1567.) du P. de Paris.
ROUEN. (en 1556.) du P. de Rouen.
S. MALO. (en 1575.) du P. de Rennes.
S. QUENTIN. (en 1710.) du P. de Paris.
SAINTES. (en 1710.) du P. de Bordeaux.
SAULIEU. (en 1609. & 1694.) du P. de
    Dijon.
SEDAN. (en 1711.) du P. de Mets.
SEMUR en Auxois. (en   ) du P. de Dijon.
SENLIS. (en 1566.) du P. de Paris.
SENS. (en 1564.) du P. de Paris.
SOISSONS. (en 1566.) du P. de Paris.
THIERS. (en 1565.) du P. de Paris.
TOULOUSE. (en 1549.) du P. de Tou-
    louse.
TOURS. (en 1565.) du P. de Paris.
TROYES. (en 1563.) du P. de Paris.
TULLES. (en 1710.) du P. de Bordeaux.
VALENCIENNES. (en 1718.) du P. de
    Douai.
VANNES. (en 1710.) du P. de Rennes.
VIENNE. (en 1710.) du P. de Grenoble.
VILLEFRANCHE de Beaujolois. (en
    1566.) du P. de Paris.
VIRE. (en 1710,) du P. de Rouen.
VITRI-le-François. (en 1566.) du P. de
    Paris.

TABLE
DES MATIERES

Contenue s dans l'Ordonnance du Commerce, du mois de Mars 1673.

A

Abandonnement de Biens.

Voyez *Ceſſion.*

Antidates.

Apprentifs-Marchands.

Apprentissage.

Bilan.

Billets.

Devoirs des Juges-Consuls.

Contrats de mariage.

Contrats maritimes.

Courtiers.

Courtiers de change.

Créanciers.

Crédit.

D

Défenses générales.

P

Feſtins.

Fêtes.

Fils de Maîtres.

Voyez Enfans des Marchands & Artifans.

Foires.

Fret & nolis.

G.

Gages.

Garantie.

Gens d'affaires.

Greffiers.

Lettres de Crédit.

Lettres d'Etat.

Lettres Miffives.

Ouvriers.

P

Payemens de Lyon.

Payement.

Prêt.

Principal.

Procédure.

Procureurs Syndics.

Protêt.

R

Raison.

Societé.

En

V

Valeur.

Ventes.

Veuves.

Q

Fin de la Table des Matieres.

APPROBATION.

J'AI lû par ordre de Monseigneur le Chancelier, un Manuscrit qui a pour titre : *Nouveau Commentaire sur l'Ordonnance de 1669. sur les Evocations, sur l'Edit des Epices, &c. & sur l'Ordonnance de 1673. touchant le Commerce*; & je n'y ai rien trouvé qui puisse en empêcher l'impression. A Paris ce 19 Avril 1754.

COQUELEY DE CHAUSSEPIERRE.

PRIVILÉGE DU ROI.

LOUIS, par la grace de Dieu, Roi de France & de Navarre : A nos amés & féaux Conseillers les Gens tenans nos Cours de Parlement, Maîtres des Requêtes ordinaires de notre Hôtel, Grand-Conseil, Prévôt de Paris, Baillifs, Sénéchaux, leurs Lieutenans-Civils, & autres nos Justiciers qu'il appartiendra; SALUT. Notre amé JEAN DEBURE l'aîné, Libraire à Paris, ancien Adjoint de sa Communauté, Nous a fait exposer qu'il désireroit faire imprimer & donner au Public des Ouvrages qui ont pour titre : *Traité de la Jurisdiction des Présidiaux, tant en matiere*

Civile que Criminelle: *Nouveau Commen-*
taire sur l'Ordonnance du mois d'Août 1669.
touchant les Evocations & Committimus,
& sur l'Ordonnance du mois de Mars 1673.
touchant le Commerce, & sur les Epices, avec
tous les Articles desdites Ordonnances, par
l'Auteur des Commentaires sur les Ordon-
nances de 1667. & de 1670. s'il Nous
plaisoit lui accorder nos Lettres de Privilége pour ce nécessaires ; A CES CAUSES,
voulant favorablement traiter l'Exposant,
Nous lui avons permis & permettons par
ces Présentes, de faire imprimer lesdits
Ouvrages autant de fois que bon lui sem-
blera & de les vendre, faire vendre &
débiter par tout notre Royaume pendant
le tems de six années consécutives, à
compter du jour de la datte des Présentes ;
Faisons deffenses à tous Imprimeurs, Libraires & autres Personnes de quelque
qualité & condition qu'elles soient, d'en
introduire d'impression étrangére dans aucun lieu de notre obéissance', comme aussi
d'imprimer ou faire imprimer, vendre,
faire vendre & débiter lesdits Livres, ni
d'en faire aucuns Extraits sous quelque
prétexte que ce puisse être sans la permission expresse & par écrit dudit Exposant,
ou de ceux qui auront droit de lui, à peine
de confiscation des Exemplaires contre-
faits, de trois mille livres d'amende contre
chacun des Contrevenans, dont un tiers

à Nous, un tiers à l'Hôtel-Dieu de Paris ;
& l'autre tiers audit Expofant ou à celui
qui aura droit de lui, & de tous dépens,
dommages & intérêts ; à la charge que ces
Préfentes feront enrégiftrées tout au long
fur le Régiftre de la Communauté des
Imprimeurs & Libraires de Paris, dans
trois mois de la datte d'icelles, que l'impreffion defdits Ouvrages fera faite dans
notre Royaume & non ailleurs, en bon
papier & beaux caractéres, conformément
à la feuille imprimée attachée pour modéle
fous le contre-Scel des Préfentes, que
l'Impétrant fe conformera en tout aux
Réglemens de la Librairie, & notamment
à celui du 10. Avril 1725. qu'avant de
les expofer en vente, les Manufcrits qui
auront fervi de copie à l'impreffion defdits Ouvrages, feront remis dans le même
état où l'Approbation y aura été donnée ès
mains de notre très-cher & féal Chevalier,
Chancelier de France, le Sieur de LAMOI-
GNON, & qu'il en fera enfuite remis deux
Exemplaires de chacun dans notre Bibliotéque publique, un dans celle de notre
Château du Louvre, un dans celle de
notre très-cher & féal Chevalier, Chancelier de France, le Sieur de LAMOIGNON ;
& un dans celle de notre très-cher & féal
Chevalier, Garde des Sceaux de France,
le Sieur de MACHAULT, Commandeur de
nos Ordres ; le tout à peine de nullité des

Préfentes , du contenu defquelles vous
mandons & enjoignons de faire jouir ledit Expofant & fes ayans caufe pleine-
ment & paifiblement , fans fouffrir qu'il
leur foit fait aucun trouble ou empêchement. Voulons que la copie des Préfentes
qui fera imprimée tout au long au commencement ou à la fin defdits Ouvrages,
foit tenue pour dûement fignifiée , &
qu'aux copies collationnées par l'un de
nos amés & féaux Confeillers Sécrétai-
res , foi foit ajoutée comme à l'original.
Commandons au premier notre Huiffier
ou Sergent fur ce requis de faire pour
l'exécution d'icelles tous Actes requis &
néceffaires, fans demander autre permiffion, & nonobftant Clameur de Haro ,
Charte Normande & Lettres à ce contraires ; CAR tel eft notre plaifir. DONNÉ
à Paris le vingt-feptiéme jour du mois de
Mai, l'an de grace mil fept cens cinquante
quatre , & de notre régne le trente-neu-
viéme. Par le Roi en fon Confeil

PERRIN.

Régiftré fur le Régiftre 13. de la
Chambre Royale des Libraires & Impri-
meurs de Paris. n°. 359. fol°. 285. con-
formément aux anciens Réglemens confir-
més par celui du 28. Février 1723. A
Paris le 13. Mai 1754.

DIDOT, *Syndic.*